지구의 푸른 미래, LG의 클린테크로 켜다

탄소배출을 줄이는 기술부터 다 쓴 자원을 재탄생시키는 기술까지
LG의 클린테크가 다음 세대를 위한 깨끗한 미래를 만들어갑니다

미래, 같이

다 **같이** 더 나은 삶을 누릴 수 있는 **미래가치** 만들기,
LG가 **함께** 하겠습니다.

We Connect Science

World EXPO 2030 BUSAN, KOREA
2030 부산세계박람회 유치, LG가 함께 응원하겠습니다

충전 한 번으로 어디든 갈 수 있어야
과학이다

전기 모빌리티 시대를 위해
화학이 해야 하는 일은 무엇일까
더 오래가는 배터리 소재로 전기차도 자유롭게 달리게 하자
과학으로 전기 모빌리티 시대를 이끌자

LG화학은 과학으로 미래를 만들고 있습니다

매수 수수료를 지우다
투자에 즐거움만 남도록

**미래에셋증권에선 전국민 누구나!
미국주식 온라인 매수수수료 ZERO**
(연말까지, 매도시 0.25% 수수료 발생)

수수료 부담없이 글로벌 자산배분하세요.
기존고객 신규고객 차별없이 대한민국 국민이면 누구나 혜택을 누릴 수 있습니다.

미래에셋증권 디지털투자상담센터 1644-9300] ■ 23.07.01~23.12.31까지 미국주식 온라인 매수 수수료에 대해서만 무(매도시에는 수수료 발생)이며, 기간 종료 후 기존 수수료 조건과 동일하게 적용됩니다 ■ 미국주식 온라인 수수료 0.25%, 오프라인5%, 미국주식 매도시 제비용 0.0008% 별도발생 ■ 본 이벤트는 개인 고객에게만 해당되며 법인 고객은 해당되지 않습니다 ■ 본 이벤는 당사 사정 또는 금융당국의 지도 및 권고에 따라 조기종료가 가능하며 조기 종료일 이전까지는 온라인 미국 주식 매수 수수료 면제니다 ■ 미래에셋증권 온라인 매체(MTS, HTS)를 활용한 미국주식 매수 시에만 해당 됩니다 ■ 투자자는 금융투자상품[주식]에 대하여래에셋증권으로부터 충분한 설명을 받을 권리가 있으며, 투자전 상품설명서 등을 반드시 읽어보시기 바랍니다 ■ 금융상품은 예금자호법에 따라 예금보험공사가 보호하지 않습니다 ■ 금융투자상품[주식]은 자산가격, 환율변동 등에 따른 투자 원금의 손실(0~100%)발생할 수 있으며, 그 손실은 투자자에게 귀속됩니다 ■ 한국금융투자협회 심사필 제23-03944호 (2023.10.25~2023.12.31

글로벌 투자 파트너 –
MIRAE ASSET
미래에셋증권

안전하기로, **건강**하기로, **사랑**하기로

약속된 플레이

약속된 플레이를 펼치면
약속된 행복이 찾아오니까

약속하길 잘했다!

함께, 약속 DB손해보험

신한알파로 자산이 알파만파

알아서 챙겨주는 투자메이트
신한투자증권 신한알파 3.0

☑ 다른 증권사의 보유종목도 편하게 관리하고
☑ 투자자들의 매매 정보도 한눈에

※ 투자자는 금융투자상품에 대하여 신한투자증권으로부터 충분한 설명을 받을 권리가 있으며, 투자 전 상품설명서 및 약관을 반드시 읽어보시기 바랍니다. ※ 금융투자상품은 예금자보호법에 따라 예금보험공사가 보호하지 않습니다. ※ 금융투자상품은 자산 가격변동, 환율변동, 신용등급 하락 등에 따라 투자원금의 손실(0~100%)이 발생할 수 있으며, 그 손실은 투자자에게 귀속됩니다. ※ 국내주식 거래 시 모바일 기준 표준수수료는 0.1891639%(거래금액, 국가별 상이)이며, 자세한 사항은 홈페이지 등을 참고하시기 바랍니다.
※ 한국금융투자협회 심사필 제23-02285호 (2023-06-26 ~ 2024-05-31)

신한투자증권

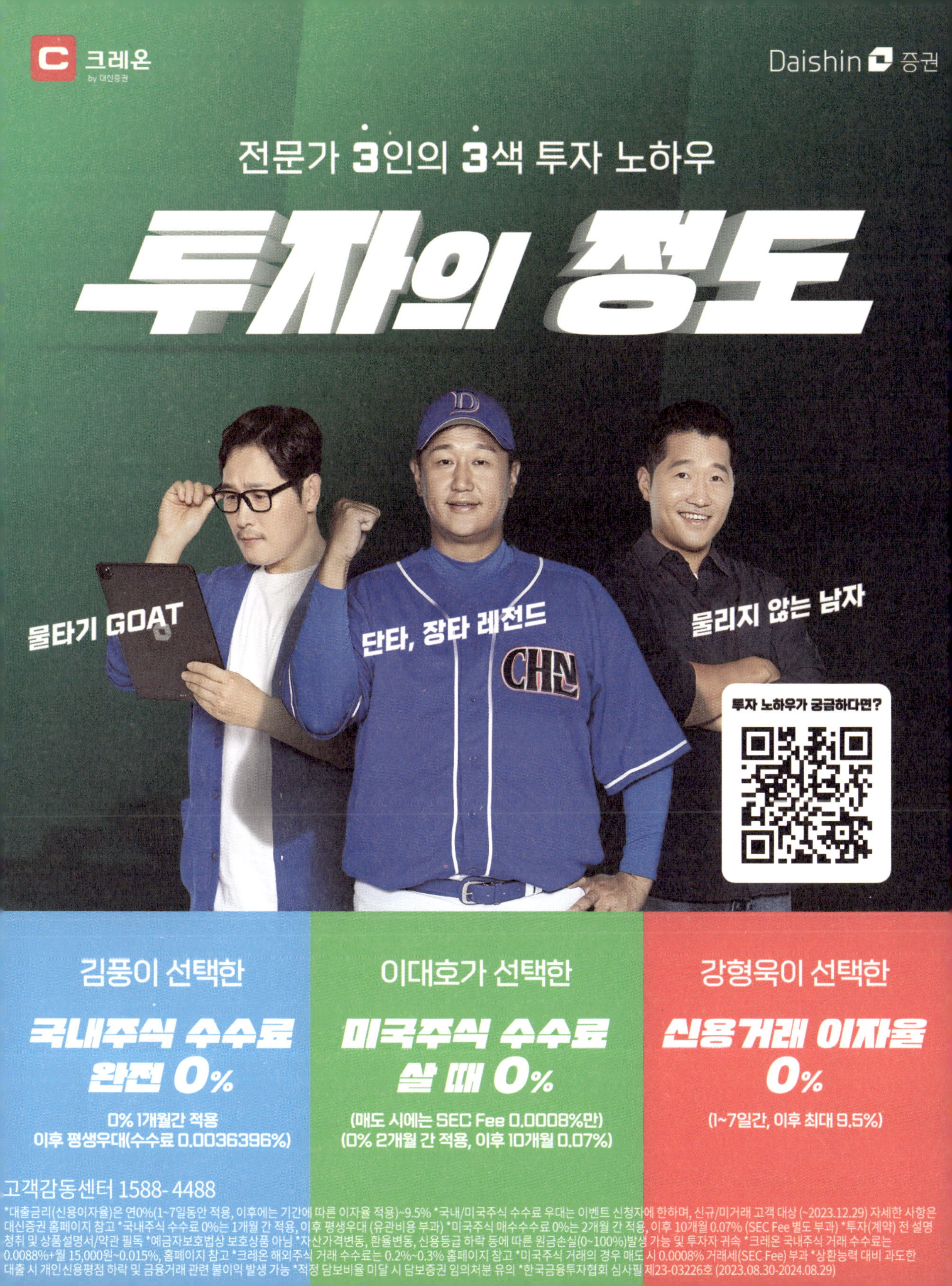
크레온
by 대신증권
Daishin 증권
전문가 3인의 3색 투자 노하우
투자의 정도
물타기 GOAT
단타, 장타 레전드
물리지 않는 남자
투자 노하우가 궁금하다면?
김풍이 선택한
국내주식 수수료 완전 0%
0% 1개월간 적용
이후 평생우대(수수료 0.0036396%)
이대호가 선택한
미국주식 수수료 살 때 0%
(매도 시에는 SEC Fee 0.0008%만)
(0% 2개월 간 적용, 이후 10개월 0.07%)
강형욱이 선택한
신용거래 이자율 0%
(1~7일간, 이후 최대 9.5%)
고객감동센터 1588- 4488
*대출금리(신용이자율)은 연0%(1~7일동안 적용, 이후에는 기간에 따른 이자율 적용)~9.5% *국내/미국주식 수수료 우대는 이벤트 신청자에 한하며, 신규/미거래 고객 대상 (~2023.12.29) 자세한 사항은 대신증권 홈페이지 참고 *국내주식 수수료 0%는 1개월 간 적용, 이후 평생우대 (유관비용 부과) *미국주식 매수수수료 0%는 2개월 간 적용, 이후 10개월 0.07% (SEC Fee 별도 부과) *투자(계약) 전 설명 청취 및 상품설명서/약관 필독 *예금자보호법상 보호상품 아님 *자산가격변동, 환율변동, 신용등급 하락 등에 따른 원금손실(0~100%)발생 가능 및 투자자 귀속 *크레온 국내주식 거래 수수료는 0.0088%+월 15,000원~0.015%, 홈페이지 참고 *크레온 해외주식 거래 수수료는 0.2%~0.3% 홈페이지 참고 *미국주식 거래의 경우 매도 시 0.0008% 거래세(SEC Fee) 부과 *상환능력 대비 과도한 대출 시 개인신용평점 하락 및 금융거래 관련 불이익 발생 가능 *적정 담보비율 미달 시 담보증권 임의처분 유의 *한국금융투자협회 심사필 제23-03226호 (2023.08.30-2024.08.29)

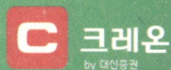

함께 성장하며
행복을 나누는 금융

하나금융그룹

하나를 만나면

**신규·휴면 손님 대상
3개월간 300만원까지**

하나를만나면
CMA(RP형) 연 **7%** (세전)

하나를 만나면 CMA(RP형)

- 기간: 2023년 10월 13일(금)~12월 31일(일)
- 대상: 아래 대상에 해당하면서 본 광고의 이벤트 참여 QR코드로 비대면 종합매매계좌를 개설한 손님
  1. 하나증권 최초 신규 손님(주민등록번호 기준 1인 1회 참여 가능)
  2. 이벤트 신청 전일 기준 3개월간 하나증권 잔고가 0원 손님

하나가 드리는 이벤트 혜택

- 하나. 하나를 만나면 CMA(RP형)
- 둘. 국내/해외 주식거래 우대수수료 적용
- 셋. 애플 소수점주식 1천원상당 증정

문의: 하나증권 손님케어센터 1588-3111

[이벤트 유의사항] ※본 이벤트는 하나증권의 사정에 따라 일정이 변경되거나 중단될 수 있습니다. (단, 기 조건 충족 손님 제외) ※본 광고의 QR 코드가 아닌 타 매체를 통해 계좌개설한 경우 혜택 적용이 불가합니다. ※본 이벤트는 개인손님 대상으로 진행하여 주민등록번호 기준으로 1인 1회 참여 가능합니다. (법인, 외국인 제외) ※본 이벤트는 개인정보 수집·이용·조회 및 SMS 마케팅 이용에 동의하신 손님에 한하여 참여 가능합니다. ※연락처가 상이하여 본인확인이 어렵거나 계좌가 폐쇄되는 경우 등에는 혜택을 적용 받지 못할 수 있습니다.

[투자자 유의사항] ※투자자는 금융상품에 대하여 금융회사로부터 충분한 설명을 받을 권리가 있으며, 가입 전 상품설명서 및 약관을 반드시 읽어보시기 바랍니다. ※금융상품은 예금자보호법에 따라 예금보험공사가 보호하지 않습니다. ※금융투자상품은 자산가격 변동, 환율 변동, 신용등급 하락 등에 따라 투자원금의 손실(0~100%)이 발생할 수 있으며, 그 손실은 투자자에게 귀속됩니다. ※CMA 입금액은 RP에 투자됩니다. ※RP수익률은 입금 시 회사가 고지하는 약정수익률이 적용되며, 이는 시장금리 상황 등에 따라 변동될 수 있습니다. ※우대수익률 적용기간 연 7.0%, 세전, 계좌개설일로부터 3개월 종료 시에는 종료 시점에 고지된 수익률(2023.09.10 기준 연 3.15%, 향후 변동 가능)이 적용됩니다. ※국내주식 온라인 매매수수료는 0.0141639%, 해외주식 온라인 매매수수료는 국가별, 주문방법에 따라 상이(미국 0.25%, 중국 0.30%, 등)하며 기타 자세한 사항은 하나증권 홈페이지 등을 참고하시기 바랍니다. ※미국주식 매수 시 주당 0.003 USD, 매도 시 0.0008%, 중국주식 매매 시 0.00841%, 매도 시 0.05841% 제비용을 부과하며, 기타 자세한 사항은 하나증권 홈페이지 등을 참고하시기 바랍니다. ※모든 종목에 대하여 소수점 거래 서비스가 제공되는 것은 아니며, 증권사에 소수점 거래가 가능한 종목 확인이 필요합니다. ※증권사는 여러 투자자의 소수 단위 매매주문을 취합하여 집행함에 따라 투자자의 매매 주문과 체결 시점의 차이가 발생할 수 있어 매매 가격 혹은 실제 배당받는 주식 수량이 변동될 수 있습니다. ※소수 단위 주식은 타 증권사로 대체가 불가능합니다.(소수 단위 보유분에 대해서도 1주 단위 계좌 대체는 가능) ※한국금융투자협회 심사필 제23-03784호 (2023.10.16~2023.12.31) ※하나증권 준법감시인 심사필 제2023-194호 (2023.10.18~2023.12.31)

이벤트 참여 QR코드

한경MOOK 한경MOOK는 빠르게 변화하는 사회 흐름에 발맞춰 시시각각 현상을 분석하고 새로운 대안과 인사이트를 제시하기 위한 무크 형태 단행본을 발행하는 한국경제신문사의 새 브랜드입니다.

한경 MOOK

2024 산업대전망

한경 베스트 애널리스트의 산업 대예측

PROLOGUE

엔데믹 이후,
성장의 돌파구를 찾다

또 다시 새해가 다가오고 있습니다. 항상 그래왔듯이 2024년 전망은 여전히 안갯속입니다. 가장 극단적 예만 들어도 벌써 2년이 다 되어가는 러시아-우크라이나 전쟁이 아직도 진행 중입니다. 여기에 최근 이스라엘과 하마스의 무력 충돌도 시작됐습니다. 인간이 하는 가장 극단적인 선택이라 할 수 있는 전쟁이 대규모로 두 군데서나 벌어지고 있다는 얘기입니다.

지난 2023년을 돌아보면 경제와 산업은 살아 움직이고 있다는 말을 실감하게 됩니다. 그 사이 화려한 스포트라이트를 받으며 급성장한 산업이 있는가 하면, 새로운 흐름에 밀려 존재감이 사라지는 산업도 있습니다. 또 완전히 잊혔다가 부활하며 주목받는 산업도 생겼습니다.

'산업'의 사전적 정의는 인간이 살아가는 데 필요한 여러가지 재화와 서비스를 만들어 가는 활동을 의미합니다. 좀 더 구체적으로 보면 모든 분야의 생산적 활동 전반을 지칭하는 동시에 전체 산업을 구성하는 각 부문, 다시 말해 각 업종을 가리키는 말로도 사용됩니다. 자동차, 스마트폰, 반도체 등이 그간 우리 산업의 핵심이었고 2차전지와 바이오, E-커머스 등이 부상하며 산업의 판도를 바꾸고 있습니다.

각 산업을 보다 자세히 들여다봐야 하는 이유는 분명합니다. 하나의 산업이 그저 하나의 재화나 서비스를 만들어내는 데만 그치지 않는다는 점입니다. 산업은 그 내부에서 유기적으로 움직이고, 또 외부 산업과 맞물리며 생물처럼 살아 숨쉬게 됩니다. 이 산업들이 모여 '경제 시스템'이라는 큰 틀이 만들어집니다. 거꾸로 경제 시스템이 하나의 작은 산업에 큰 영향을 미치기도 합니다.

*by*_김용준 한경비즈니스 편집장

산업을 자세히 파악하는 일은 꼭 한 나라의 경제 관료나 대기업의 경영자에게만 중요한 것은 아닙니다. 예를 들어 회사원이 주식 투자를 할 때 산업의 흐름을 파악하지 않고 수익을 올리기가 가능할까요? **소상공인이 산업 시장의 트렌드를 모르고 좋은 사업 아이템을 찾을 수 있을까요?**

그런데 문제는 이렇게 중요한 산업 동향 정보를 한 권으로 정리한 책을 찾기가 쉽지 않다는 점입니다. 신문이나 잡지를 보고 인터넷을 찾아봐도 파편화된 정보만 있을 뿐입니다. 단편적인 것들은 실시간으로 업데이트되지만, 산업의 흐름을 한눈에 파악할 수 있는 정보를 찾는 것은 어렵습니다.

한경비즈니스가 〈산업대전망 2024〉를 펴내는 것은 이러한 배경 때문입니다. 이 책은 각 산업에 걸쳐 알토란 같은 정보를 체계적으로 담았습니다. **전체 산업을 33개 업종으로 분류하고, 각 업종의 중요한 변화 포인트를 구체적으로 다뤘습니다.** 특히 올해는 한경비즈니스가 신징한 '베스트 애널리스트'들이 모두 침여해 진문싱을 더욱 강화했습니다.

더불어 내용을 효과적으로 전달하기 위해 책 전반에 걸쳐 그래픽 등 디자인 요소를 더하고 산업전망기상도를 표기해 독자들의 이해도를 높이고자 합니다. 깨알 같은 글이 빼곡하게 나열된 다른 책보다는 부담 없이 손에 잡히는 '보는 맛'을 추구했습니다.

아무쪼록 이 책을 읽으시는 모든 경제 주체들이 2024년의 사업 계획을 세우고 성공적인 투자를 하는 데 있어서 조금이라도 도움이 됐으면 더할 나위 없겠습니다. 감사합니다.

CONTENTS

2024 산업대전망

012 **PROLOGUE**
엔데믹 이후,
성장의 돌파구를 찾다

01
GLOBAL ECONOMY

018 **2024 세계경제 전망**
2024년 세계경제…
또 다른 디스토피아 위기 직면

028 **2024 주요국 경제 전망**
미국경제의 재부상,
부활을 꿈꾸는 신흥국

040 **2024 국제금융과 원유시장 전망**
고유가·고금리,
세계경제 발목 잡는 돌발 변수

052 **2024 한국경제 전망**
총체적 위기에 직면한 한국경제,
복합 불황 돌파구는

02
INDUSTRY TREND

058 **반도체·디스플레이**
'우상향' 방향성은 명확하다

062 **2차전지**
성장률 둔화에도 불구,
강한 기업은 있다

066 **통신**
이리 치이고 저리 치이는
통신서비스업

070 **스마트폰·통신장비**
'역성장 늪' 벗어나 반등 기대감 '솔솔'

074 **전기전자·가전**
수요 회복 국면, 최고 실적 경신

078 **인터넷·소프트웨어**
새벽을 걷는 인터넷·SW,
해가 뜨는 게임

082 **엔터테인먼트·미디어**
글로벌 시장에서 하늘 나는 K-콘텐츠

086 **유통**
유통업계, 더 이상의 악재는 없다

090 **운송**
해 뜨기 직전이 가장 어둡다

03 INVESTMENT STRATEGY

094 **증권·보험·기타 금융**
무게 덜어낸 증권,
코스피 상회할 보험

098 **은행·신용카드**
업황 자체는 나쁘지 않아…
문제는 '규제 리스크'

102 **유틸리티**
신규 원전의 개수를 주목하라

106 **자동차·타이어**
지는 완성차 산업,
뜨는 자동차 부품업계

110 **조선·중공업·기계**
10년 만에 부활 꿈꾸는 조선,
남아있는 과제는

114 **제약·바이오**
바이오 모멘텀은
알츠하이머 의약품 본격 개화

118 **석유화학**
에너지 값은 높은 곳에서 안정,
정유산업 실적 호조 지속

122 **음식료·담배**
원재료비 부담에 애끓는 음식료

126 **생활소비재**
세분화·고품질·저가격
'삼박자' 통했다

130 **철강·금속**
신흥국 중심으로
철강 시장 빠르게 성상 예상

134 **건설·건자재**
총선 이후 변화될 부동산 시장,
착공 증가할 수 있을까

140 **스몰캡**
의료AI와 로봇 시장의 구조적 성장 예상

144 **거시경제**
세계경제의 오프비트(Offbeat):
공존이 어려운 것들의 공존

146 **투자 전략**
'주가+금리'의 동반하락, 시그널을 보라

148 **계량 분석**
금리 상승과 리스크 확대에
밸류에이션 하락 압력 높아지다

150 **시황**
50년 사이클, 위기 속에서 찾는 기회

152 **글로벌 투자 전략-선진국**
위험과 기회가 공존하는 '동물농장'

154 **글로벌 투자 전략-신흥국**
중국 주식시장, 다르게 보이는 5%

156 **채권**
Fed 쫓는 한은, 美 추종 장세는
2024년에도 이어갈 듯

158 **신용 분석**
크레딧 시장, 양극화 해소의 시험대

160 **글로벌 자산배분**
확실한 수익 보다 확실한 위험 회피가 필요하다

164 **글로벌 ETF**
고금리 시대, ETF 필승 투자법

166 **원자재**
불확실성 속 '귀금속'을 주목하라

168 **ESG**
NDC 골든 타임, 문제는 현실이다

170 **SPECIALIST**
〈2024 산업대전망〉을 만든 한경 베스트 애널리스트

SECTION 1 GLOBAL ECONOMY

2024 Global Economic Keyword

세계경제에 먹구름이 밀려오고 있다. 세계경제 성장을 뒷받침해 온 중국마저 저성장 기조에 들어서면서 세계경제 동력이 빠르게 식고 있다. 2024년 세계경제는 고물가, 고금리 여파로 회복세가 둔화하리란 시각이 큰 가운데, 한상춘 한국경제신문 논설위원 겸 한경미디어 국제금융 대기자가 세계경제를 분야별로 살펴봤다.

no landing

노랜딩

노랜딩은 최근까지도 기대하기 힘든 시나리오였다. 하지만 미국 경제지표가 긍정적으로 나오면서 최근 경제 분야 전문가들은 이른바 '노랜딩(무착륙)' 가능성에 따라 2024년 초 인플레이션이 다시 강해질 경우 미국 중앙은행(Fed)이 미국 대통령 선거를 앞둔 금리 인상 딜레마에 직면할 수 있다고 분석했다.

47th 미국 대선

2024년 11월에 치러진 47대 미국 대통령 선거는 바이든 대통령의 연임 여부와 결과에 따라 세계경제 질서와 미국의 경제 정책에 커다란 변화가 예상된다. '트럼프 저주'의 반작용으로 높은 기대 속에 출범했던 바이든 정부가 지난 3년 동안 대외 현안으로 말도 많고 탈도 많았던 만큼 미국 국민뿐만 아니라 세계인의 관심이 역대 어느 대선 때보다 높다.

Demographic Cliff

Economic columnist

한상춘 한국경제신문사 논설위원 겸 한경미디어 국제금융 대기자
30년 동안 국제경제 분야만 판 전문가다. 한국은행을 거쳐 대외경제정책연구원(KIEP)의 창립 멤버이자, 대우경제연구소에서 세계적인 예측기관인 와튼계량경제연구소(WEFA) 정회원으로도 활동했다.

인구 절벽

한국·일본과 마찬가지로 인구가 줄어들기 시작한 중국의 초혼자 수가 2022년 또 다시 최저 기록을 갈아치웠다. 중국의 인구 증감은 세계 노동시장에 중요한 변수다. 2차 대전 이후 베이비붐 세대가 은퇴하고 글로벌화와 디지털화가 진전되면서 저개발국 등 제도권 밖에 머물던 노동력 공급이 정체되는 또 다른 '루이스 전환점'을 맞아 중국의 인구 증감은 세계 노동력과 임금 수준을 좌우할 수 있기 때문이다.

글로벌 이슈

한국 경제

3高현상

고유가·고금리·고환율 등 3고(高) 현상이 지속되면서 한국경제는 저성장 국면이 길어지고 있다. 국제유가 상승발 인플레이션 재발 우려가 본격적으로 제기된 2023년 7월 이후 미국 국채금리는 불과 2개월 반 만에 110bp(1bp=0.01%p) 급등했고, 같은 기간 코스피 지수는 10%, 코스닥 지수는 15% 넘게 급락해 그 폭이 세계 최고 수준에 달한다.

SECTION 1　1　2024 세계경제 전망

2024년 세계경제…
또 다른 디스토피아 위기 직면

**세계경제의 복병이 될
각국의 거버넌스 이슈**

바야흐로 본격적인 예측 시즌이 돌아왔다. 국제협력개발기구(OECD), 세계은행(WB), 국제통화기금(IMF) 등 3대 예측기관이 2024년 세계경제 전망 보고서를 발표했다. 엔데믹의 실질적인 첫해가 될 2024년 세계경제는 코로나 사태 이전으로 돌아가기보다 또 다른 디스토피아 문제에 의해 커다란 어려움이 닥칠 것으로 예상했다.

2023년만큼 이상기후의 위력이 얼마나 큰지 체감한 적도 없다. 홍수·가뭄, 산불, 태풍, 쓰나미 등은 '대(大·Great)'가 붙어야 할 정도다. 슈퍼 엘리뇨의 위력이 발생 2년 차에 더 커지는 점을 감안하면 2024년에는 접두어를 한 단계 격상시켜 '초(超·Hyper)'자를 붙여도 부족할지 모른다는 경고가 유난히 눈에 띈다.

지경학적 위험이 최고조에 달할 것으로 보고 있는 점도 주목된다. 최근처럼 안보와 경제 간 분리가 어려울 때는 지정학적 위험보다 지경학적 위험이 더 중시되고 있다. 우크라이나와 러시아 전쟁, 이스라엘과 팔레스타인 전쟁에 이어 2024년에는 한국이 속한 동북아 지역에서 지경학적 위험이 높아질 것으로 내다봤다.

각종 선거를 앞둔 2024년에는 정치적 거버넌스 문제가 세계와 각국 경제에 의외로 큰 복병이 될 수 있다고 봤다. 더 우려되는 것은 민주주의, 공산주의 체제와 관계없이 최고통수권자의 장기집권 야망까지 겹치면서 갈수록 이 문제가 국수주의로 흐르고 있다는데 이미 여야 간 극한대립이 경제에 부담이 되고 있는 우리에게는 체감픽으로 와닿는 지적이다.

국제통상환경도 국가 간 관세와 비관세 장벽 철폐를 통해 시장개방을 추구하는 WTO(세계무역기구)와 FTA(자유무역협정)보다 유사 입장국(Like minded country) 간에 협력과 연대에 맞추는 TIPF(Trade Investment Promotion Framework·무역 투자 촉진 프레임워크)나 EPA(Economic Partnership Agreement·경제동반자협정)로 무게 중심이 빠르게 이동될 것으로 예상했다. WTO나 FTA는 협상 과정이 수년이 걸리고 입법기관의 비준을 거쳐야 한다. 정치적 거버넌스 문제가 심한 국가는 영원히 참여하지 못할 수 있다. 반면에 TIPF나

경제동반자협정
Economic Partnership Agreement, EPA
자유무역협정(FTA)보다 포괄적인 개념의 무역자유화 협정으로, 국가간 상품 교역 외에도 서비스, 경제, 기술 등 광범위한 협력을 의미한다.

연합뉴스

미국 대선을 1년 앞둔 11월 9일 에머슨대가 발표한 6개 경합주 여론조사 결과에 따르면 트럼프 전 대통령은 애리조나, 조지아, 네바다, 펜실베이니아, 위스콘신 등 5개주에서 우위를 차지했다. 바이든 대통령은 미시간에서만 앞선 것으로 나타났다.

EPA는 이상기후, 공급망 확보, 디지털 전환, 난민, 마약 등과 같은 다양한 이슈를 다룰 수 있고 입법기관의 비준과 관계없이 행정부 차원에서 손쉽게 맺을 수 있는 장점이 있다.

미국의 반도체법과 인플레이션 감축법(IRA), 유럽연합(EU)의 핵심원자재법과 탄소국경조정제도(CBAM), 중국의 갈륨·게르마늄 수출통제 등이 대표적인 사례다. 우리도 2023년 초 아랍에미리트(UAE)를 시작으로 우즈베키스탄, 핀란드에 이르기까지 TIPF를 체결한 국가기 벌써 8개국에 이른다.

각자도생 통상여건에서 세계경제 성장률과 서진국, 신흥국 권역별 성장률은 큰 의미가 없다. 코로나 이후처럼 취약국이 두터워지는 'K'자형 양극화 시대에서는 개별국의 성장률이 더 많이 포함될수록 '대표지수 혹은 평균값의 함정'에 걸리기 때문이다. 세계경제 성장률과 권역별 성장률의 무용론까지 나오고 있다.

세계경제 전체 차원에서는 침체·불황·회복·성장 등 4단계와 저점, 정점의 의미가 퇴색되는 노랜딩(no landing)이 정착될 것으로 보았는데 종전의 경기순환 이론을 뒤엎는 예상이다. 3대 예측기관이 2024년 세계경제 성장률을 2023년보다 0.1~0.3% 포인트 정도 낮아질 것으로 보고 있지만 이 수준으로 세계 경기가 '침체'된다고 볼 수는 없다.

오히려 개별국가 성장률은 'I'자형, 'L'자형, 'W'자형, 'U'자형, 'V'자형, 나이키형, 스네이크형 등 경기순환 상 모든 국면이 동시대에 한꺼번에 나타나는 '랜드 러시(Land lush·원시형 경제)'가 더 심해질 것으로 내다봤다. 새로운 개념의 통상체계로 자리를 잡는 TIPF나 EPA도 어느 국가와 체결하느냐에 따라 명암이 갈릴

SECTION 1

1. 2024 세계경제 전망

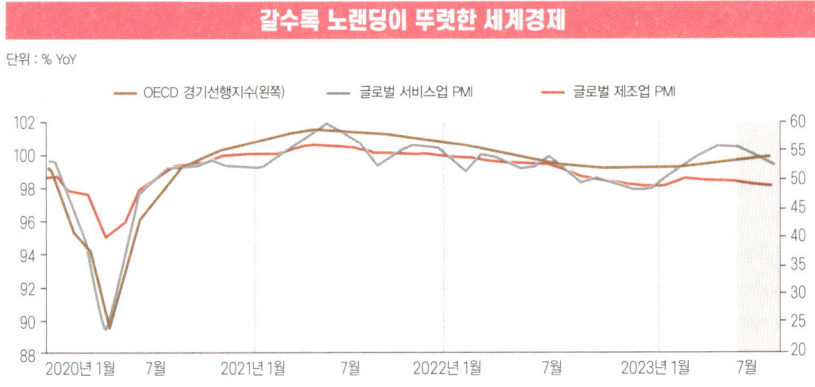

확률이 높다는 점을 시사한다.

2024년을 한 달 남짓 앞두고 아시아 태평양 경제정상회의(APEC)에서 어렵게 성사됐던 바이든 대통령과 시진핑 주석 간 정상회담을 계기 삼아 앞으로 양국 간 관계가 '디커플링(Decoupling·탈동조화)'에서 '디리스킹(De-risking·위험 축소)'으로 바뀔 기류가 구체화되고 있는 것도 이 때문이다.

미·중 간 관계 신조류…
'디커플링'에서 '디리스킹'으로

2024년 미·중 관계에서 신조류가 될 디커플링과 디리스킹의 실체는 게임이론을 통해 보면 명확해진다. 각국 간 관계를 조명할 때 자주 활용되는 이 이론은 참가국 간 승자와 패자가 분명하게 판가름 나는 '노이먼-내쉬식 게임'과 모두에게 이익이 되는 '새플리-로스식 게임'으로 나뉜다. 디커플링은 이기적 게임인 전자에, 디리스킹은 공생적 게임인 후자에 해당한다. 1970년대 들어서자마자 '핑퐁 외교'로 상징되는 미·중 간 관계는 커플링에서 출발했다. 2023년을 기해 100세를 맞았던 헨리 키신저 당시 미국 국가안보보좌관은 리처드 닉슨 대통령의 중국 방문을 이끌어 냈다. 닉슨의 방문 이후 베트남 종전이 선언된 데 이어 1979년에는 미·중 간 국교가 수립됐다.

국교 수립 이후 2012년 시진핑 주석이 취임하기 직전까지 미·중 간 관계는 '워싱턴 컨센서스'로 내번뀐다. 1989년 미국 정치경제학자 존 윌리엄슨에 의해 만들어진 이 개념은 중국을 포함한 비서구 국가를 글로벌화와 시장경제에 편입시켜 궁극적으로 미국의 세력을 확장하기 위한 전략이다.

미국과의 국교 수립 이후 중국의 대외경제정책 기조인 '도광양회(韜光養晦·자신을 드러내지 않으면서 참고 기다린다)'는 워싱턴 컨센서스와 대립되지 않았다. 오히려 2차 대전 이후 전범인 독일을 포함한 유럽 부흥에 기여했던 '마샬 플랜(Marshall Plan)'이라 부를 정도로 중국이 성장하고 세계무역기구(WTO)에 가입하는 데 도움이 됐다.

마샬플랜
Marshall Plan

미국의 대유럽부흥계획으로, 서유럽 16개 국가에 대한 대규모 원조 프로그램이다. 공산주의 확대를 저지하고, 유럽 국가들의 실질적인 생산 확대를 위해 경제성장을 돕는 것을 목적으로 한다.

11월 16일, 시진핑 주석은 경제 위기 속 얼어붙은 미중 관계를 개선하고자 바이든 대통령과의 정상회담을 가졌다.

중국의 WTO 가입은 세계 모든 국가와 기업에 이르기까지 대중국 편향적으로 만들었다. 마치 중국이 없으면 대외경제 정책이나 기업경영전략이 실패했다는 평가가 나올 정도였다. 중국 경제가 고도 성장기에 접어들면서 WTO 가입 직전 미국의 17% 수준이었던 국민총소득(GNI)이 시진핑 주석이 취임하기 직전에는 55%로 3배 이상 높아졌다.

워싱턴 컨센서스에 대한 평가가 엇갈리는 것도 이 때문이다. 중국이 시장경제를 도입하고 글로벌 시대에 동참해 급성장한 것이 미국에 도움된 것은 분명하지만 그 이면에는 미국의 경제패권 경쟁자로 키우지 않았느냐는 비판도 만만치 않다. 미·중 관계가 커플링에서 디커플링으로 변해야 한다는 시각이 나오기 시작한 것도 이때부터였다.

중국 중심의 세계경제질서인 팍스 시니카 야망을 꿈꾼 시진핑 주석은 취임하자마자 대외경제정책 기조를 '주동작위(主動作爲·적극적으로 자기 목소리를 낸다)'로 급선회했다. 또, 실천계획으로 일대일

로, 위안화 국제화, 제조업 2025, 디지털 위안화 기축통화 구상 등 중국의 세력 확장 전략인 베이징 컨센서스를 순차적으로 추진해 나갔다.

두 컨센서스 간 충돌이 정점에 이른 시기는 트럼프 정부 시절 대중국 견제전략인 '나바로 패러다임'을 추진할 때다. 캘리포니아 대학교수 시절부터 초강경 중국론자로 알려진 피터 나바로 국가경제위원회(NEC) 위원장은 함무라비 법전식으로 중국을 철저하게 배제해 나가는 디커플링 전략을 추진했다.

'대중국 견제'라는 관점에서 나바로 패러다임은 실패한 것으로 평가된다. 바이든 정부 출범 직전 중국의 GNI가 미국의 75% 수준까지 치고 올라왔기 때문이다. 골드만 삭스 등은 바이든 대통령의 연임을 가정해 집권 기간인 2027년에 중국이 미국을 제치고 시진핑 주석의 팍스 시니카 야망을 달성할 수 있을 것으로 내다봤다. 자신의 집권기간 중 경제패권을 중국에 넘겨준다면 미국 대통령으로서는 최대 굴욕이다. 바이든 대통령이 취임 이후 2년 동안 대중국 견제 수위를 높였던 것도 이 때문이다. 미·중 관계 개선에 다리를 놓았던 헨리 키신저는 반세기가 지난 시점에서 제3차 대전이 우려될 정도로 위기에 처하자 디커플링 전략의 한계를 반성하기도 했다.

먼저 손을 내민 국가는 중국이다. 중앙아시아 정상회담을 계기로 '정랭경온(政冷經溫·정치 군사적으로 냉랭한 관계 속 경제적으로 친밀한 관계)' 기류로 바뀌면서 미국 기업 최고경영자(CEO) 등을 잇

SECTION 1　①　2024 세계경제 전망

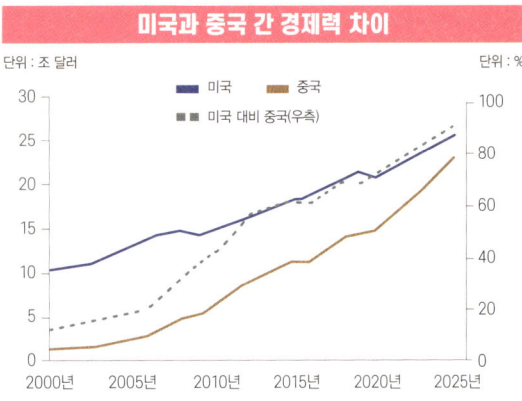

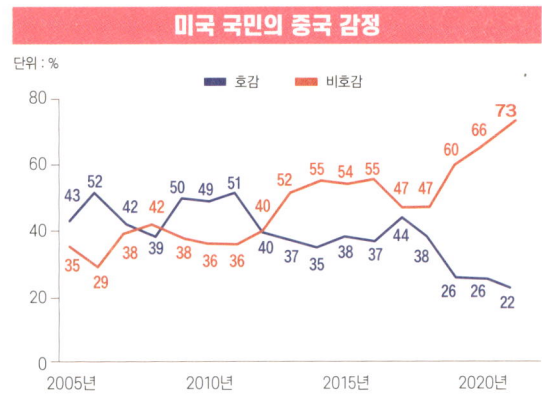

달아 초청하고 있다. 미국에서도 바이든 정부 출범 이후 지난 2년 동안 가리워졌던 수정된 워싱턴 컨센서스인 '설리번 패러다임'이 고개를 들고 있다.

과연 미·중 간 관계가 디커플링에서 디리스킹 시대로 넘어가 대립이 아닌 공존을 모색할 수 있을 것인가? 엔데믹 시대에 세계경제와 증시를 비롯한 국제금융시장, 그리고 한국 경제의 앞날을 좌우할 최대 변수가 될 것으로 예상된다.

47대 미국 대통령 선거…
과연 누가 당선되나?

2024년 11월에 치러질 47대 미국 대통령 선거에서 바이든 대통령의 연임 여부 결과에 따라 세계경제 질서와 미국의 경제정책에 커다란 변화가 예상된다. '트럼프 저주'의 반작용으로 높은 기대 속에 출범했던 바이든 정부가 지난 3년 동안 대내외 현안으로 말도 많고 탈도 많았던 만큼 미국 국민뿐만 아니라 세계인의 관심이 역대 어느 대선 때보다 높다.

대선을 1년 앞둔 시점에 시행한 각종 여론조사결과, 바이든 대통령에 10% 포인트 이상 앞서가는 트럼프 전 대통령이 공화당 후보로 선출될 확률이 높다. 트럼프 전 대통령은 공화당 후보를 기정사실화한 이후 '샤이 트럼프(Shy Trump·숨은 트럼프 지지층)'의 결집에 나서면서 바이든 대통령과의 지지도 격차를 더 벌려 나간다는 계획을 짜고 있다.

미국 국민은 현직 대통령의 집권당에 대한 평가를 경제고통지수(MI·misery index)로 평가한다. MI는 실업률에 소비자물가상승률을 더해 산출한다. 2022년 3월 이후 미국 중앙은행(Fed)이 주도가 돼 인플레이션을 안정화시키기 위해 백방으로 노력하고 있지만 MI는 여전히 높은 수준이다. 오히려 물가를 잡는 과정에서 금리인상으로 전통적인 민주당 지지층인 중하위층의 경제고통이 트럼프 집권 1기 때보다 더 심한 상황이다.

47대 대통령 선거 결과에 따라 대외적으로는 세계무역기구(WTO) 탈퇴, 신파리 기후협약 불참, 중국과 경제패권 다툼, 중동 정세, 남북한과의 관계 등이 크게

경제고통지수
Misery Index

소비자물가 상승률(CPI)과 실업률을 더한 값으로, 미국 경제학자 오쿤이 국민 삶의 질을 수치화하기 위해 1975년 만들었다. 수치가 높을수록 실업자는 많고, 물가는 상승한다는 의미다.

바이드노믹스
Bidenomics

조 바이든 미국 대통령 당선자의 경제정책. 그의 정책은 법인세 인상과 고소득층 증세, 최저임금 인상, 친환경 인프라 투자 등으로 요약된다.

수정될 가능성이 높다. 대내적으로도 바이드노믹스 추진, 헬스 케어와 도드-프랭크 법(단일금융법), 오바마 지우기 정책 수정, 이민법 개정 등 다양한 정책들이 갈림길에 놓일 것으로 예상된다.

지금까지의 여론조사 결과대로 트럼프 전 대통령이 재임에 성공할 경우 큰 변화가 예상된다. 트럼프 집권 1기 동안에는 바이든 대통령이 부통령으로 일했던 버락 오바마 정부 시절 성과가 컸던 핵심 경제정책 중심으로 지우기로서 일관했다. 이 때문에 바이드노믹스는 지워졌던 오바마노믹스 복원이 주류를 이뤘다.

중국과의 경제패권 다툼은 지속될 것으로 예상된다. 어느 대통령과 정당이 들어선다 하더라도 미국 주도의 팍스 아메리카나 체제 유지는 최고 책무이자 지상과제이기 때문이다. '공생 대립·내부 역량 강화'를 강조하는 바이든 정부와 달리 트럼프 집권 1기 때 '극한 대립·근립궁핍화'를 지향하고 있어 오히려 중국과의 마찰이 더 심해질 수 있다.

미국 내부적으로는 바이든의 역작이기도 한 '오바마 헬스 케어'의 복원이 흔들릴 가능성이 높지만 미국 국민의 적극적인 호응을 감안하면 집권 1기 때와 달리 수정된 형태로 추진될 것으로 예상된다. 바이든 대통령이 연임에 성공하면 집권 1기 때의 미진한 점을 보완해 중하위층을 중심으로 모든 미국 국민이 혜택을 보는 방향을 추진할 계획이다.

어느 당 후보가 당선되든 모든 경제정책은 일자리 창출에 초점을 맞춰 추진할 것으로 예상된다. 코로나 사태 이후 미국의 노동시장은 '실업 없는 창출 경기둔화(Job-full recession)', '고용 호조 경기회복(Job rich recovery)'이라는 신조어가 나올 만큼 견실하지만 상황이 언제 바뀔지 모르기 때문이다. 트럼프 전 대통령이 재집권한다면 바이든 정부 때보다 더 강화된 '일자리 자석 정책(Employment magnet policy)'를 추진할 가능성이 높다.

산업정책도 고용창출계수가 높은 제조업 부활정책을 더 강화해 추진할 것으로 예상된다. 내부적으로는 제조업을 다시 보자는 '리프레쉬' 운동과 함께 해외에 나가 있는 미국 기업뿐만 아니라 외국 기업까지 불러들이는 '리쇼어링' 정책을 추진해 세계 공급망 중심을 중국에서 미국으로 재편하도록 추진해 나갈 것으로 예상된다.

한국과의 관계는 한국 정부가 미국과의 관계를 어떻게 설정하느냐에 따라 전적으로 좌우될 확률이 높다. 트럼프 정부 시절에도 통상을 비롯한 경제 관계에 있어서 미국이 주도적으로 나서지 않았기 때문이다. 한국이 중국에 편향적인 기조로 다시 바뀌면 한·미 관계가 의외로 큰

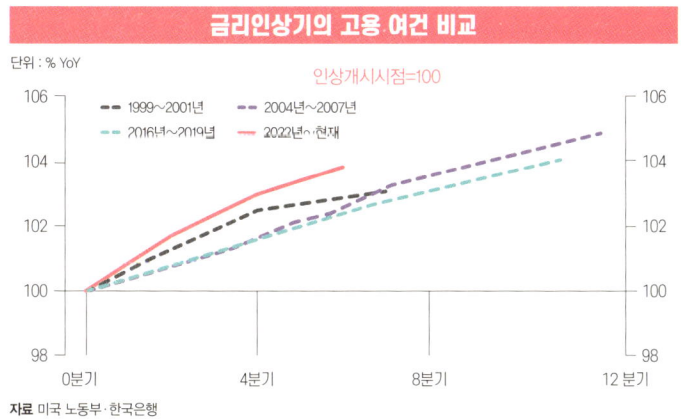

금리인상기의 고용 여건 비교
단위 : % YoY
인상개시시점=100
1999년~2001년
2004년~2007년
2016년~2019년
2022년~현재
자료 미국 노동부·한국은행

어려움이 닥치는 상황도 배제할 수 없다. 오히려 한·미 간 자유무역협정(FTA)에서 미해결 과제로 남아 있는 소고기, 자동차, 지적재산권 분야에서 미국의 요구를 관철시키려는 압력이 더 강화될 가능성이 높다. 바이든 정부 시절에 집중했던 '경제협력 네트워크(EPN)' 구상에 한국이 모호한 입장을 보일 경우 트럼프 집권 2기 때는 심한 갈등이 예상된다.

북한 정책에도 변화가 불가피하다. 북한이 미국 국민의 생존권을 위협하는 핵무기와 대륙간 탄도미사일(ICBM)을 보유하는 한 북한과의 미온적인 관계 설정은 트럼프 집권 1기 때보다 강한 저항을 받을 가능성이 높아졌기 때문이다. 추진 방법에 있어서는 트럼프 정부처럼 한국을 배제한 북한과의 쌍무적인 방법이 실현될 수 있다. 또한 트럼프 정부가 미제로 남길 주한 미군 철수와 방위비 분담 문제도 다시 거론될 것으로 예상된다.

인구 절벽 원년이 될 세계경제…
복합 불황에 빠지나?

"세계 인구는 20세기 이후 120년 동안 지속돼 온 팽창시대가 마무리되고 감소세에 접어들었다", "돌이킬 수 없는 인구통계학적 변화가 앞으로 정치, 경제, 사회, 문화 등 모든 분야에 지금까지 볼 수 없었던 커다란 변화(Big change)를 몰고 올 것"이라는 보고서가 연일 쏟아져 나오고 있다.

최근 세계 인구 절벽 논쟁의 중심에 서 있는 국가는 중국과 한국이다. 10년마다 조사하는 중국의 인구 센서스 통계 발표를 앞두고 영국의 경제 전문지인 파이낸셜 타임스(FT)가 2년 전부터 "감소됐다"는 보도에 중국 정부는 "사실이 아니다"라고 반박해 오고 있지만 2024년을 눈앞에 두고 사실로 드러났다.

중국의 인구 증감은 세계 노동시장에 중요한 변수다. 2차 대전 이후 베이비붐 세대가 은퇴하고 글로벌화와 디지털화가 진전되면서 저개발국 등 제도권 밖에 머물던 노동력 공급이 정체되는 또 다른 '루이스 전환점'을 맞아 중국의 인구 증감이 세계 노동력과 임금 수준을 좌우할 수 있기 때문이다.

1978년 덩샤오핑이 개방화를 표방한 이후 세계경제는 중국 인구와의 최적 조합인 '스위트 스팟(Sweet spot)' 기간을 누려왔다. 중국의 생산가능인구가 세계 고용시장에 본격적으로 편입하기 시작했던 1990년대 후반 이후에는 '고성장-저물가'라는, 종전의 경제이론으로 설명되지 않는 '신경제' 국면이 나타났다.

중국을 비롯한 인구 절벽 논쟁은 세계경제에 의외로 큰 복병이 될 확률이 높다. 찰스 굿하트 영국 런던대 교수가 최근 출간한 ≪인구 대역전(원제; The Great Demographic Reversal)≫을 보면 이상 기후 등 디스토피아 문제가 심해지는 시점에서 세계 인구까지 감소하면 세계 물가는 하이퍼 인플레이션이 올 수 있다고 내다봤다.

인구 절벽에 따른 인플레이션 발생 여부는 각국 중앙은행의 통화정책과 국민 경제생활에 결정적인 변수로 작용할 가능성이 높다. 코로나 사태를 맞아 금융위기 때보다 더 강도 있는 금융완화 정책을 추

인구 절벽
Demographic Cliff

한 국가의 연령별 인구 분포를 볼 때 특정 연령대 인구수가 어느 시점에서 급격하게 감소하는 현상. 2014년 미국 경제학자 해리 덴트가 처음 제시한 개념으로, 소비 주축인 45~49세 인구가 줄어드는 시점을 의미한다.

하이퍼 인플레이션
Hyper Inflation

물가상승이 통제를 벗어난 상태로 수백 퍼센트의 인플레이션율을 기록하는 상황을 말한다. 하이퍼 인플레이션이 일어나는 시기는 전쟁이나 혁명 등 사회가 혼란하거나 정부가 재정을 지나치게 방만하게 운용해 통화량을 대규모로 공급할 때 등이다.

진했던 점을 감안하면 인구 절벽으로 인플레가 지속될 경우 고금리 국면이 이어질 가능성이 높기 때문이다.

금융위기와 코로나 사태를 거치면서 장기간 저금리 국면에 잠복돼 왔던 빚의 복수가 시작되고 자산 거품이 붕괴되는 계기가 될 수 있다. 세계 빚(국가+민간)도 기하급수적으로 늘어났다. 국제결제은행(BIS)에 따르면 세계 빚은 2007년 113조 달러에서 2023년 3분기에는 250조달러로 2배 이상 급등했다. 한국은 유독 가계부채가 많은 나라다.

국제통화기금(IMF)를 비롯한 대부분 예측기관은 앞으로 세계경제가 빚 부담을 연착시키지 못할 경우 '복합 불황'이 닥칠 것이라고 경고해 왔다. 기준금리 등 정책 수단이 제자리에 복귀되지 않은 여건에서 자산가격이 하락하면 경제주체의 부채상환능력이 떨어지고 정책 대응마저 쉽지 않아 1990년대 일본경제의 전철을 밟을 수 있기 때문이다.

한국도 출산율이 낮아지는 추세 속에 고령화가 급진전됨에 따라 가구주의 연령별 분포가 빠르게 변화되는 국가다. 전체 인구 중 29세 이하 연령층의 비중이 급감하고 있는 반면 50세 이상 연령층의 비중은 급증하고 있는 추세다. 이 때문에 가구주 연령이 50세 이상인 가구 비중도 50% 이상으로 높아진 반면 29세 이하인 가구 비중은 한 자리대로 떨어졌다.

앞으로 우리의 인구구조는 기대수명 연장과 출산율 저하 등으로 지금 속도보다 더 빠르게 고령화가 진행될 것으로 예상된다. 현재 OECD 회원국 중 가장 낮은 출산율과 빠른 속도로 고령화가 진행되고 있는 점을 감안하면 2050년에 우리의 노령화 지수가 세계에서 가장 높을 것으로 추정된다.

우리는 유엔 분류상 2000년에 '고령화 사회', 2018년에는 '고령 사회'에 진입했다. 2030년까지 증가할 것으로 보였던 우리 인구는 2024년에는 절대 인구가 감소하는 인구 절벽을 경험할 수 있다. 그 결과 우리 인구구조는 1980년의 전형적인 '피

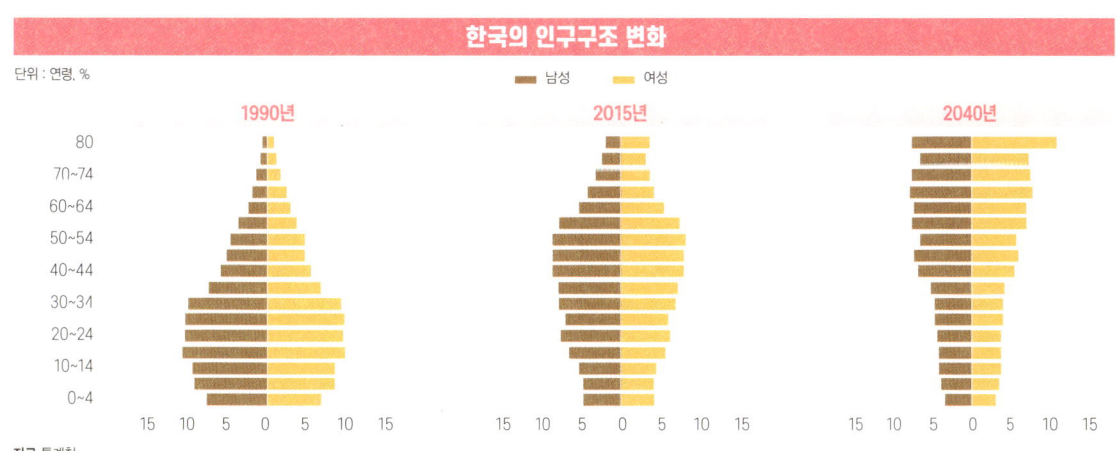

한국의 인구구조 변화

SECTION 1 1 2024 세계경제 전망

라미드형'에서 '역피라미드형'으로 바뀌어 나갈 것으로 예상된다.

미국과 달리 은퇴 이후 삶의 수단으로 주식보유 비율이 적은 우리로서는 인구통계학적 이론이 최소한 자가 소유(특히 아파트) 시장을 예측하는 데 유용한 것으로 평가돼 왔다. 1960년대 이후 세대가 지날수록 자산 계층이 두텁게 형성됨에 따라 아파트 가격이 한 단계씩 뛰었다. 특히 강남 아파트 가격이 그랬다.

코스피 지수도 우리의 경우 전체 인구에서 핵심소비계층 인구가 증가할 때 오르는 것으로 나타났다. 시계열을 조정해 핵심자산계층 비중을 코스피 지수의 7년 후행 지표로 나타냈을 때 주식시장과 가장 흡사한 모습을 보였다. 국내 주식시장도 핵심소비계층이 은퇴하는 시점과 높은 관계를 보이는데 은퇴를 앞둔 사람들이 자금 마련을 위해 주식을 포함한 고위험 자산부터 처분하기 때문이다.

인구구조 변화로 자산가격과 실물경제를 진단하고 예측하는 인구통계학적 이론이 다 맞는 것은 아니다. 하지만 우리는 중국과의 경제 비중이 높고 세계에서 가장 출산율이 낮으며 고령화 속도가 빠른 국가다. 우리만큼은 가시권에 들어오고 있는 인구 절벽에 따른 충격을 본격적으로 대비해 놓아야 할 때다.

또 다른 전쟁, 북극 해빙에 따른 신영토 경쟁 본격화된다

북극 얼음이 예상보다 빠르게 녹으면서 북극의 항로와 자원을 개발하려는 국제사회의 경쟁이 갈수록 치열해지고 있다.

종전에는 두꺼운 얼음층과 빙산 충돌 위험 때문에 약 1만km나 차이가 나는 수에즈 운하를 통과해야만 했다. 하지만 점차 지구온난화의 가속화로 인해 항로의 이용 가능성이 높아지면서 항해 거리 단축, 연료 절감, 운임과 운송에 대한 단가절감 등이 가능해졌다.

북극의 빠른 해빙으로 북극해 항로 통과 수송과 더불어 자원개발 가능성이 증대돼 북극 항로의 상업적 개설이 앞당겨질 전망이다. 현재 자원개발 프로젝트가 활발히 추진되고 있어 앞으로 북극해 자원 개발로 생산될 자원의 해상수송 수요 또한 급격히 증대될 것으로 예상된다.

북극 항로가 활성화되면 컨테이너 화물 해상운송체계의 지각변동은 불가피하다. 지금까지 세계 물류 이동을 주도하고 있는 나라는 미국·북유럽·일본·중국 등으로, 컨테이너 화물의 주도적인 생산지와 소비시가 모두 북반구 지역이있다. 그럼에도 불구하고 이들 컨테이너 화물을 운송하는 선박들이 북극해를 항해할 수 없었기 때문에 수에즈와 파나마 운하를 이용하는 장거리 물류체계가 형성돼 왔다. 하지만 북극 항로가 활성화되면 동북아 지역과 북유럽 지역 간의 화물수송체계가 북극해를 경유하는 북반구 네트워크로 전환될 것으로 예상된다. 북극 항로는 북극 신흥광구에서 생산된 자원의 수송량 증가, 해빙으로 사라질 영구적인 동토층 위에 설치된 기존의 지상 파이프 라인을 대체할 해상운송 물량 증가라는 두 가지 측면에서 북극 자원 해상 수송량이 확대될 전망이다.

복합 불황
Combined Depression

부동산, 주식, 소비, 생산 등 전반적인 경제가 장기적인 불황에 빠진 상태. 1990년 일본이 겪은 불황으로, 당시 일본 부동산 가격 하락으로 부동산을 담보로 대출을 진행한 은행이 어려워졌다. 은행 수익성이 악화하자 불안을 느낀 소비자들까지 소비를 줄이며 경제 전체 상황이 악화했다.

동북아시아에서 유럽까지의 최단거리인 북극해 항로는 1990년대 러시아의 정치적 변화 이후 지정학적 중요성과 함께 기존의 수에즈운하 통과 항로를 대체할 수 있는 경제성이 국제적으로 널리 인식되어 왔다.

북극 항로 개발 초기에는 벌크 화물에 대한 수요가 많을 것으로 예상된다. 벌크 화물의 수송 가능성은 수송 조건이 간단하고 특정 화물의 수요만 적장하면 선박 투입이 가능하기 때문에 우선적으로 실현이 가능하다. 세계 에너지와 광물자원 고갈, 세계 최대 자원소비지역인 동북아 삼국의 자원 공급 등을 위해 북극해가 마지막 대안 지역이 될 확률도 높다.

이 지역에는 인류의 마지막 보고라고 표현할 정도로 무한한 자원이 매장되어 있는 것으로 추정된다. 세계 어획량의 40% 내외가 북극해에서 이뤄질 전망이며 식량 부족에 봉착한 상황에서 '신(新)북극시대'가 도래할 것으로 예상된다.

해빙과 함께 석유·가스의 탐사와 시추 기술이 발달하면서 북극 지역에 매장된 자원에 대한 관심이 증대되고 있다. 북극 지역에는 전 세계 미발견 석유·가스 자원량의 22%에 해당하는 4120억 배럴이 매장되어 있는 것으로 추산된다. 현재 러시아·알래스카·캐나다·북서지역·노르웨이 등 연안국을 중심으로 여러 대형 매장지가 개발돼 생산 단계에 진입했다.

북극에는 화석연료 이외에도 고부가 가치의 광물자원과 한류성 수산자원이 풍부하다. 철광석·구리·니켈 등과 함께 금·다이아몬드·은·아연 등이 풍부하며 한류성 어류도 지속적으로 증가하고 있다. 그린란드 역시 희소금속을 비롯하여 매상 광물자원의 종류와 양이 풍부한 것으로 알려져 있다.

원유 생산비용은 북극 지역의 경우 배럴당 20~60달러 수준으로 현재 3대 유종(WTI, 북해산 브렌트, 중동산 두바이) 시세를 크게 하회해 경쟁력이 높다. 경우에 따라서는 북해산 브렌트유를 제치고 세계 3대 유종으로 편입될 가능성도 있다. 미국·캐나다·러시아·노르웨이·덴마크 등 북극 연안 5개 국가는 북극자원 개발을 선점하기 위해 국가 차원의 개발 전략을 추진 중이다.

SECTION 1 | 2 | 2024 주요국 경제 전망

미국경제의 재부상, 부활을 꿈꾸는 신흥국

미국경제, 또 한번 장기호황…
재조명되는 '예일 거시경제 패러다임'

제2 리먼 사태까지 우려됐던 은행위기, 제2 스탠다드 앤드 푸어스(S&P)의 수모로 비유된 피치의 국가신용등급 강등조치를 극복하는 미국의 저력은 무엇인가? 한 나라의 위기와 같은 복잡한 현실을 푸는 일은 쉽지 않다.

이 때문에 특정 경제이론에 의존하기보다 당면한 현안을 극복하는 데 기여했던 종전의 정책 처방을 참고로 하는 실승적 방법이 활용된다.

2023년 3월 이후 잇따른 비상상황을 맞아 미국이 위기극복의 준거 틀로 삼아왔던 여러 정책 처방 가운데 재닛 옐런 재무장관이 1999년 4월 예일대 동문회에서 처음으로 언급했던 '예일 거시경제 패러다임'이 재조명되고 있다. 이 패러다임은 버락 오바마 정부 시절에도 경제정책의 근간이 되면서 최대 난제였던 금융위기를 극복하는 데 적용됐다.

출발은 1950년부터 1988년 은퇴할 때까지 예일대에서 화폐경제학을 가르쳤던 제임스 토빈에게서 비롯했다. 그는 정책적으로 로버트 솔로우, 아서 오쿤, 케네스 애로우 등과 함께 1960년대 존 F. 케네디와 린든 B. 존슨 정부 때 실행됐던 경제정책을 설계하는 데 핵심 역할을 담당했다. 1970년대 이후에는 윌리엄 노드하우스, 로버트 쉴러, 그리고 재닛 옐런이 뒤를 잇고 있다.

전체적인 기조를 살펴보면 경기부양 등과 같은 단기 과제는 케인스언 이론을 선호하지만, 지속 가능한 성장 기반 등과 같은 장기 과제는 신고전학파 이론을 받아들여 해결한 독특한 성책 처방 패키지이다. 즉, 단기 과제는 총수요와 총공급 곡선으로 이해하고, 장기 과제는 토빈과 솔로우 모델을 선택했다.

경제정책은 당면한 현안에 따라 유연하게 운용했다. 재정정책은 경기부양과 위기극복을 위해 재정 건전화가 뒷전으로 물러나는 것을 용인했다. 하지만 인플레이션이 통제권에 들어오면 국가채무를 줄여 재정 건전화를 도모하는 쪽으로 우선순위가 이동됐다. 통화정책도 통화론자들이 주장하는 '준칙(Monetary rule)'대로 운용되지는 않았다.

최종 목표인 장기성장과 완전고용을 위해서는 물적자본, 인적자본, 연구개발

케인즈 이론
Keynesian Economics

20세기 영국 경제학가 존 메이너드 케인스 사상에 기초한 경제 이론으로, 경제활동이 사회 전반에 미치는 영향을 강조했다. 특히, 수요 부족은 고용 부족으로 이어질 수 있다는 주장을 펼쳐왔다.

미국은 코로나 발발 이후 2년 만에 치솟던 인플레이션이 완화되고 2023년 3분기 국내총생산(GDP) 증가율이 연율 4.9%로 집계됐다.

(R&D)에 대한 지속적인 투자를 강조했다. 정부는 친기업 정책을 추진해 이윤이 높아질 수 있도록 하는 데 중점을 맞춰야 한다고 권고했다. 세제도 투자세액공제 제도를 도입하고 소비세율을 높여 저축과 투자가 함께 늘어날 수 있도록 해야 한다고 봤다.

예일 거시경제 패러다임을 토대로 경제정책을 추진했던 1960년대와 1990년대 미국경제는 전례 없는 호황을 구가했다. 토빈 교수가 케네디 정부에 정책 자문했던 1961년 이후 106개월 동안 확장 국면이 이어졌다. 1990년대에는 예일대 교수들이 다시 빌 클린턴 정부와 손을 잡으면서 확장 국면이 2001년 3월까지 120개월 동안 지속됐다.

미국 이외 국가에서도 활용됐다. 1990년 이후 '엔고(高)의 저주'에 걸려 20년 이상 침체국면이 지속되는 과정에서 하마다 고이치 예일대 명예 교수의 발권력을 통한 엔저 유도 권고를 받아들여 '잃어버린 30년' 우려를 차단하려 했던 아베노믹스가 대표적인 예다. 고이치는 토빈의 제자로 널리 알려져 있다.

경기부양, 고용창출, 재정 건전화를 목표로 출발했던 바이든 정부도 집권 전반기가 끝났다. 3대 목표 중 완전고용이 달성된 지는 오래됐다. 2022년 3분기 이후 만족스럽지 못하지만 2%대 성장세가 지속되고 있다. 하지만 국가채무는 코로나 사태 극복을 위한 특별 재정지출 요인으로 개선할 틈이 없었다.

바이든 정부의 집권 후반기 목표는 명확하다. 미진한 성장률을 끌어올리고 재정 건전화를 도모하는 일이다.

케인스언의 총 수요 관리이론대로 두 과

제를 달성하는 손쉬운 수단은 재정지출을 늘리는 방안이다. 하지만 국가채무가 늘어나는 데다 인플레이션이 재발할 우려가 있어 쉽지 않다.

최근과 상황이 비슷했던 1990년대 후반 클린턴 정부는 전임 조지 부시 정부의 '강력한 미국' 정책으로 늘어난 국가채무를 줄이고 경기를 부양하기 위해 '페이 고(Pay go)'를 추진했다. 소모성 경비인 일반 경직성 세목을 줄여 경기부양 효과가 큰 투자성 세목에 몰아주는 제3의 처방인 이 정책은 집권 후반기 바이든 정부에서도 추진할 계획이다.

산업정책 측면에서는 수확 체증의 법칙이 적용되는 첨단기술산업을 육성해 성장률을 끌어올려 재정수입을 늘리고 다른 한편으로는 물가 안정을 도모해 나갈 것으로 예상된다. 미국과 같은 문제로 고민하고 있는 한국 정부도 예일 거시경제 패러다임을 참고하면 해법을 찾을 수 있지 않나 생각한다.

침몰하는 中 경제, 과연 부활할 수 있을까?

"중국경제가 미국이란 암초를 만나 타이타닉호처럼 침몰하고 있다." 영국의 경제 전문지인 이코노미스트가 시진핑 장기집권 체제가 형성된 이후 중국경제를 바라보는 시각이다. 3년 전 헝다 그룹 사태에서 비롯된 부동산 문제가 아직까지 처리되지 않는 가운데 2023년 7월 이후 발표되지 않는 청년 실업률은 45%에 이른다는 시각까지 나오고 있다.

주목해야 할 것은 종전과 달리 시진핑 주

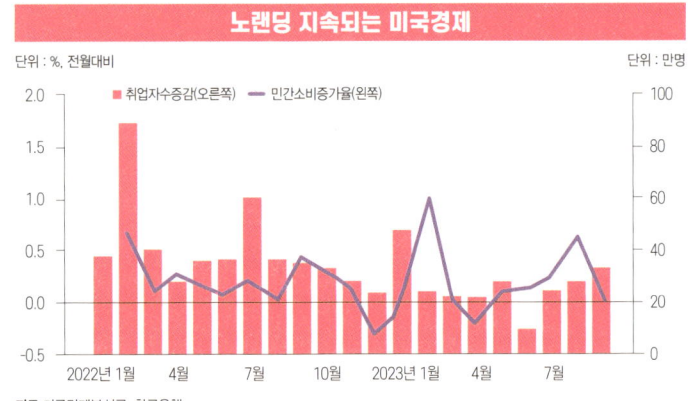

석에 대한 회의론이 고개를 들고 있는 점이다. 타이타닉호가 암초를 만난 위급한 상황에서 선장의 판단 미스가 침몰하게 된 결정적인 원인이 됐던 것처럼 시 주석이 제대로 조정 역할을 하지 못함에 따라 위기 국면에 놓여 있는 중국경제가 주저앉을 수밖에 없다는 비관론이 고개를 들고 있다.

2022년 10월에 열렸던 제20차 공산당 대회 이후 중국경제 운영체계가 크게 달라졌다. 덩샤오핑 체제 이후 중국경제를 지탱해왔던 양대 축인 개방경제와 시장경제가 각각 폐쇄경제, 계획경제로 선회됐다. 핵심 경제부처도 미국을 비롯한 해외 유학파보다 시 주석의 동문이 주축이 된 순수 국내파로 채워졌다.

사회주의 성장경로 상 외연적 단계에서 내연적 단계로 이행되는 과정에서 발생하는 과도기 증후군은 오히려 더 두터워지는 상황이다. 임금·금리·세율·땅값·행정규제 분야에서의 5고(高) 현상이 좀처럼 개선되지 않을 뿐만 아니라 외국인과 외국기업에 대한 차별은 갈라파고스

페이고 원칙
Pay as You Go

재정 지출이 수반되는 새로운 사업을 추진할 때 기존 사업의 지출을 줄이는 등 재정 건전성 대책을 마련해야 한다는 것으로, 통상 경기부양 효과가 적은 일반 경직성 부문을 삭감하고, 효과 큰 쪽으로 집중하는 방식이다.

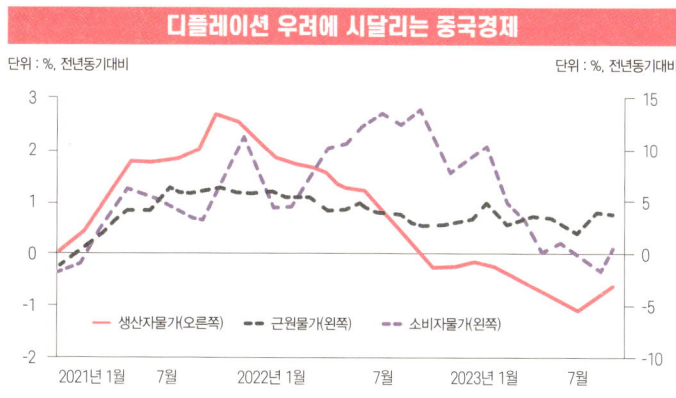

디플레이션 우려에 시달리는 중국경제

자료: 중국 국무원·인민은행

함정에 빠졌다는 비판이 나올 정도다.

잠재성장기반 또한 노동 항목은 인구 절벽과 생산가능인구 축소, 자본 항목은 낮은 자본장비율(K/L)과 토빈q 비율, 총요소 생산성 항목은 제도 미비와 부정부패 등으로 취약하다. 중장기 성장률 예측에 뛰어난 영국의 옥스퍼드 이코노믹스는 5년 이내에 중국경제 성장률이 3% 밑으로 떨어질 것으로 내다봤다.

시진핑 주석의 장기집권 체제가 형성된 이후 증시에서 외국인 자금이 이탈하기 시작한 것도 이 때문이다. 공산당 대회가 끝나자마자 제로 코로나 대책을 풀면서 리오프닝 효과를 크게 기대했던 시진핑 주석으로서는 당황할 수밖에 없었다. 2023년 3월 양회 대회 이후 채권시장에서 나타나고 있는 외국인 자금 이탈세 또한 심상치 않다.

11년 전 시진핑 주석의 취임과 함께 시작된 외국기업의 이탈세는 중국의 연간 성장률을 1% 포인트 이상 훼손할 정도로 심각해지고 있다. 기업별로는 페이스북, 아마존, 애플, 넷플릭스, 구글, 엔비디아, 마이크로소프트, 테슬라 등 코로나 사태 이후 세계경제와 글로벌 증시를 주도하는 '메가 캡 8' 기업이 이탈하고 있다는 점이 중국으로서는 더 우려된다.

탈중국 외국기업이 가는 방향은 두 가지다. 하나는 미국 기업을 중심으로 본국에 환류되는 '리쇼어링'이다. 다른 하나는 중국이 속한 같은 아시아 지역에서 대체 투자지를 찾는 '알타시아(Altasia)' 움직임이다. 영국의 경제전문지 이코노미스트가 처음 사용한 알타시아는 대체라는 뜻의 'Alternative'에 아시아를 합친 용어다. 알타시아는 개별 국가로 따지면 중국을 대신할 수 없지만 기술력은 일본·한국·대만·인도가 뛰어나고 인도네시아·말레이시아는 자원이 풍부하다. 금융과 물류 서비스는 싱가포르가 홍콩보다 더 매력적으로 받쳐줄 수 있고 방글라데시·미얀마·라오스·캄보디아의 인건비는 저렴해 중국을 대체하기에 충분하다.

'대탈출(GHC·Great China Exodus)'로 비유되는 외국인 자금과 외국기업의 이탈은 중국경제 앞날을 더 어둡게 만들고 있다. 시진핑 주석 취임과 함께 경기순환 차원에서 제기된 '경착륙' 우려가 공산당 대회 이후에는 경제발전단계가 한 단계 추락하는 '중진국 함정'으로 바뀌있다. 2024년을 앞두고 1990년대 일본경제처럼 '잃어버린 10년'을 겪을 것이라는 극단적인 비관론까지 나오고 있다.

미국과의 경제패권 다툼에서 중국이 밀리고 있다는 평가가 나오는 것은 장기집권을 꿈꾸는 시진핑 주석에게는 치명타가 될 수 있다. 위안화 국제화, 일대일로,

디지털 위안화 등을 통한 시 주석의 '팍스 시니카' 야망이 물거품이 되기 때문이다. 이미 30년 뒤로 후퇴했다는 쇠퇴론까지 나오고 있는 상황이다.

위기감을 느낀 중국 정부는 정책금리 인하 등을 통해 연일 경기부양에 나서고 있으나 효과가 얼마나 나올지 불투명하다. 성장장애요인들이 구조적 복합 성격을 띠고 있는 데다 단기적으로 유동성 함정에 처해 있기 때문이다. 모든 책임을 지고 있는 시진핑 주석 자신의 개혁 여부에 따라 2024년 이후 중국경제의 모습이 좌우될 것으로 예상된다.

부활하는 일본경제…
관건은 아베노믹스 포기할 수 있나?

2023년 4월 재임 기간 3673일을 기록해 1882년 일본은행(BOJ) 설립 이후 최장수 총재였던 구로다 하루히코가 퇴임하고 우에다 가즈오가 취임했다. 최대 관심사는 지난 10년 동안 국제금융시장에 커다란 획을 그었던 아베노믹스, 즉 엔저를 통한 수출 진흥과 경기 부양 정책이 과연 어떻게 변화될 것인가 하는 점이다.

아베노믹스의 근간은 1990년대 초로 거슬러 올라간다. 당시 부동산 거품 붕괴와 함께 불어 닥친 스태그플레이션으로 '팍스 재팬시아'까지 꿈꾸었던 일본 정책당국은 크게 당황했다. 정책대응도 '대장성 패러다임'과 '미에노 패러다임'을 놓고 엇갈렸다. 전자는 '엔저와 수출 진흥'으로 상징되나, 후자는 '물가 안정'으로 대변된다.

일본경제는 내수 부문의 활력을 되찾아 디플레이션 국면에서 탈피하기 어려운 고질병을 갖고 있다. 내수 부진이 인구 고령화 진전, 높은 민간 저축률 등과 같은 구조적인 요인에 기인하기 때문이다.

재정 여건도 국가채무가 국내총생산(GDP) 대비 270%에 달할 정도로 악화돼 민간수요를 대체하는 임계점을 넘은 지 오래됐다.

내수가 회복되지 않는다면 디플레이션을 탈출하기 위해 경제 여건 이상으로 강세를 보이는 엔화 가치를 약세로 돌려놔야 가능하다. 자민당에서 1990년 이후 일본경제가 '잃어버린 20년'을 겪은 것은 일본은행 총재였던 미에노 야스시가 고집스럽게 물가 안정 최우선의 비타협적 통화정책을 고수해서라고 본 것도 이 때문이다.

2012년 12월 아베 신조는 자민당 총리로 재집권하자마자 엔저를 통해 성장을 지향하는 구로다 아시아개발은행(ADB) 총재를 전격적으로 영입했다. 또한, '경기 상황과 통화 가치가 따로 노는 악순환 국면을 차단하는 것이 일본 경기를 살리는 최후 방안'이라는 미국 예일대 하마다 고이치 명예 교수의 권고를 받아들여 '아베노믹스'를 추진했다.

정책수단별 아베노믹스는 세 단계로 구별된다. 2013년 구로다 총재는 취임하자마자 대규모 국채 매입을 통해 유동성을 바주카포식으로 공급하는 '충격요법'을 동원했다. 그 후 3년이 지나도 효과가 나타나지 않아 금리를 마이너스 수준으로 떨어뜨렸다. 이마저도 효과가 미흡하자 수익률 곡선을 통제(YCC)해 10년물 금리

잃어버린 20년

1991년부터 시작된 일본의 경기 침체 시기를 나타내는 용어로, 2001년까지 일본의 경제성장률은 평균 1.1%에 그치는 등 유례없는 장기 불황이 이어졌다.

일본은 2023년 7~9월 실질 국내총생산(GDP)이 전 분기 대비 연율 기준 2.1% 감소, 시장 예상치인 -0.7~-0.5%를 크게 밑돌았다.

가 제로 이상으로 올라가는 것을 막았다. 각국 중앙은행 통화정책 역사상 전례가 없었던 울트라 금융완화정책으로 엔저를 유도하는 데는 성공했다. 구로다 취임 당시 85엔에서 움직이던 엔·달러 환율이 퇴임 때는 132엔선까지 올라섰기 때문이다. 중국 위안화, 한국 원화 등 일본의 주요 경쟁국 통화 대비 엔화 가치는 크게 떨어졌다.

중요한 것은 아베노믹스의 궁극적인 목표인 '수출이 얼마나 진작됐을까' 하는 점이다. 특정국이 자국통화 평가절하로 수출이 늘기 위해서는 마샬-러너 조건, 즉 외화표시 수출수요의 가격탄력성과 자국통화표시 수입수요의 가격탄력성을 합한 수치가 '1'을 넘어야 한다. 일본의 수출입 구조는 이 조건을 충족하지 못해 수출 진작 효과가 크게 나타나지 않았다.

모든 정책은 양면성을 갖고 있다. 엔저 정책이 의도했던 효과가 나타나지 않자 부작용에 심하게 노출됐다. 대외적으로 경쟁국 간에 갈등만 조장시켜 왔다. 엔저 유도를 통한 수출 진작은 그 피해를 경쟁국에게 고스란히 전가하는 대표적인 '근린궁핍화 정책'에 해당되기 때문이다.

일본 내부에서도 좋은 것만은 아니었다. 가장 타격을 받는 곳은 장기간 엔저 정책으로 채산성이 지속적으로 악화돼 왔던 내수업체다. 저물가가 체질화됐던 일본 국민도 수입물가 급등으로 일상생활에서 느끼는 경제 고통이 의외로 높았다. 반겨야 할 수출업체마저 아베노믹스 추진 직전 한때 80%를 웃돌았던 달러결제 비중을 40% 내외로 낮춰 놔 엔저가 되더라도 채산성 개선 효과가 크지 않았다.

내내외적으로 부작용이 심하게 발생하는 만큼 우에다 총재는 비전통적인 아베노믹스를 정상화시켜야 한다. 출구전략이 비상대책의 역순으로 이어지는 점을 감안하면 앞으로 일본의 통화정책은 물가 인정에 보다 무게를 두면서 YCC 포기, 기준금리 인상, 대차대조표(B/S) 축소 순으로 추진될 것으로 예상된다.

문제는 미에노 패러다임으로 복귀될 경우 장기간 엔저에 따라 내수시장이 붕괴된 여건에서 엔화 가치마저 강세가 되면 수출마저 부진해 일본경제가 깊은 나락으로 추락할 확률이 높아진다는 점이다.

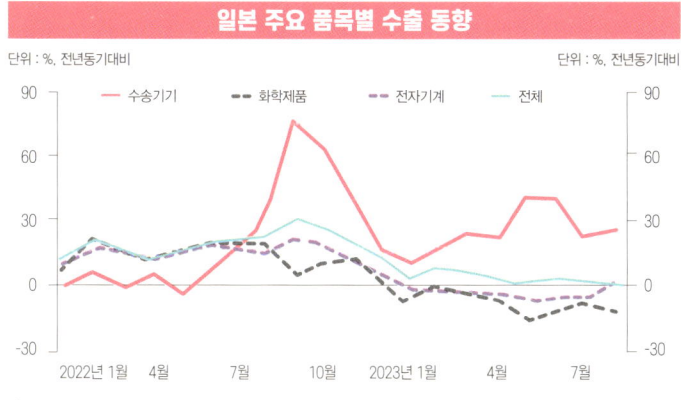

일본 주요 품목별 수출 동향

자료 일본 관세청·한국은행

구로다 전 총재와 달리 우에다 총재가 취임 초부터 충격요법보다는 점진적으로 통화정책을 수정해 나가는 '계단식 방식'을 취할 것으로 보는 것도 이 때문이다. 2023년 엔저의 혜택으로 한국인을 비롯한 외국인의 관광 수입이 크게 늘면서 오랫동안 잠에서 깨어나지 못했던 경기가 기지개를 켜고 있다. 외국인 자금이 유입되면서 증시와 부동산 또한 활기를 찾고 있다. 엔고가 된다면 이마저도 기대할 수 없다. 과연 2024년에 모처럼 잡은 기회를 살릴 수 있을 것인지는 일본의 정치권과 BOJ의 손에 달릴 것으로 예상된다.

유럽경제, 찰스 3세 맞은 대영 제국 앞날에 달렸다

영국 국왕의 대관식은 영연방 국가들의 충성의무를 재확인하는 축제 기간이다. 하지만 2023년만큼은 분위기가 달랐다. 찰스 3세 대관식 직전에 영연방의 상징인 오스트레일리아의 대반란, 즉 자국 국민이 가장 많이 사용하는 5 호주달러에 찰스 3세의 문양을 쓰지 않겠다고 선언했기 때문이다. 과연 찰스 3세를 맞은 대영 제국은 어떻게 될 것인가? 유럽경제도 러시아와 우크라이나 종전 여부와 함께 이 문제에 의해 크게 달라질 것으로 예상된다.

영연방의 태동은 20세기 초로 거슬러 올라간다. 당시 세계경제의 중심이 유럽에서 미국으로 넘어갈 조짐을 보이자 자유 사상가에 의해 '하나의 유럽' 구상이 나왔지만 출발부터 시련이 닥쳤다. 선민의식을 갖고 있는 앵글로색슨족과 이를 반대하는 유럽 대륙의 맹주 게르만 민족 간의 역사적 앙금이 재발됐기 때문이다.

독일의 1차 대전 책임과 미국경제의 대공황 시작으로 태양이 지지 않는 대영 제국의 옛 영화를 되찾자는 분위기가 성숙되면서 1931년 영연방이 태동됐다. 다른 지역 블록과 달리 느슨한 형태의 영연방은 현재 참가국 52개국, 인구 25억 명에 이르는 세계 최대 지역협의체이다. 국제기구로는 주요 20개국(G20)과 비슷하다.

영연방은 2차 세계 대전이 끝날 때까지 잠시 전성기를 누리다가 미국 주도의 팍스 아메리카나 시대가 전개되면서 뒷전으로 물러나기 시작했다. 가장 빨리 쇠퇴한 곳은 경제 분야다. 2차 대전 이후 GATT(관세와 무역에 관한 일반협정)와 IMF(국제통화기금)을 양대 축으로 한 세계경제 질서가 정착되면서 일부 영연방 국가의 탈퇴 조짐까지 일기 시작했다.

위기 의식을 느낀 영국은 1973년 뒤늦게 유럽 연합(EU)에 가입했다. 두 차례 세계 대전으로 구체화되지 못했던 하나의 유럽 구상은 1957년 로마조약을 계기 삼아 EU로 재출범한 이후 순조롭게 성장했다. 미국 주도의 브레튼우즈 체제는 1971년 닉슨의 금태환 정지선언으로 흔들려 영국으로서는 EU가 더 매력적으로 보일 수밖에 없었다.

출범 이후 EU는 두 갈래 길로 추진돼 왔다. 하나는 회원국 수를 늘리는 '확대(Enlargement)' 단계로 초기 7개국에서 28개국으로 늘어났다가 영국의 탈퇴에 의해 27개국으로 줄어들었다. 다른 하나는 회원국 간 관계를 끌어올리는 '심화(Deepening)' 단계로 유로화가 상징하는

관세 및 무역에 관한 일반 협정

General Agreement on Tariffs and Trade

1947년 제네바에서 23개국이 참여한 국제 무역협정으로, 제네바관세협정으로도 불린다. 국제무역과 물자교류를 원활하게 하기 위해 관세장벽과 수출입 제한을 없애는 게 골자다. 우리나라는 1967년 정회원으로 가입했다.

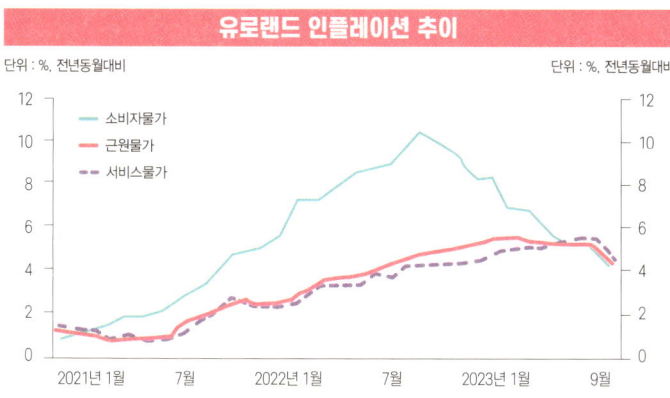

유로랜드 인플레이션 추이
자료: Eurostat·한국은행

유럽경제통합(EEU)에 이어 유럽정치통합(EPU), 유럽사회통합(ESU)까지 달성해 간다는 원대한 구상이었다.

문제는 영국의 EU 가입을 당시 독일이 주도했다는 점이다. 영국은 EU 가입을 두고 '굴욕이다'라는 자국 국민의 비판과 일부 영연방 국가의 반기로 인해 처음부터 소극적이었다. 결국 영국 국민의 자존심인 파운드화 주권을 포기하는 유로화 구상에 참가하지 않은 데 이어 2016년에는 아예 EU를 떠났다.

브렉시트 이후 영국의 시련이 본격적으로 시작됐다. 경기침체 국면이 장기간 지속되고 있다. 영국 재무부에 따르면 브렉시트로 자국 경제가 2030년까지 6% 위축될 수 있다고 추정했다. 국제협력개발기구(OECD)도 영국 국내총생산(GDP)이 EU에 잔류했을 때와 비교해 2030년에는 5% 위축될 것으로 내다봤다.

국제금융시장의 중심지였던 런던의 위상은 대륙의 변방 금융지로 전락하고 있다. 브렉시트 이후 주식시장은 프랑스 파리와 베네룩스 3국(벨기에·네덜란드·룩셈부르크)으로, 채권시장은 독일의 프랑크푸르트로 빠르게 이동되는 추세다. 런던 금융시장이 위축될수록 뉴욕 금융시장의 위상은 더 높아지고 있다.

브렉시트 이후 국제금융 중심지로 부상할 수 있는 장점을 모두 갖추고 있는 프랑크푸르트가 가장 빨리 부상하고 있다는 점이 눈에 띈다. 가장 중요한 독일경제가 코로나 사태 등과 같은 외부 충격을 잘 흡수하면서 유럽재정위기에서 입증됐듯이 유럽 통합이 흔들릴 때마다 최후의 보루 역할을 담당할 수 있기 때문이다.

유럽처럼 경제발전단계가 비슷한 국가끼리 결합하면 무역창출효과가 무역전환효과보다 커 역내국과 역외국 모두에게 이득이 된다. 어떤 형태로든 통합을 추진하는 것이 좋다는 의미다. 찰스 3세를 맞은 대영 제국의 앞날이 스코틀랜드의 분리 독립과 영연방 국가의 탈퇴가 가속되면서 밝게 보이지 않는 것도 이 때문이다.

모디노믹스 성공한 인노경제…
중국을 추월하나?

2014년 총선 당시 인도 국민당(BJP) 후보였던 나렌드라 모디 총리는 구자라트주(州) 총리 당시 독특한 성장모델로 높은 성과를 달성했다. 이 때문에 서민과 젊은 층의 전폭적인 지지를 받으면서 연임에 성공함에 따라 인도경제가 탄력을 받고 있다. 인도경제의 고질병이었던 화폐 개혁과 상품서비스세제(GST) 개편도 마무리해 놓았다. 일부 예측기관은 중국을 제치고 미국에 이어 세계 2위 경제 대국으로 우뚝 설 수 있을 것으로 내다보고

SECTION 1 2 2024 주요국 경제 전망

있다.

집권 2기를 맞은 모디 정부가 로스토우(W.W. Rostow) 교수의 경제발전 5단계 동태 이론에 따라 '도약 단계(take off)'에서 '성숙 단계(the drive to maturity)'로 순조롭게 이행해 고성장 후유증을 극복하고 지속 가능한 성장 기반을 마련할 수 있는지 여부가 미국에 이어 제2 경제 대국으로 우뚝 설 수 있느냐의 관건이 될 것으로 예상된다.

모디 정부 경제정책의 이론적 토대이자 경제정책 운용의 근간이 됐던 '모디노믹스(Modinomics)'는 구자라트 성장 모델이 핵심이다. 모디 총리는 2001년 구자라트 주 총리로 취임한 이후 대규모 외자 유치와 대대적인 개혁 등을 통해 구자라트 성장률을 연평균 13.4%까지 끌어올렸다. 구자라트주가 인도와 파키스탄 간 분쟁지역이었던 점을 감안하면 인도인 전체를 깜짝 놀라게 했던 성장률이었다.

모디노믹스가 집권 1기 내내 최우선 순위를 두고 추진해 왔으나 여전히 미흡하다고 보고 있는 중장기 잠재성장 기반을 확충하기 위해 제조업 중심으로 대대적인 설비투자와 대규모 인프라 확충에 나서고 있는 가운데 성과 또한 당초 예상보다 훨씬 높게 거두고 있다.

구자라트 주 정부 시절 크게 성공한 경험을 살려 투자환경 개선을 골자로 하는 대폭적인 개방조치 등을 통해 외국기업과 외국자본을 유치한 점은 괄목할 만하다. 특히 인도 성장경로 특성상 초기 단계의 '외연적 성장경로'에서 모디 정부의 성장경로가 될 '내연적 성장경로'로 이행되는 과정 중 심하게 발생한 부정부패 등과 같은 성장통을 해결하기 위해 강도 있는 개혁과 구조조정을 추진해 나가고 있다.

저항 세력이 없는 것은 아니다. 인도가 영국에서 독립된 직후 오랫동안 정치적으로 집권하는 과정에서 뿌리가 깊은 네루-간디 가문을 중심으로 기득권층의 영향력이 여전히 높다. 사회적으로 '카스트'와 사상적으로 '불교 및 간다라' 이념을 극복하는 과정에서 이전의 정부처럼 상당한 어려움에 봉착해 개혁과 구조조정이 정체될 가능성 역시 배제할 수 없다.

경제적으로 만성적인 재정적자와 경상수지적자에서 벗어나느냐도 인도경제 앞날을 위해 중요한 변수다. 대외경제정책에 있어서는 지방정부에 대한 재정자치권 부여와 외국과의 통상협상에 주 정부를 참여시킬 예정이어서 자유무역협정(FTA) 협상 등 외국과의 협상은 더뎌질 가능성이 높다. 모디 정부에서 미국이 주노가 돼 추진하고 있는 TIPF와 EPA에 적극적으로 참여하고 있는 것도 이 때문이다.

인도와 한국은 우호적인 관계를 유지해

> **카스트**
> Caste
>
> 포르투갈어 카스타(Casta)에서 유래된 단어로, 인도의 세습화·고착화된 신분 질서 제도를 칭한다. 크게는 승려 계급의 브라만, 귀족과 무사 계급의 크샤트리아, 평민의 바이샤, 노예 수드라 등 4가지 계급으로 나뉜다.

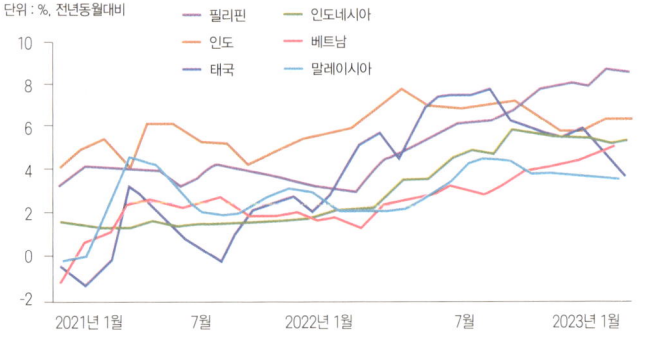

인도와 주요 신흥국 인플레이션율 비교

자료: 해당국 통계청

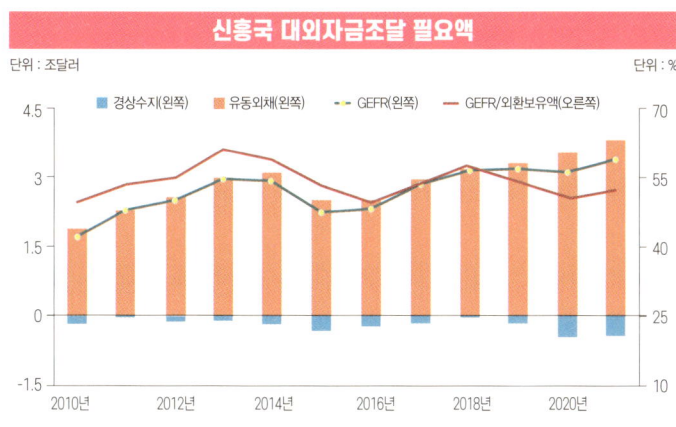

것으로 예상됨에 따라 인도 진출을 희망하는 한국 기업은 이에 대한 사전 준비가 필요하다. 인도 시장에서 일본, 중국 등과의 경쟁이 치열해질 것을 대비해 정부는 한국과 인도 간 포괄적 경제 동반자 협정(CEPA) 개정 협상도 추진할 필요가 있다. 인도경제의 성장 잠재력은 그 어느 국가보다 크다. 공식적으로 인도 인구가 중국을 초월했다. 내수 비중은 75%에 달해 미중 간 마찰 등 대외변수로부터 충격을 완충시킬 수 있다. 경제연령도 25세(중국 37세, 한국 47세) 전후로 창의적이고 유연한 사고를 요구하는 4차 산업혁명에 맞는 인구 구조를 갖고 있다. IT 잠재능력도 뛰어나다. 예측기관은 2020년대에 연평균 6~7%대의 성장세가 지속될 것으로 내다보고 있다.

왔다. 모디 정부 출범 이후 한국의 대인도 수출 증가율은 전체 수출 증가율의 두 배를 기록할 정도로 괄목할 만한 성과를 기록했다. 모디 총리는 구자라트주를 인도에서 가장 빠르게 성장하는 주(州)로 만든 경험을 살려 청년 일자리 창출, 물가 안정 등 경제성장 정책을 계속해서 추진해 나갈 방침이라고 밝혔다.

농촌 지역 인프라 지원을 통한 농업 부문 성장을 통해 유휴인력을 산업부문에 재배치하고 대기업 중심으로 적극적인 산업화를 추진해 나가겠다는 뜻이다. 이 모델은 인도 전체에 적용 가능한 것으로 보이며 이를 위해 조세개혁과 노동법 분야에 대대적인 개혁이 있을 가능성이 높다. 조세제도, 토지수용 절차, 각종 인허가 제도 등의 간소화가 추진될 경우 예측 가능성이 높아져 인도 현지 진출 한국 기업의 사업 환경도 개선될 것으로 기대된다. 모디 정부가 전력, 건설 등 인프라 시장 진출 기회를 확대하고 장기적으로는 경제 회복으로 소비시장 진출 기회도 확대할

신흥국, 얼마나 많은 국가들이 부도가 될 것인가?

1980년대 후반 선진국 주식시장(블랙 먼데이), 1990년대 후반 신흥국 통화시장(아시아 외환위기), 2000년대 후반 선진국 주택시장(서브 프라임 모기지와 리먼 브러더스 사태)에서 금융위기가 발생한 점을 감안해 2010년대 후반부터는 차기 금융위기 후보지로 신흥국의 상품시장이 지목돼 왔다.

2020년대 들어 베네수엘라, 아르헨티나 등 중남미 국가에 이어 이란, 터키 등 중동 국가가 잇달아 외지 이탈에 시달리면서 재현되고 있는 금융위기 조짐이 좀처럼 누그러지지 않고 있다. 2022년 들어서는 아르헨티나, 스리랑카, 파키스탄, 라오스, 방글라데시 등이 IMF에 구제금융을

신청하는 등 더 악화되는 분위기다. 모두 상품가격에 민감한 신흥국들이다.

금융위기 이후 급격히 늘어난 달러 부채 만기가 돌아오는 시기에 Fed의 금리 인상과 맞물리면서 신흥국의 원리금 상환 부담이 급증하고 있는 것이 가장 큰 요인이다. 금리차와 환차익을 겨냥해 이동되는 캐리 자금도 네거티브 트레이드 여건이 형성돼 달러계 자금을 중심으로 외자 이탈이 가세되고 있어서 신흥국을 더 어려운 상황으로 몰아가고 있다.

신흥국의 미숙한 정책 대응도 문제다. 외자 이탈을 수반한 달러 부채 상환에 가장 적절한 대책은 외화 보유 확충과 외자조달 능력을 키우는 일이다. 하지만 금융위기 조짐에 시달리는 대부분 신흥국은 금리 인상으로 대처해 오고 있다. 포트폴리오 지위가 신흥국인 한국도 2021년 8월부터 기준금리를 올려 왔다.

근본적인 해결책을 외면한 금리 인상은 실물경기 침체와 추가 외자이탈 간 악순환의 고리를 형성시킬 확률이 높다. 1990년대 후반에 태국, 한국을 비롯해 아시아 국가가 겪었던 외환위기의 직접적인 배경이다. 벌써 일부 신흥국은 이런 악순환의 고리가 형성되고 있다. 2024년에도 예의 주시해서 지켜봐야 할 대목이다.

국제금융협회(IIF)에 따르면 신흥국은 2025년까지 매년 4000억 달러 이상 달러 부채 만기가 돌아오는 것으로 나타났다. 2022년 3월 회의부터 Fed가 단기간에 빠르게 금리를 올림에 따라 미국 10년물 국채금리는 5%를 넘어섰다. 신흥국의 달러 부채 원리금 상환부담이 급증하면서 외화사정이 갈수록 악화되고 있는 것도 이 때문이다.

신흥국들이 '대발산(GD·Great divergence)의 악몽'에 시달렸던 1994년 이후로 되돌아가 보자. GD가 일어났던 당시의 상황을 보면 독일의 분데스방크(유럽중앙은행 창립 이전에 유럽 통화정책의 중심 역할)는 금리를 5%에서 4.5%로 내렸다. 같은 시점에 Fed는 3.75%에서 4.25%로 인상한 이후 1년도 못 되는 짧은 기간 안에 6%까지 올렸다.

미국경제도 견실했다. 빌 클린턴 정부 출범 이후 수확체증의 법칙이 적용되는 정보기술(IT)이 주력산업으로 부상하면서 '고성장 하에 저물가'라는 신경제 신화를 낳았다. 그 결과 '외자 유입→자산가격 상승→부(富)의 효과→추가 성장' 간 선순환 고리가 형성되면서 달러 강세로 대변되는 루빈 독트린 시대가 전개됐다.

신흥국은 대규모 자금이탈에 시달렸다. 1994년 중남미 외채위기, 1997년 아시아 외환위기, 1998년 러시아 국가채무 불이행 사태까지 이어지는 신흥국 위기가 발생(그린스펀 쇼크라 부른다)했다. 미국과 다른 국가 간 금리 차가 더욱 크게 벌어지고 감세, 리쇼어링 등으로 또 다른 신경제 신화를 쌓아가는 미국경제의 지금 상황과 비슷하다.

IMF의 모리스 골드스타인 지표와 글로벌 투자은행(IB)이 활용하는 외환상환계수로 신흥국 금융위기 가능성을 점검해 보면 아르헨티나, 베네수엘라, 파키스탄, 이란, 남아프리카 공화국, 스리랑카, 방글라데시 등이 높게 나온다. 브라질, 튀

그레이트 다이버전스
Great Divergence

대발산. 미국과 유럽이 서로 상반된 통화정책을 시행하는 것을 의미한다. 첫 그레이트 다이버전스는 1994년 미국과 독일이 다른 통화정책을 시행하면서 시작됐다. 미국과 유럽이 유사한 통화정책을 펼치는 '그레이트 컨버전스'와 상반된 개념이다.

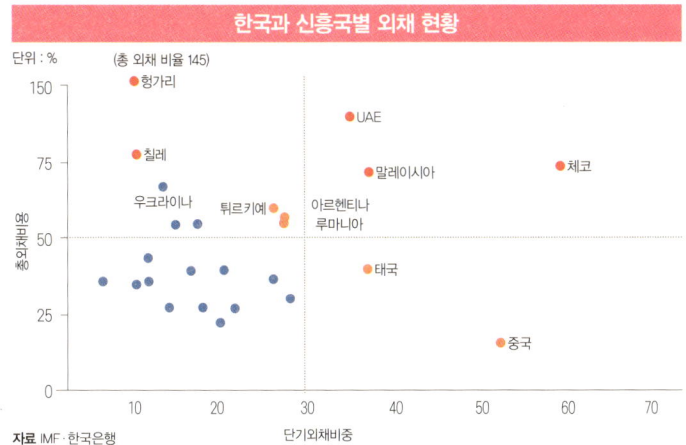

르키예, 인도네시아, 멕시코, 필리핀 등은 그다음 위험국이다.

금융위기 발생 고위험국으로 분류되는 중남미 국가는 외채위기로 학습효과가 있는 데다 미국과의 관계도 비교적 괜찮다. 하지만 이란, 터키처럼 미국의 경제제재를 받거나 협조하지 않는 국가 또는 중국에 편향적이거나 일대일로 계획에 과도하게 참여하는 파키스탄, 스리랑카 등과 같은 이슬람 국가는 IMF에 구제금융을 신청하더라도 받기가 쉽지 않아 보인다. IMF의 최대 의결권을 미국이 갖고 있기 때문이다.

대내외 금융시장에 최대 관심사로 떠오르고 있는 '차기 금융위기가 어느 국가에서 발생할 것인가'는 이런 각도에서 따져 보면 어느 정도 감(感)을 잡을 수 있다. 2023년에 이어 2024년에도 신흥국경제는 부채 원리금 상환 부담을 얼마나 잘 극복하느냐에 따라 개별국가마다 '디폴트'와 '재건'의 운명이 갈릴 것으로 예상된다.

한국도 원·달러 환율의 급등세에 편승해 제2의 외환위기설이 고개를 들면서 학계를 중심으로 외환보유고를 더 쌓아야 한다는 시각이 있다. 일부에서는 국제결제은행(BIS)의 권유대로 9000억 달러가 되기 위해서는 지금 수준의 두 배 정도를 더 쌓아야 한다는 시각이 있다. 이에 대해 정책당국에서는 외화보유에 특별히 문제가 없다는 입장이다.

특정국이 외화를 무한정 쌓을 필요는 없다. 기회비용 측면에서는 외화를 더 유용하게 쓸 곳이 많아 적정수준을 유지하는 것이 중요하다. 적정외환보유고도 절대적인 기준이 못 되는데 통화스와프 등을 통해 언제든지 쓸 수 있는 제2선 자금 확보와 외화 보유 구성에서 자금 당장 쓸 수 있는 가용외화를 많이 가져가면 안전판 역할을 할 수 있기 때문이다.

다만 2023년 하반기 이후 원·달러 환율이 올라가는 것을 우리 내부요인보다 외부요인 탓으로 돌리는 정책당국의 자세는 지극히 위험하다. 1997년 외환위기 당시 펀더멘털론으로 맞서다가 원·달러 환율이 1400원대에 들어서자 손을 들어 외환위기를 초래했던 강경식 경제팀의 실수를 다시 저지를 가능성이 있기 때문이다.

외환위기 재발을 방지하기 위한 정책당국의 자세는 아주 중요하다. 외환위기 발생 가능성을 판단하는 각종 지표가 민간보다 국가와 연관이 높기 때문이다. 우리 국민들도 외환위기에 따른 낙인효과가 얼마나 큰가를 지난 25년 동안 뼈저리게 경험한 만큼 프로보노 퍼빌릭코 정신을 발휘해 국가에 적극 협조해 나가야 할 때다.

SECTION 1 3 2024 국제금융과 원유시장 전망

고유가·고금리,
세계경제 발목 잡는 돌발 변수

글로벌 자금 흐름 대변화…
월가의 큰손들이 움직인다

2024년을 앞두고 세계경제가 변곡점을 맞으면서 글로벌 자금 흐름에 새로운 움직임이 감지되고 있다. 지난 2년 동안 세계경제에 커다란 영향을 미쳤던 인플레이션과 각국 중앙은행의 금리 인상, 러시아와 우크라이나 전쟁이 막바지에 이르고 있기 때문이다. 미·중 간 경제패권 다툼의 윤곽이 잡히는 가운데 새로운 산업도 탄생되고 있다.

최대 변수였던 미국 중앙은행(Fed)의 금리 인상은 2024년 하반기부터는 멈출 것으로 예상된다. 현재 기준금리 5.5%가 9월 회의 점도표 상 최고금리인 5.6%에 근접했기 때문이다. 인플레 지표의 하향 안정세, 비둘기파로 채워진 연방공개시장위원회(FOMC) 멤버 등을 감안하면 2024년 첫 회의 점도표부터 최고금리가 더 낮아질 가능성이 있다.

자금이동 상 유출 면에서 가장 먼저 나타나는 변화는 금리 차와 환차익을 겨냥한 각종 캐리 자금의 향방이다. 2023년 3월 실리콘밸리은행(SVB) 사태 직전까지 Fed의 금리 인상과 달러 강세로 미국에 유입되던 캐리 자금이 2024년을 앞두고 주춤거리고 있다. 통화정책 기조 변화, 즉 피봇(Pivot)을 겨냥한 선제적인 전략으로 이해된다.

미국과의 경제패권 다툼에서 밀리고 있는 중국은 외국기업이 본격적으로 이탈됨에 따라 경기 측면에서 디플레이션이 우려되고 있다. 증시에서 외국인 자금의 이탈세는 심각하다. 공산당 대회 이후 하루 평균 30억위안대에 머물렀던 외국인 자금이탈액은 2023년 하반기 들어서는 80억위안대로 2배 이상 급증했다.

핑크 타이드 물결이 다시 덮치고 있는 중남미 지역으로부터의 자금 이탈세도 빠르다. 최고통수권자의 장기집권 야망으로 포퓰리즘이 만연되면서 인플레가 폭등하고 성장률이 급락하고 있기 때문이다. 브렉시트 이후 탈영국 자금은 런던이

캐리 트레이드의 종류

기초자산 트레이드 (canonical carry trade)	광의	저금리 국가의 거주자들이 보유하고 있는 자국통화를 외화로 교환한 후 고금리 외화예금이나 해외유가증권 등에 투자(거주자 중심의 비치입형 캐리)
	협의	비거주자들이 저금리 통화를 차입해 고금리 통화 자산에 투자하거나 대출로 운용(비거주자 중심의 차입형 캐리)
파생 캐리트레이드 (derivatives carry trade)		선물환, 통화선물 등 외환파생시장에서 저금리통화 매도·고금리통화 매수 포지션을 구축

자료 한국은행

삼성전자는 2023년 3분기 인도 스마트폰 시장에서 17.2%의 점유율로 2위 중국의 샤오미(16.6%)를 0.6%p차로 제치고 1위를 유지했다.

핑크 타이드
Pink Tide
1990년대 말부터 2014년 11월까지 중남미에서 좌파 세력이 다수 집권한 현상. 2004년 우루과이에서 첫 좌파 정권이 당선되자 뉴욕타임스에서 정통 좌파주의보다 연한 성향이라는 것을 의미하기 위해 '핑크'를 사용했다.

유럽의 배후 금융지로 전락할 것이라는 우려가 나올 정도로 멈추지 않고 있다.

투자 관점에서 더 중요한 사실은 '이 많은 이탈자금이 어디로 흘러들어가고 있느냐' 하는 점이다. 가장 먼저 눈에 띄는 것은 1990년대 이후 국제금융시장에서 외면당했던 일본으로의 자금 유입세다. '오미하의 현인'으로 불리는 워런 버핏의 일본 주식 추천을 계기로 외국인 자금이 유입되면서 닛케이 지수는 32년 만에 3만 선을 돌파했다.

'나쁜 엔화 약세의 비밀'도 풀리고 있다. 아베노믹스의 최대 장애물이었던 나쁜 엔화 약세는 마이너스 금리와 일본식 헬리콥터 밴 정책으로 엔화 약세를 도모하더라도 수출과 경기가 살아나지 않는 현상을 말한다. 버핏의 발언 이후 엔화 약세와 닛케이 지수 간 선순환 관계가 복원되고 있다.

미국과 중국의 테크래쉬(Techlash·빅테크 규제) 이후 대체지로 부각되면서 시작된 인도로의 자금 유입은 인구라는 매력까지 더해지면서 더 두터워지는 추세다. 2023년 4월 말을 기해 인도 인구는 중국을 추월했다. 앞으로 미·중 간 경제패권 다툼 과정에서 지경학적 요충지로 스윙 스폿(Swing spot) 역할까지 기대돼 인도로의 자금 유입은 지속될 것으로 예상된다. 2023년 4월 삼성전자 감산 조치 이후 한국을 비롯한 반도체 주력산업 국가로의 자금 유입세도 눈에 들어온다. 경쟁사의 시장 점유율을 빼앗는 테슬라의 이기적 게임인 가격할인은 결국 손을 들어 가격 인상으로 전환했다. 하지만 감산은 초기에는 희생이 따르나, 수급이 개선되면 경쟁사 모두가 혜택을 받는 공생적 게임이다. 한국 증시를 살린다는 표현이 나올 정도로 외국인 자금이 집중적으로 유입된 삼성전자는 2022년 3월 말 이후 15개월 만에 7만 전자를 회복했다. 반도체 경기가

SECTION 1 3 2024 국제금융과 원유시장 전망

살아나면서 2024년에는 한국경제의 양대 현안인 무역적자와 낮은 성장률을 한꺼번에 해결해 주지 않겠느냐는 낙관론도 고개를 들고 있다.

최근 글로벌 자금흐름 상 대변화에 있어서 종전과 다른 것은 시장 간의 자금 이동이 의외로 조용하다는 점이다. 금리 인하 기대기에 나타나는 채권시장에서 증시로 '그레이트 로테이션'과 증시에서 채권시장으로의 '머니 무브' 현상은 뚜렷하지 않다. 오히려 주가와 채권 가격이 같은 방향으로 움직이고 있다. 여전히 인플레이션이 불안하고 금리 변경에 대한 확신이 서지 않을 때 나타나는 과도기 현상이다.

월가의 큰손들도 발 빠르게 자신들의 포트폴리오를 조정하고 있다. 워런 버핏은 일본의 5대 상사 주식을 대거 사들였다. '헤지펀드의 거물'인 조지 소로스는 친시진핑 성향의 테슬라 주식을 전부 처분했다. '리틀 버핏'이라 불리는 빌 애크먼과 영화 빅쇼트의 실제 모델인 마이클 버리는 엔비디아, 삼성전자 등 반도체 주식 보유 비중을 높였다. 과연 2024년에는 글로벌 자금이 어떤 방향으로 움직이냐에 따라 달러 가치를 비롯한 금융변수가 결정될 것으로 예상된다.

美 중앙은행(Fed)의 기준금리 인상 과연 적절했나?

2021년 4월 이후 전 세계인에게 고통을 줬던 인플레이션이 2023년 하반기 들어 각국 중앙은행의 통제권에 들어오다가 2024년이 다가올수록 재발 조짐을 보이

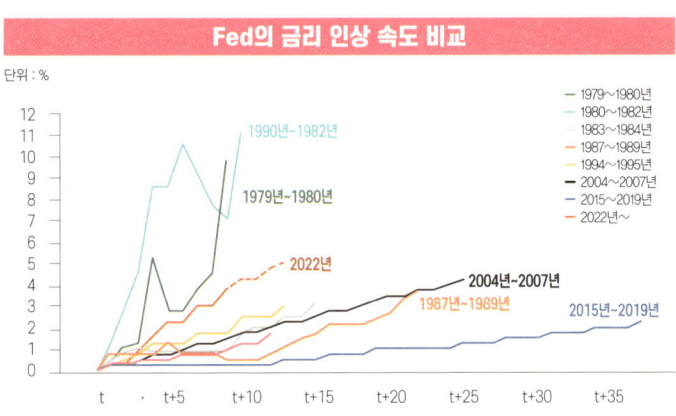

자료: 한국은행 ※t는 첫 금리 인상 시점. t+10은 첫 금리 인상 이후 10개월이 지난 시점.

고 있다. 2024년 인플레이션이 어떻게 될 것인가가 더 궁금해지는 것도 이 때문이다.

이 문제를 알기 위해서 현재 물가지표에 대해 재평가해야 한다는 시각이 나오고 있다. Fed가 기준금리를 변경할 때 중요한 잣대로 삼는 근원 CPI 상승률은 유럽 방식으로 귀속 임대료(OER·Owner's Equivalent Rent)를 빼서 재산출하면 더 이상 금리 인상이 필요없는 수준까지 떨어진다. OER은 자가 소유자가 내지 않는 상상 속의 임대료를 말한다.

또 하나 분명히 해야 할 것은 각국 중앙은행의 금리 인상이 물가 안정에는 얼마나 효과가 있을 것인가 하는 점이다. 결론부터 말한다면 'No(아니다)'다. 2022년 3월 Fed가 처음 금리를 올리고 4개월이 지난 때부터 물가가 안정되기 시작한 점을 감안하면 인과관계가 있다고 보기는 어렵다. Fed가 추정하는 통화정책 시차는 짧게 잡아도 9개월이기 때문이다.

또 물가가 떨어질 때 그 속도가 너무 빠른

그레이트 로테이션
Great Rotation

미국의 통화정책에 따라 글로벌 투자자금이 상대적으로 안전한 채권시장에서 빠져나와 기대수익이 높지만 위험 자산인 주식시장으로 이동하는 현상을 의미한다.

역환율 전쟁
Reverse Currency War

주요 국가가 자국 통화가치를 높이려는 움직임. 수출 가격 경쟁력을 높이기 위해 의도적으로 통화가치를 낮추는 '환율 전쟁'과는 반대 개념으로, 통화가치 하락으로 물가가 오르고 자본시장에서 달러가 유출되는 것을 막기 위한 조치다.

점을 주목해야 한다. 미국의 CPI 상승률은 불과 1년 만에 9.1%에서 3.0%로 3분의 1 수준으로 급락했다. 지난 20년 간 저금리 시대가 지속돼 통화정책 전달경로상 금리 변화와 총수요 간의 관계가 비탄력적인 유동성 함정에 처한 여건에서는 금리 인상이 물가를 빠르게 떨어뜨릴 수 없다.

다른 요인이 결부돼 있다는 의미다. 2021년 4월 이후 인플레 문제가 불거질 당시 미국 경기가 좋은 때는 아니었다. 전례가 없었던 코로나 사태를 맞아 공급망 차질 등이 발생하면서 각종 공급 비용이 급증한 것이 물가를 부추겼던 주요인이다. 금리 인상은 경기 과열로 물가가 오를 때 추진하는 총수요 관리대책이다.

2023년 3월 Fed가 금리를 처음 올릴 때 늦었다 하더라도 너무 빠른 속도로 올려서는 안된다는 권고가 많았던 것은 이 때문이다. 하지만 당시 인플레 쇼크가 발생할 때 Fed는 '일시적'이라 오판했다. 오히려 평균물가목표제를 도입해 인플레를 키웠다는 비판을 의식해서인지 금리를 단기간에 너무 빨리 올리는 Fed의 금리 인상이 물가만 잡히면 과연 적절했는가에 대한 평가가 예고돼 있었다.

중앙은행이 금리 변경이 적절했는가를 사후적으로 검증하기 위한 방법 중 하나가 '테일러 준칙(Taylor's rule)'이다. 현재 미국의 기준금리는 테일러 준칙에 의해 도출된 적정 수준보다 높아져 2022년 3월 이후 Fed의 금리 인상이 얼마나 급하게 이뤄졌던가를 입증해 주고 있다. 이번에 금리 인상 속도는 1970년대 후반 2차 오일 쇼크 이후 스태그플레이션을 맞아 폴 볼커 당시 Fed 의장이 금리를 올릴 때에 이어 가장 빠르다.

볼커식 대응은 반드시 장단기 금리 간 역전 현상을 불러온다. 통화정책에 민감한 단기 금리가 빠르게 올라가기 때문이다. 2년물과 10년물 금리 간 역전 현상이 1년 이상 길어지면서 그 폭도 확대되는 추세다. 2023년 하반기 들어서는 100bp (1bp=0.01%포인트) 이상으로 40년 만에 최대 폭으로 벌어지기도 했다.

하지만 Fed는 장단기 금리 간 역전 현상

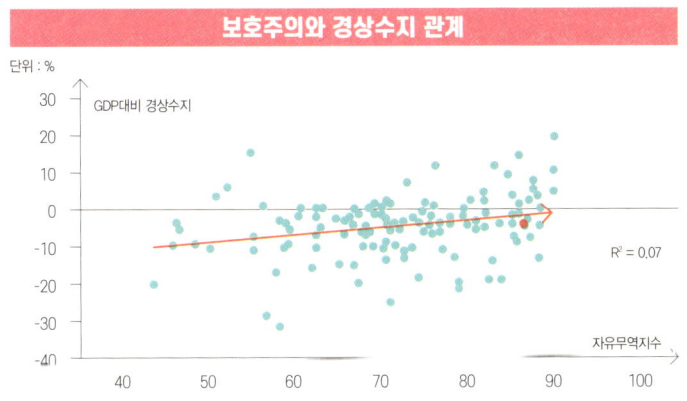

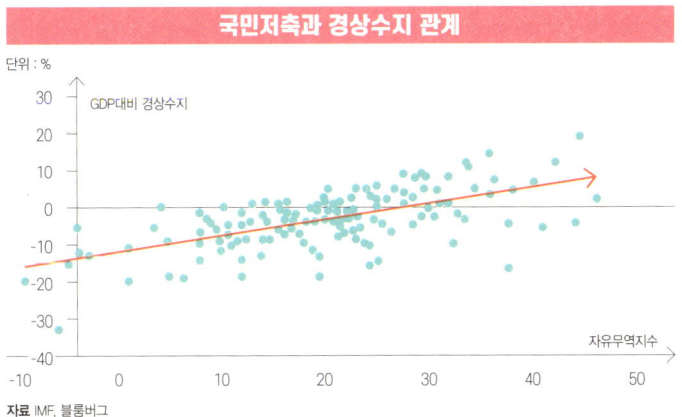

SECTION 1

3 2024 국제금융과 원유시장 전망

에 대해 경기침체로 받아들일 수 없다는 견해다. 그 근거로 고용시장이 견실한 점을 들고 있다. 오히려 물가를 잡기 위해 금리를 올리는 과정에서 경기가 희생되더라도 이를 감수하겠다는 볼커식 대응을 계속할 뜻을 비추고 있다. 2024년에 기대하는 금리 인하가 어려울 수 있다는 시각이 나오는 것도 이 때문이다.

r스타(r^*) 금리가 r스타스타(r^{**}) 금리보다 높아진 것도 부작용이다. r^* 금리는 실물경기를 침체시키거나 과열시키지 않는 중립금리다. 반면 r^{**} 금리는 금융시스템의 건전성을 훼손시키지 않는 또 하나의 중립금리다. r^* 금리가 r^{**} 금리보다 높아지면 금융시스템이 불안해져 위기가 발생한다.

기준금리가 적정 수준 이상 올라간 상황에서 r^* 금리가 r^{**} 금리까지 높아졌다면 물가가 목표치에 도달하지 않았더라도 통화정책의 우선순위는 '경기부양' 쪽으로 바뀌어야 한다. 만약 물가가 잡힌 김에 완전히 잡는다는 명목으로 금리 인상을 고집할 경우 어느날 갑자기 경기가 위축되고 위기가 발생할 가능성이 높다.

미국의 이원적 달러정책…
2차 역환율 전쟁의 빌미되나?

2023년 8월 유럽중앙은행(ECB) 포럼에 참석했던 선진국 중앙은행 총재 간 미묘한 입장 차가 감지됐다. 제롬 파월 미국 중앙은행(Fed) 의장과 크리스틴 라가르드 ECB 총재 간 밀월 관계에 우에다 가즈오 일본은행(BOJ) 총재는 애써 등을 돌렸다. ECB 포럼에 초대되지 않은 이강 중국 인민은행 총재는 파월 의장에 대놓고 적대감을 표명했다.

주요 중앙은행 총재 간 입장 차는 2년 전부터 미국이 역환율 전쟁의 잣대로 활용해 온 '달러인덱스의 함정'에 있다. 역환율 전쟁이란 수출 증진을 위해 평가절하를 유도하는 송선과 달리 인플레를 수출하기 위해 평가절상을 도모하는 환율 전쟁을 말한다. 인위적인 평가절상은 평가절하 이상으로 경쟁국에 피해를 주는 근린궁핍화 정책에 해당한다.

달러인덱스의 함정을 풀어보기 위해서는 1970년대 초로 거슬러 올라가야 한다. 1971년 닉슨의 금태환(1온스=35달러) 정지 선언 이후 Fed는 통화정책의 참고지표로 달러 가치를 할 수 있는 바로미터가 없어졌다. 고심 끝에 당시 세계경제 중심지였던 유럽 통화를 중심으로 달러인덱스를 산출해 지금까지 활용해 오고 있다. 달러인덱스의 구성통화를 보면 유로화 57.6%, 엔화 13.6%, 파운드화 11.9%, 캐

2023년 8월 유럽중앙은행(ECB) 포럼에 참석했던 제롬 파월 미국 중앙은행(Fed) 의장과 크리스틴 라가르드 ECB 총재 간 미묘한 입장 차가 감지됐다.

역환율 전쟁
Reverse Currency War

주요 국가가 자국 통화가치를 높이려는 움직임. 수출 가격 경쟁력을 높이기 위해 의도적으로 통화가치를 낮추는 '환율 전쟁'과는 반대 개념으로, 통화가치 하락으로 물가가 오르고 자본시장에서 달러가 유출되는 것을 막기 위한 조치다.

나다달러화 9.1%, 덴마크 크로네화 4.2%, 스위스 프랑화 3.6%로 유럽 통화 비중이 77.3%에 달한다. 유럽 통화만 강세를 보이면 달러인덱스는 떨어지고 약세를 보이면 올라가는 결정적인 태생적 한계를 갖고 있다.

1973년에 만들어진 달러인덱스는 반세기가 지났지만 각 구성통화 간 비중이 변하지 않았다. 같은 기간 중 중국을 필두로 아시아 국가는 부상한 반면 유럽 국가는 통화위기, 재정위기, 브렉시트 등을 거치면서 쇠퇴했다. 구성통화 간 위상도 크게 달라져 달러인덱스의 태생적 한계는 해가 지날수록 더 심하게 노출돼 왔다.

미국이 주도하고 있는 역환율 전쟁은 인플레 통제 여부에 따라 두 단계로 구분된다. 2022년 10월 이후 Fed는 인플레가 통제권에 들어오면서 '피봇'의 필요성이 제기된 반면 ECB는 뒤늦게 인플레를 잡기 위해 금리를 큰 폭으로 올려 왔다. 이 과정에서 달러인덱스가 크게 떨어져 미국은 강달러를 통해 인플레를 수출한다는 비난을 피할 수 있었다.

문제는 미국이 인플레를 잡기 위해 마지막 관문인 중국을 비롯한 아시아 국가의 수입물가를 어떻게 잡느냐 하는 점이다. 이때부터 미국의 달러 정책은 유럽 통화에 대해서는 '약세', 아시아 통화에 대해서는 '강세를 유도하는 이원적(Two track) 전략을 추진했다. 특히 중국 위안화에 초점을 맞춰 달러 강세를 유도해 왔다.

2023년 2월 이후 달러인덱스와 아시아 통화 환율 움직임을 보면 미국의 이원적 달러 정책이 명확히 드러난다. 달러인덱스는 유로화 강세로 110선 밑에서 움직이고 있으나 위안화 가치는 6.8위안에서 7.3위안으로 크게 떨어졌다. 같은 기간 중 엔화 가치는 125엔에서 150엔으로, 원화 가치도 1228원에서 1350원 내외로 떨어졌다.

아시아 중앙은행이 바짝 긴장하기 시작하는 것도 이 때문이다. 자국통화 약세를 방치할 경우 다 잡아가던 인플레가 재발하는 '볼커의 실수'를 저지를 가능성이 높

미국의 중국 환율조작국 지정 시 한국경제 영향

미국의 중국 환율조작국 지정		중국 및 세계	한국
직접	환율	위안화 절하 제한, 위안화 가치 절상	한국 환율 조작국 지정
	투자	미국 기업의 대중 투자 영향 미미 → 중국경제 부진	원화 강세 압력
	교역	중국의 대미 수출 감소	대중 수출 감소
간접		중국의 보복 대응 → 미·중 갈등 고조 → 세계경제 불확실성 증가	한국 수출 감소
		보호무역주의 심화	금융시장 불안
		글로벌 금융불안	

자료 대외경제정책연구원

SECTION 1 3 2024 국제금융과 원유시장 전망

기 때문이다. 볼커의 실수란 1980년대 초 폴 볼커 전 Fed 의장이 안정 기조가 정착되지 못한 상황에서 성급하게 금리를 내려 인플레가 재발한 사건을 말한다.

우려되는 것은 1차 역환율 전쟁 기간 중 금리 인상을 통한 자국통화 방어효과가 적은 비기축통화국의 한계를 느낀 아시아 국가들이 이번에는 외환시장에 직간접적으로 개입하고 있다는 점이다. 중국 인민은행은 위안화 절하를 방지하기 위해 연일 보유 달러화를 풀고 있다. BOJ도 엔·달러 환율이 150엔을 넘어서자 구두 개입하기에 바쁘다.

미국도 편치만은 않다. 외환시장 개입을 통한 아시아 국가의 자국통화 방어 노력이 성공할 경우 인플레가 재발될 확률이 높기 때문이다. 미·중 간 경제패권 다툼 연장 차원에서 진행되고 있는 2차 역환율 전쟁이 1차 환율 전쟁 때보다 더 치열하게 전개될 것으로 예상되는 것도 이 때문이다.

미·중 간 틈새에 끼인 한국은 어떤 입장을 취해야 할 것인가? 이미 달러 약세 속에 원화가 약세를 보이고 변동성 또한 한때 베트남 동화의 5배에 달할 정도로 2차 역환율 전쟁의 피해가 크게 나타나고 있다. 당장 선택할 수단도 마땅치 않다. 2024년에는 미국과의 통화스왑을 체결해야 제2 외환위기 우려를 불식시켜나갈 것으로 예상된다.

달러 스마일과 임페리얼 서클론으로 본 원·달러 환율 전망

2024년을 앞두고 Fed를 비롯한 주요국 중앙은행의 2023년 마지막 회의가 마무리되고 있다. 국가별로 차이가 있지만 금리 수준이 한 단계 높아졌고 추가적으로 인상할 의향도 전향적으로 바뀌었다. 앞으로 2단계 금리 인상 국면에 진입할 경우 달러 가치와 위상, 그리고 '대발산(GD·great divergence)'이 재현될 것인가가 최대 관심사로 대두되고 있다.

첫째, 달러 가치와 관련해 스마일 이론이 들어맞을 확률이 높다. 경기 침체기에는 안전통화로, 회복기에는 머큐리(펀더멘털)과 마스(정책) 요인으로 강세를 보이다가 그 중간에는 약세를 보인다는 것이 이 이론의 골자다. 엄격히 따지면 이론이 아니라 미국 경기와 달러 가치 간 궤적이 사람의 웃는 모습과 비슷하다는 데서 유래된 용어다.

실제로 2022년 10월 이후 달러 가치는 스마일 이론이 제시한 방향대로 움직이고 있다. 당시 114를 넘던 달러인덱스가 2023년 7월에는 100선 밑으로 떨어지다가 9월 Fed 회의 이후에는 105 이상으로 올라섰다. 같은 기간 중 원·달러 환율도 1440원대에서 1120원대로 급락하다가 1350원대로 상승했다.

앞으로 달러 가치는 강세가 될 요인이 많다. 머큐리 면에서는 미국 경제가 견실한 대신 달러인덱스 구성통화 비중의 70%가 넘는 유럽 경제가 부진할 것으로 예상된다. 마스 면에서 Fed는 유럽중앙은행(ECB)보다 매파적인 통화정책 기조를 유지해 나갈 확률이 높기 때문이다.

둘째, 달러 위상과 관련해 브레튼우즈 체

달러 스마일 이론
Dollar Smile Theory

국제통화기금 경제학자이자 통화 전문가인 스티븐 젠이 제시한 개념으로, 미국 경기에 영향을 받지 않고 달러는 강세가 이어진다는 이론이다. 일반적으로 경기 회복기에는 달러 가치가 상승하지만 침체기에도 안전 자산인 달러를 매입하면서 달러 가치에 영향을 미친다는 의미다.

역플라자합의
Anti-Plaza Agreements

1995년 4월 G7경제장관, 중앙은행총재 회의에서 엔저를 유도하기로 의견을 모은 것으로, 이후 달러는 강세, 엔은 약세로 돌아서게 됐다.

자료: 한국은행

제의 부활을 의미하는 달러 임페리얼 서클의 형성 여부다. 브레튼우즈 체제란 1944년 국제통화기금(IMF) 창립 이후 달러화를 기축통화로 하는 금환본위 제도를 말한다. 1971년 금태환 정지, 1985년 플라자 협정 이후 흔들리긴 했지만 1990년대 중반까지는 비교적 잘 유지됐다.

브레튼우즈 체제가 결정적으로 흔들렸던 때는 1995년 역플라자 합의 이후부터다. 잃어버린 10년이 우려될 정도로 수렁에 빠진 일본경제를 살리기 위해 미국의 로버트 루빈 재무장관 주도로 엔·달러 환율을 79엔대에서 148엔대까지 끌어올렸다(루빈 독트린). 당시 일본경제 영향권에 있었던 동아시아 국가 환율도 동반 상승했다.

그 후 강달러 시대가 10년 이상 지속되는 과정에서 '자국 통화 약세'라는 반사 이익을 누린 아시아 국가는 대규모 무역흑자를 기록했다. 어빙 피셔의 이론대로 아시아의 과잉 저축분이 미국으로 흘러 들어가는 과정에서 중국의 국채 매입으로 '그린스펀 수수께끼' 현상까지 겹쳐 부동산을 비롯한 자산시장은 통제할 수 없는 수준까지 거품이 발생했다.

거품 붕괴 모형에 따르면 자산 거품은 떠받치는 돈이 더이상 공급되지 않으면 터진다. 대표적인 예가 2009년 리먼 브러더스 사태다. 사상 초유의 금융위기를 맞아 Fed가 전시 때나 동원하는 비전통적 통화정책을 시행하면서 달러 가치와 위상은 치명적인 타격을 받았다. 이 틈을 파고 들었던 것이 시진핑 정부의 팍스 시니카 야망이다.

하지만 설러번 패러다임과 예일 거시경제 패러다임을 양대 축으로 하는 바이든 정부의 경제패권 다툼에서 밀리면서 위안화 가치와 위상은 국제환투기 세력의 표적이 될 만큼 급락하고 있다. 중국 인민은행은 연일 위안화 방어에 나서고 있지만 역부족이다. 달러 임페리얼 서클이 다시 형성되는 것이 아닌가는 시각이 이는 것은 이 배경에서다.

셋째, 신흥국을 중심으로 1990년대 중반 이후 'GD의 악몽'이 되살아나고 있다. 당시 신흥국은 1994년 중남미 외채위기, 1997년 아시아 외환위기, 1998년 러시아 모라토리움에 이르기까지 위기가 발생(그린스펀 쇼크)했다. 스리랑카, 파키스탄 등 이미 일대일로 참여국을 중심으로 위기가 발생하는 상황에서 Fed가 금리를 더 올리면 매년 4000억 달러 이상 부채를 갚아야 하는 신흥국은 또다시 걷잡을 수 없는 위기에 몰릴 가능성이 크다.

우리는 외환정책을 어떻게 해야 하나. 고착화 우려까지 제기되는 저성장 국면을

SECTION 1　3　2024 국제금융과 원유시장 전망

탈피하기 위해 통화정책은 인플레 재발 우려로, 재정정책은 거대 야당이라는 입법적 한계에 부딪혀 부양정책 여지가 제한된 상황이다. 앞으로 닥칠 국제외환시장 여건을 감안해 원·달러 환율은 적정선(1250원 추정)보다 50~100원 정도 높게 운영할 필요가 있다.

이스라엘과 하마스 간 충돌로 3차 오일쇼크 오나?

이스라엘과 팔레스타인 간 국지전으로 끝날 가능성이 높았던 중동 정세가 미국의 이란에 대한 원유수출대금 재동결 조치로 새로운 국면을 맞고 있다. 초승달 벨트(이란·이라크·시리아·레바논·요르단·예멘 그리고 러시아)와 중동 지역 내 시아파의 맹주인 이란이 참가한다면 이번 전쟁이 5차 중동전쟁으로 확산될 가능성도 배제할 수 없다.

1973년 4차 중동전쟁 발생 당시와 달리 현재 중동 국가 중에 공식적으로 친팔레스타인 기조를 표방하는 국가는 없다. 오히려 이집트는 팔레스타인과의 관계가 소원하며 사우디아라비아는 빈살만이 주력하고 있는 '비전 2030 계획'을 성공적으로 마무리하기 위해서 중동정세가 안정되기를 바란다.

중동 지역 밖에선 미국이 이란과 사우디아라비아를 대상으로 동반 관계 개선을 모색하고 있는 중이다. 중국도 일대일로 계획을 추진 과정에서 어렵게 쌓아놓은 두 국가와의 등거리 관계가 흐트러지지 않기를 바라고 있다. 러시아가 팔레스타인 지원에 우호적인 입장을 보이고 있지만 우크라이나와의 전쟁에 따른 국력 소모로 실제 참가 여부는 불투명하다.

5차 중동전쟁 발생의 열쇠를 쥐고 있는 이란이 이스라엘과 팔레스타인 전쟁에 참가할 수 있는 길은 두 가지다. 하나는 정부 차원이나 현재 에브라힘 라이시 정부는 전임 정부와 달리 실리외교를 표방하고 있어 그 가능성은 희박하다. 끊임없이 나돌고 있는 하마스 배후 지원설에 대해서도 아직까지 부인하고 있다.

다른 하나는 프락치 조직을 지원하는 이란 혁명대를 통해 개입하는 경우다. 정부와는 별도로 이란 혁명대는 가지 지구의 '하마스', 레바논의 '헤즈볼라', 시리아의 친이란 민병대, 이라크의 '인민 동원군', 예멘의 반군을 지원하며 중동 지역 내 헤게모니를 차지하려 하고 있다. 라이시 정부는 이러한 이란 혁명대의 입장을 완전히 무시할 수 있는 여건이 아니다.

미국의 원유수출대금 재동결 소지도 과연 이란이 어떤 입장을 보일 지는 'P5+1'(유엔안전보장이사회 5개 상임이사국+독일)과 이란 간 핵협상이 극적으로 타결됐던 8년 전으로 되돌아가야 한다. 양측

P5+1
Permanent Five+1

유엔 안전보장이사회의 5개 상임이사국(P5)인 미국, 중국, 프랑스, 러시아, 영국을 지칭한다. 여기에 독일이 포함되면 '+1'이 붙게 된다.

P5+1과 이란 간 핵협상 타결안의 주요 내용

주요 쟁점현안	P5+1안	합의 내용	이란안
원심분리기	5000기 미만	6004기(나탄즈 5060기, 포르도 연구용 1044기)	1만기에서 6000기로 양보
20% 농축 우라늄	해외로 반출	농도 3.67%로 희석서	그대로 유지
중수로	경수로 전환	플루토늄 생산량 감축	플루토늄 생산량만 감축
IAEA 사찰	모든 핵활동 및 시설	모든 현재 및 과거 핵활 동 사찰	포르도와 나탄즈는 제외
핵활동 제한	20~30년	10년간 우라늄 농축프로그램 제한, 15년간 우라늄 농축시설 신설 금지	5년 미만
제재관련	단계적 해제	6월말 최종 합의안 마련 뒤 IAEA 사찰서 문제 발생 시 즉시 재발동	즉각 해제

자료: 한국은행, 미래에셋증권

11월 23일 가자지구 보건부에 따르면 이스라엘과 팔레스타인 무장 정파 하마스 간 전쟁으로 인한 가자지구 사망자가 1만4000명을 넘어섰다고 전했다.

은 이란이 핵 개발 활동을 중단하는 대신 국제 사회가 이란에 대한 제재를 해제하는 내용의 포괄적 공동행동계획(JCPOA)을 마련하는 데 합의했다.

핵협상 타결에 대해 그 누구보다 이란 국민이 반가워했다. 이란 국영 방송은 1979년 이후 무려 36년 만에 처음으로 버락 오바마 전 미국 대통령의 핵협상 타결 성명서를 생방송으로 직접 중계했다. 이란 시민들도 거리로 나와 'Thank Rouhani(이란 대통령)'를 외치면서 손가락으로 '승리의 V자'를 그려 기대감을 표시했다.

미국을 비롯한 서방 선진국들은 앞으로 남은 과제 해결에 불안과 우려를 표시하면서도 전체적으로는 환영했다. 독일, 프랑스 등도 '이란의 핵무기 개발을 저지할 수 있는 디딤돌이 마련됐다'고 반기면서 중동 중심의 전략을 추진해 나갈 방침(Pivot to Middle East)이라고 밝혔다.

한국도 마찬가지였다.

하지만 이란의 핵협상 타결에 반대하는 국가인 이스라엘과 사우디아라비아가 중동 지역의 또 다른 불씨로 작용하지 않을까하는 우려는 8년 전부터 잠복돼 왔다. 벤야민 네타냐후 이스라엘 총리는 '이란의 핵협상 타결은 이스라엘 생존을 위협하고 핵 확산 및 핵 전쟁 가능성을 높이는 역사적인 실수다'라고 강하게 비판한 바가 있다.

바이든 정부 들어 중동 정책이 초승달 벨트와 사우디 벨트(이스라엘·사우디아라비아·미국), 수니파와 시아파를 동시에 고려하는 방향으로 바뀐 것은 이 때문이다. 이번에 하마스가 이스라엘을 기습 공격했던 것도 바이든 정부가 이스라엘과 사우디아라비아 간의 관계 개선을 중재하는 과정에서 '고립될 지 모른다'는 위기감이 작용했다는 시각도 만만치 않다.

이란의 배후설이 사실로 드러나 미국의 원유수출대금 동결조치가 핵협정 파기로 악화될 경우 1979년 이슬람 혁명으로 팔레비 왕조가 무너진 뒤 차단됐던 중동 최대 시장인 이란이 갈라파고스 함정에 빠질 가능성이 높다. 중동 국가 가운데 인구와 경제 규모가 가장 큰 이란 시장이 다시 닫히면서 세계경세에는 이란발 악재가 부담이 될 것으로 예상된다.

세계에서 유일하게 분단국가인 우리 입장에서 어떻게 대치해야 하나? 유일한 길은 국력을 한 곳에 모으는 일이다. 정치권, 기업 그리고 국민 모두가 '프로보노 퍼블릭코(pro bono publico·공공선)'를 발휘해야 할 때다.

SECTION 1 ③ 2024 국제금융과 원유시장 전망

상업용 부동산 부실…
'도시 죽음의 고리(UDL)'되나?

엔데믹 시대에 들어서면 빠르게 회복될 것으로 기대했던 상업용 부동산 시장이 오히려 더 깊은 나락으로 추락하고 있다. 뉴욕, 로스엔젤레스 등 미국 주요 도시 상업용 부동산의 공실률은 평균 20% 이상으로 치솟았다. 가격도 비슷한 폭으로 떨어지고 있다. 정도 차이 있지만 다른 국가 역시 마찬가지다.

상황이 좀처럼 개선될 기미를 보이지 않자 최악의 경고까지 나왔다. 로버트 실러 예일대 교수와 함께 미국의 양대 부동산 경제학자로 꼽히고 있는 스테인 반 니우에뷔르흐 컬럼비아대 경영대학원 교수는 상업용 부동산이 앞으로 '도시 죽음의 고리(UDL·Urban Doom Loop)'가 될 수 있다고 예상했다.

UDL은 세 단계로 진행된다. 첫 단계에서는 금리 인상과 원격근무 등으로 상업용 부동산 가격이 떨어진다. 다음 단계에서 세수 부족으로 세금을 인상하거나 교육, 문화, 예술 등의 공공서비스 지출이 줄어들면 거주 도시민이 본격 이탈한다. 마지막 단계에서는 텅 빈 상업용 건물이 각종 범죄의 온상이 되면서 시카고 공포가 확산할 수 있다.

니우에뷔르흐 교수는 UDL이 진행될수록 경기침체의 골이 깊어진다고 봤다. 상업용 부동산 가격 하락에 따른 역자산 효과가 발생하기 때문이다. 계층별로는 상업용 부동산 가격이 상승할 때 자산이 급증했던 부자일수록 경기가 악화되는 '리치세션'에 빠지고, 중하위 계층들도 부자

들의 소비 감소에 따른 낙수 효과로 어려움을 겪게 된다고 주장했다.

지금으로서는 극단적인 비관론이다. 하지만 통화정책이나 재정정책 측면에서 주는 시사점은 매우 크다. 이미 진행되고 있는 첫 단계에서 두 번째 단계로 이행될 확률이 높다고 보는 것은 2022년 3월 이후 각국 중앙은행의 금리 인상으로 r스타(r^*) 금리가 r^{**} 금리보다 높아졌다고 보고 있기 때문이다.

2023년 잭슨홀 미팅에서 가장 집중적으로 논의됐던 r^* 금리는 실물경기를 침체시키거나 과열시키지 않는 중립금리로 알려져 있다. 최근에 부각되고 있는 r^{**} 금리는 금융시스템의 건전성을 훼손시키지 않는 또 하나의 중립금리다. r^* 금리가 r^{**} 금리보다 높아지면 금융시스템이 불안해져 스트레스 지수(SI)가 올라가고 위기가 발생한다.

특정국의 위기 발생 가능성을 파악하는 방안으로 스트레스 지수(SI)를 개발한 캐나다 중앙은행은 SI를 '시장과 정책당국의 불확실한 요인에 따라 경제주체들

11월 20일 무디스 애널리틱스에 따르면, 미국 상업용 부동산 부문의 돈줄이 마르는 '크레디트 크런치(Credit Crunch·신용경색)'가 2008년 글로벌 금융위기 때보다 더 심각할 수 있다고 전했다.

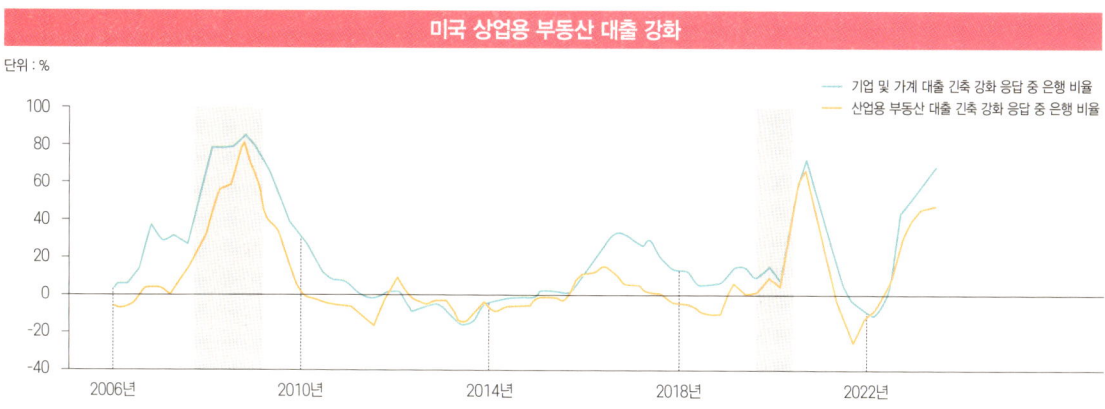

미국 상업용 부동산 대출 강화

이 느끼는 피로도'로 정의했다. 경제변수의 기대값이 변하거나 분산 혹은 표준편차로 표현되는 리스크가 커지는 상황을 SI를 높이는 요인으로 꼽고 있다.

코로나발 인플레이션이 불거질 직전까지 20년 이상 저물가가 지속되는 여건에서 r* 금리와 r** 금리 간의 괴리는 심하지 않았다. 하지만 2022년 3월 이후 각국 중앙은행이 실물경기 섹터에서 발생한 인플레이션을 잡기 위해 기준금리를 단기간에 급히 올리는 과정에서 r** 금리가 높아졌다는 데는 의견을 같이 한다.

r* 금리가 r** 금리보다 얼마나 높아졌는가에 대해서는 추정하는 방식에 따라 다르다. 분명한 것은 각국 중앙은행이 인플레이션만을 잡기 위해 기준금리를 더 올릴 경우 두 금리 간의 격차가 벌어져 상업용 부동산 가격은 추가적으로 하락할 것으로 예상된다. Fed를 비롯한 각국 중앙은행이 이제는 금리 인상을 멈춰야 하는 것은 이 때문이다.

각국 중앙은행의 추가 금리 인상으로 상업용 부동산 가격이 더 떨어져 세수가 부족할 경우 재정정책을 어떻게 추진할 것인가도 통화정책 이상으로 중요하다. 만약 세금 인상과 공공서비스 지출 삭감 등을 통한 긴축으로 대응할 경우 도심일수록 죽음의 도시로 내모는 자충수가 될 가능성이 높다.

오히려 감세와 공공서비스 지출을 늘려 도심의 매력을 증대시켜야 한다는 방안이 제시됐다. 간단한 래퍼 곡선을 통해 살펴보면 대도시처럼 세율과 재정수입 간에 역비례 관계인 비표준지대에 놓여 있는 여건에서는 세율을 낮추는 것이 경제 의욕과 도시 매력을 높여 상업용 부동산 가격 하락을 막고 세수를 늘린다.

최근처럼 각국의 금리 인상으로 r* 금리가 r** 금리보다 높아진 상황에서는 인플레이션이 목표치에 도달하지 못했다 하더라도 통제권에 들어오면 통화정책과 재정징책은 '경기부양' 쪽으로 우선순위가 바뀌어야 UDL을 방지할 수 있다. 같은 맥락에서 인플레이션 목표치를 높이는 방안도 대안이 될 수 있음을 한국은행은 참조해야 한다.

리치세션
Richcession

리치세션은 부자를 의미하는 '리치(Rich)'와 경기 침체를 의미하는 '리세션(Recession)'을 합친 말로 최근 월스트리트저널이 제시한 신조어다. 통상적인 침체와는 달리 경기의 악화가 저소득층이 아닌 고소득층에게 더 큰 타격을 주는 현상을 의미한다.

SECTION 1 4 2024 한국경제 전망

총체적 위기에 직면한 한국경제, 복합 불황 돌파구는?

**3高 현상에 취약한 한국경제⋯
2024년에는 어떻게 될 것인가?**

한국경제가 고유가, 고금리, 고환율 등 이른바 3고 현상에 가장 취약한 것으로 드러났다. 국제유가 상승발 인플레이션 재발 우려가 본격적으로 제기된 2023년 7월 중순 이후 10년물 미국 국채금리는 불과 2개월 반 만에 110bp(1bp=0.01%p) 급등했다. 같은 기간 중 코스피 지수는 15%, 코스닥 지수는 20% 넘게 급락해 그 폭이 세계 최고 수준에 달한다.

특정국 경제가 3고 현상과 같은 대외가격 변수에 얼마나 잘 버틸 수 있는가는 캐나다 중앙은행이 개발한 금융 스트레스 지수(FSI·Financial stress index)로 파악한다. 물리학의 피로도 개념을 응용한 FSI의 핵심은 완충능력에 있다. 한국경제가 3고 현상에 취약하다는 것은 대외 환경 변화에 따른 완충장치가 없다는 점을 시사한다.

첫째, 경제주체를 가릴 것 없이 부채가 너무 많다. 국제통화기금(IMF) 등에 따르면 국내총생산(GDP) 대비 가계부채는 108.1%, 기업부채는 124.1%로 위험 수위를 넘어선 지 오래다. 문재인 정부 출범 이후 국가채무 증가속도는 세계에서 가장 빠르고 GDP 대비 절대 수준도 IMF의 수정된 개념 상 위험수준인 60%에 근접한 바가 있다.

더 우려되는 것은 국내 금융사들이 마치 유행처럼 해외 부동산 투자 과정에서 급증시킨 달러 레버리지 부채다. 2023년 4분기부터 만기가 집중적으로 몰리는 시기에 고금리와 맞물리면서 '수요 파괴'까지 일고 있다. 이 현상이 나타날 때는 리스케줄링과 투자자산 처분이 어렵고 처분하더라도 국내 금융사처럼 중후순위로 밀려난 조건에서는 회수하기가 어렵다.

둘째, 펀더멘털 측면에서는 저성장 고착

한국 금융상황지수 추이
(표준편차)

↑ 완화
↓ 긴축

자료: 한국은행, 통화정책 신용보고서 ※2023년 9월 기준

11월 23일 기준, 소비자들의 1년 기대 인플레이션은 4.5%로 4월 이후 최고치를 경신, 5년 기대 인플레이션은 3.2%로 2011년 이후 최고치를 경신했다.

화가 우려될 정도로 약하다. 2022년 1인당 국민소득은 아시아 네 마리 용 가운데 마지막 남은 대만에게 추월당했다. 2023년 성장률은 일본에게 역전당할 '제2의 경술국치'에 몰리고 있다. 경술국치란 1910년 8월 29일 일제에 의해 우리의 국권이 상실당한 치욕적인 사건을 말한다. 단순생산함수($Y=f(L,K,A)$, L=노동, K=자본, A=총요소생산성)로 추정한 중상기 성장기반은 더 취약하다. 노동 섹터는 저출산·고령화, 자본 섹터는 해외 위주의 신규 투자로 낮은 자본장비율(K/L)과 토빈q 비율, 그리고 총요소생산성 섹터는 각종 입법 규제와 부정부패 등으로 빠르면 2025년부터 1%대의 성장률도 어려운 것으로 나온다.

셋째, 쌍둥이 적자 우려다. 2023년에는 재정 적자 폭이 의외로 커질 가능성이 높다. 세수는 저성장과 직전 정부와의 정책 단절에 따른 금단 효과 등으로 펑크가 나고 있다. 반면 지출은 하방 경직성에다 재정준칙은 '거대 야당'이라는 입법적 한계에 부딪쳐 도입이 지연되면서 세수 감소 폭 이상으로 감축하기가 어렵다.

경상수지도 외환위기 이후 처음으로 적자가 우려로 정도로 흑자 규모가 감소되고 있다. 질적인 면에서도 상품수지는 '수출 증가'보다 '수입 감소'가 더 큰 불황형 흑자로 종전과 다르다. 상품외 수지는 '국내 유입'보다 '해외 유출'이 더 많은 공동화 적자가 누적되고 있어 대외환경 변화에 따른 완충능력은 더 떨어진다.

넷째, 포트폴리오 지위가 정체돼 있는 것도 문제다. GDP 규모, 무역액, 시가총액 등으로 평가되는 실물경제 위상은 세계 10위권이지만 세계채권지수(WGBI), 모건스탠리캐피털인터내셔널지수(MSCI)로 파악되는 포트폴리오 지위는 신흥국이다. 두 위상 간 괴리에 따른 잠복된 위험은 대외가격 변수가 불안할 때 노출된다.

다섯째, 극한 상황으로 치닫고 있는 여야 간 갈등도 3고의 충격을 가중시키는 요인으로 작용한다. 부결 건수를 제안 건수로 나눠 백분화시킨 여야 간 갈등지수는 국회 역사 상 최고수준에 달한다.

여섯째, 외국인을 중심으로 한국 증시의 투자환경이 좀처럼 개선되지 않는 점도 자주 지적된다. 디스커버리, 라임, 옵티머스 사태의 책임자들이 여전히 대형 증권사의 최고경영자(CEO)를 꿰차고 있는 가운데 한국을 상징하는 금융사에서는 수천억대의 횡령 사건이 터지고 있다.

현재 놓여 있는 정책 여건을 볼 때 풀어나가기는 쉽지 않다. 통화정책은 물가 부담으로 금리를 내릴 수 없다. 재정정책은 '거대 야당'이라는 입법적 한계로 재정지출을 늘리기 어렵기 때문이다.

총체적 복합 위기
한국경제를 어떻게 살릴 것인가

특정국이 경기를 살리는 데는 크게 두 가지 정책 처방으로 나뉜다. 정부 주도로 재정지출을 늘리는 케인스언의 총수요 진작책과, 세금 감면 등을 통해 민간의 경제하고자 하는 의욕을 고취시키는 '공급중시 경제이론(SSE·Supply side economics)'이다.

1930년대 대공황 이후 1970년대 후반에 이르면서 총수요가 절대적으로 부족할 때까지는 케인스언식 정책 처방이 주류경제학의 위상을 차지할 수 있었다. 하지만 2차 오일쇼크 이후 세계경제가 침체되고 물가는 오르는 스태그플레이션이 엄습하자 케인스언식 정책 처방은 무기력했다. 고민 끝에 로널드 레이건 정부가 내놓은 정책 처방이 SSE다. 레이거노믹스로도

한국경제 성장경로
단위: %

2021년 상반기 4.2, 하반기 4.1
2022년 상반기 3.0, 하반기 2.2
2023년 상반기 0.8, 하반기 1.8 (전망)
2024년 상반기 2.4, 하반기 2.3 (전망)

자료 한국은행. 경제전망 보고서 ※전년동기대비

알려진 이 정책의 이론적 토대를 제공한 사람은 아서 B. 래퍼다. 래퍼 교수는 특정국의 세율이 적정 수준을 넘어 비표준 지대에 놓여 있을 때는 세율을 낮춰 민간의 경제 의욕을 고취시켜야 경기와 세수를 동시에 잡을 수 있다는 '래퍼 곡선(Laffer curve)'을 제시했다.

SSE의 본질은 정부가 미리 짜여진 수요에 맞춰 경기를 부양하는 케인스언 이론과 달리 경제 주체에게 불확실한 미래에 대한 확신을 갖게 하고 잃어버린 활력을 어떻게 높이느냐에 달려 있다고 봤다. 이를 위해 캠플주사식 대중 영합 경기대책에 의존하기보다 감세와 규제 완화, 기술 혁신 등 보다 근본적인 처방을 권했다.

그 후 40년이 지난 2020년대 들어 전혀 예치치 못했던 코로나 사태를 맞아 공급망 차질 등으로 스태그플레이션이 다시 찾아왔다. 대내적으로 민주주의와 시장경제 붕괴, 대외적으로는 중국의 추격 등으로 어려운 국면에서 출범했던 조 바이든 정부가 내놓았던 정책 처방이 '신공급중시 경제이론(NSSE·New supply side economics)'이다.

래퍼곡선
Laffer Curve

미국의 경제학자 아더 래퍼 교수가 주장한 이론으로, 세금 수준이 최적조세율을 넘어 비표준 지대에 놓인다면 근로 의욕 감소 등으로 이어져 오히려 세율을 낮추는 게 경기 회복을 이끈다는 주장이다.

골디락스
Goldilocks

높은 성장을 이루고 있음에도 물가가 상승하지 않는 상태를 말한다. 영국의 전래동화 《골디락스와 곰 세 마리 goldilocks and the three bears》에 등장하는 소녀의 이름에서 유래한 용어로, 본래는 골드(gold)와 락(lock, 머리카락)을 합친 말로 '금발머리'를 뜻한다.

NSSE의 뿌리는 바이든 정부의 실질적인 경제컨트롤 타워인 재닛 옐런 재무장관이 1999년 4월 예일대 동문회에서 처음으로 언급하며 알려지기 시작한 '예일 거시경제 패러다임'이다. 이 정책 처방은 2008년 서브프라임 모기지(비우량 주택담보) 사태, 2009년 리먼 브러더스 사태, 그리고 2023년 지방은행 사태와 같은 위기 국면에 적용됐다.

미국 경제의 최종 목표인 지속 가능한 성장과 물가 안정, 그리고 완전 고용을 달성하기 위해 물적자본, 인적자본, 연구개발(R&D)에 대한 지속적인 투자 등을 강조했다. 정부는 친기업 정책을 추진해 이윤이 높아질 수 있도록 하는 데 초점을 맞춰야 한다고 권고했다. 세제에서는 법인세 대폭 인하와 R&D 투자세액공제제도를 도입하고 소비세율을 높여 저축과 투자가 함께 늘어날 수 있도록 해야 한다고 내다봤다.

실천계획도 같은 맥락에서 추진되고 있다. 법인세 최소세율 15% 등을 통해 해외에 나가 있는 미국 기업을 환류시키는 '리쇼어링'과 함께 당장 들어올 수 없는 미국 기업은 '니어쇼어링'과 '프렌즈쇼어링' 정책을 병행해 동맹국으로 이전시켰다. 동일한 차원에서 외국기업과 자금도 미국으로 유치하고 동맹국으로 이전을 유도하도록 했다.

NSSE의 효과를 총공급 곡선(AgS·노동시장과 생산함수에 의해 도출)과 총수요 곡선(AgD·투자와 저축을 의미하는 'IS 곡선', 유동성 선호와 화폐 공급을 의미하는 'LM 곡선'에 의해 도출) 이론을 통해 보면 쉽게 이해된다. NSSE 추진으로 해외에 나가 있는 미국과 외국 기업이 들어와 마음대로 뛰어놀 수 있게 되면 총공급 곡선이 우측(AgS1→AgS2)으로 이동돼 성장률이 높아지고 인플레이션율이 낮아지는 '골디락스' 국면이 도래한다.

실제 성과도 눈부시다. 2022년 3분기 이후 미국 경제가 2%대의 안정적인 성장세를 지속하고 있는 가운데 2023년 3분기 성장률이 5%대로 한 단계 더 뛰어올랐다. 2022년 6월 9.1%까지 치솟았던 소비자물가상승률은 1년 만에 3%대 초반으로 안정돼 신경제 신화가 재현되고 있다. 중국과의 격차 또한 다시 30년 이상 벌어졌다는 평가가 나온다.

바이든 정부의 NSSE는 '독일판 NSSE', '일본판 NSSE' 등으로 재탄생되고 있다. 3고 현상에 따라 총체적 복합 위기 우려까지 제기되는 한국경제를 살리기 위해서는 뒤늦었다 하더라도 국정 아젠다를 제시해야 하고 이를 토대로 세부 분야별 정책에서 '한국판 NSSE'를 추진해야 한다.

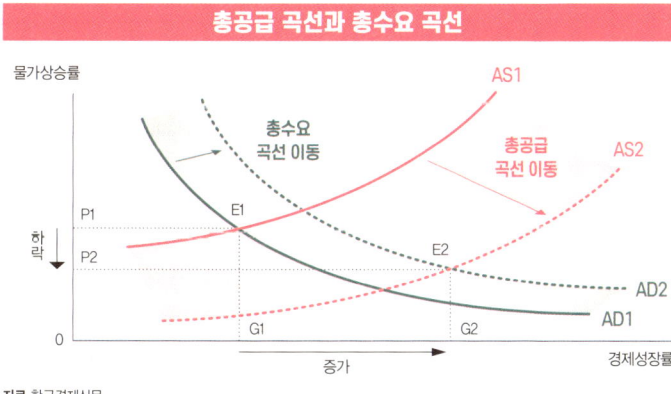

총공급 곡선과 총수요 곡선

자료: 한국경제신문

SECTION 2 INDUSTRY TREND

2024 Industry Trend Big 5

24%
온라인 성장률

유통
유통산업은 완만한 회복세를 보일 것으로 예상된다. 백화점과 할인점의 기존점 매출 성장률은 각각 3%, 2% 수준이며 온라인 성장률은 24%를 기록할 것으로 예상된다. 유통업종 최선호주로는 호텔신라, GS리테일을 제시한다.

43조원
2024년 삼성전자, SK하이닉스 손익 개선 효과

반도체
2024년 스마트폰, 서버, PC 수요는 전년대비 3~5% 올라 증가세로 전환될 전망이다. 반도체 부문 최선호주는 삼성전자와 SK하이닉스다. 2024년 D램, 낸드 가격은 전년 대비 각 40%, 25% 상승할 것으로 전망되어 2024년 삼성전자, SK하이닉스 손익 개선 효과는 전년 대비 43조원에 이를 전망이다.

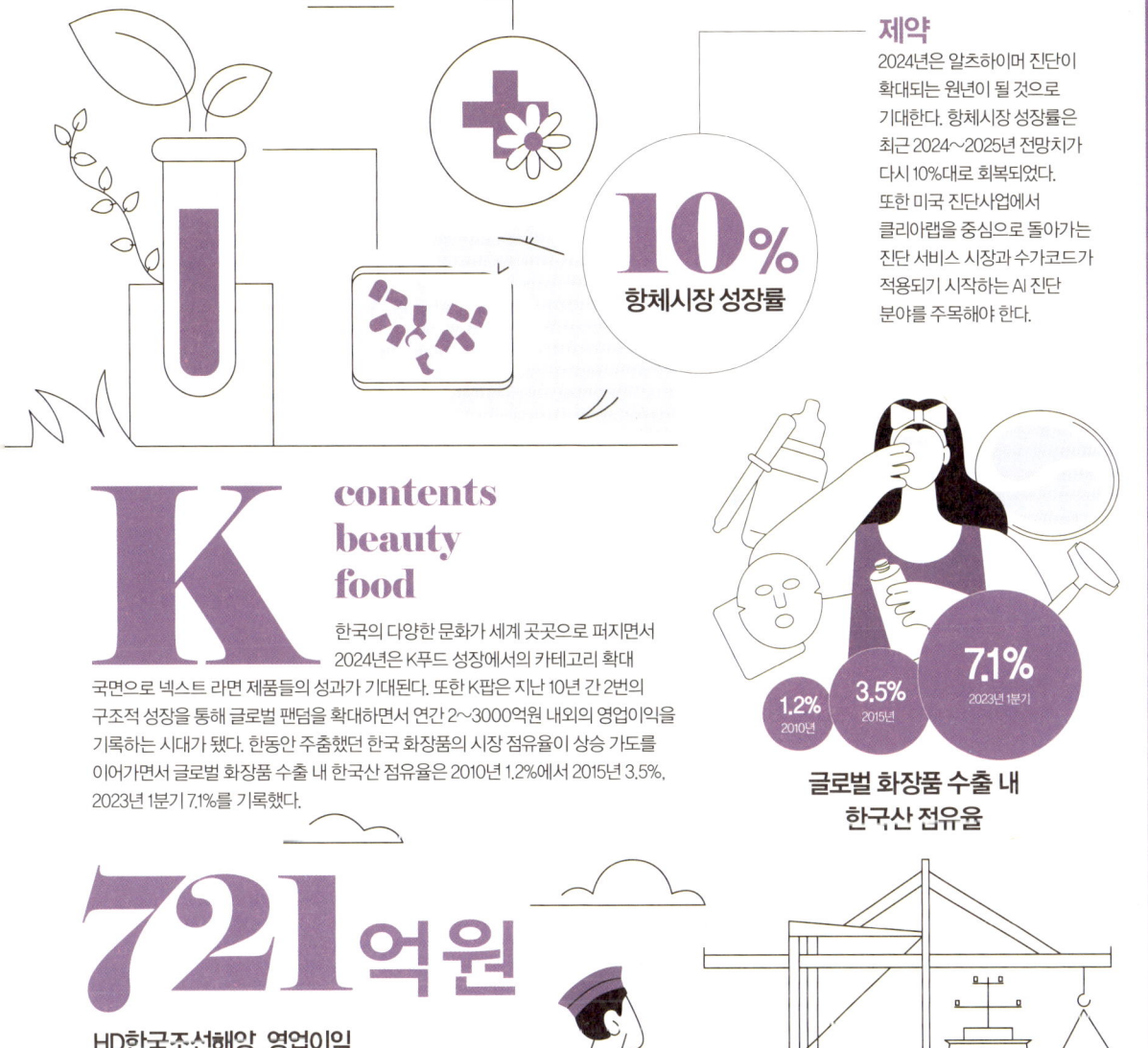

제약

2024년은 알츠하이머 진단이 확대되는 원년이 될 것으로 기대한다. 항체시장 성장률은 최근 2024~2025년 전망치가 다시 10%대로 회복되었다. 또한 미국 진단사업에서 클리아랩을 중심으로 돌아가는 진단 서비스 시장과 수가코드가 적용되기 시작하는 AI 진단 분야를 주목해야 한다.

10% 항체시장 성장률

K contents beauty food

한국의 다양한 문화가 세계 곳곳으로 퍼지면서 2024년은 K푸드 성장에서의 카테고리 확대 국면으로 넥스트 라면 제품들의 성과가 기대된다. 또한 K팝은 지난 10년 간 2번의 구조적 성장을 통해 글로벌 팬덤을 확대하면서 연간 2~3000억원 내외의 영업이익을 기록하는 시대가 됐다. 한동안 주춤했던 한국 화장품의 시장 점유율이 상승 가도를 이어가면서 글로벌 화장품 수출 내 한국산 점유율은 2010년 1.2%에서 2015년 3.5%, 2023년 1분기 7.1%를 기록했다.

글로벌 화장품 수출 내 한국산 점유율
- 1.2% 2010년
- 3.5% 2015년
- 7.1% 2023년 1분기

721억원
HD한국조선해양 영업이익

조선

한국 조선업의 부활이 시작됐다. 2023년 조선가는 2021년 대비 40~60%까지 올랐다. HD한국조선해양은 올 2분기 연결 기준 영업이익 712억원으로 전년 동기(2651억원 영업손실) 대비 흑자전환했다. 삼성중공업도 2분기 589억원 영업이익을 올렸다.

SECTION 2

01 반도체·디스플레이

'우상향' 방향성은 명확하다

산업전망기상도

맑음

2024년 스마트폰, 서버, PC 수요는 전년 대비 3~5% 증가해 증가세로 전환될 전망이다. 반도체 부문 최선호주는 삼성전자와 SK하이닉스다.

수량·가격·수요 상승…
실적 개선과 최대 실적의 해

2024년 스마트폰 출하량
12억대
전년 대비 5% 상승

2024년 PC 출하량
2억 6000만대
전년 대비 5% 상승

자료 KB증권 ※추정치

반도체, 4분기 실적 개선 전환점

2023년 11월 반도체 수출은 14개월 만에 첫 증가세를 보였다. 11월 1~10일 수출액은 182.3억달러로 전년 대비 3.2% 증가했고, 반도체 수출액도 전년 대비 1.3% 증가해 2022년 9월(7.9%) 이후 14개월 만에 처음으로 증가했다. 이는 메모리 반도체 출하량이 점차 증가하는 가운데 D램(RAM), 낸드(NAND) 가격이 상승 전환하고 있기 때문이다.

대만의 반도체 업체인 TSMC의 10월 매출도 10조원으로 최대치를 기록했다. 이 회사의 매출은 전년 대비 15.7%, 전월 대비 34.8% 증가한 2432억 대만달러(한화 약 10조원)를 달성해 월별 역대 최대치를 기록했다. 전년 대비 기준의 TSMC 월 매출은 2023년 2월 이후 8개월 만에 첫 증가세를 시현했다. 이는 아이폰15를 비롯한 중국 스마트폰 및 인공지능(AI) 수요 증가 때문이다.

삼성전자가 2024년 상반기 낸드 가격을 추가 인상할 것이란 점도 긍정적이다. 2023년 11월 8일 트렌드포스에 따르면, 삼성전자는 2023년 4분기 낸드 가격을 최대 10~15% 인상할 것으로 예상되고, 2024년 상반기에도 10~20% 추가 인상을 단행할 것으로 추정된다. 이는 2024년 상반기까지 삼성전자가 낸드 감산 규모를 40~50%까지 확대해 공급 축소 효과가 진행되고, 추가적인 낸드 가격 인하를 중단하며 저가 판매를 축소하고 있기 때문이다.

모바일·서버·PC 수요 증가세 전환

2024년 스마트폰과 서버, PC의 수요는 전년 대비 3~5% 늘어나 증가세로 전환될 전망이다. 우선 스마트폰은 과거 4년간 스마트폰 교체 수요의 대기 물량 누적과 중국 모바일 시장 수요 회복으로 2024년 출하량 증가분의 50%가 중국에서 발생한다.

서버는 AI 적용 분야 및 서비스 확대를 위한 일반 서버 증설 수요가 증가하며, PC는 2025년 윈도우 10 지원 종료로

생성형 인공지능(AI) 서비스 활성화로 고부가 D램 패키징 생산 라인을 확대 배치한 SK하이닉스 청주사업장.

2024년부터 기업용 PC 교체 수요가 출하 성장 요인이 될 전망이다.

이에 따라 2024년 스마트폰, PC 출하량은 전년 대비 5% 증가한 12억대, 2억 6000만대로 각각 전망된다.

스마트폰은 2019년 이후 4년간 스마트폰 교체 수요의 대기 물량 누적과 중국 모바일 시장 수요 회복으로 2024년 출하량 증가 분의 50%가 중국에서 발생할 것으로 예상되고, 2025년 PC는 윈도우-10 지원 종료 영향으로 2024년부터 기업용 PC 교체 수요가 출하 성장 요인으로 작용하게 될 전망이다.

최선호주, 삼성전자·SK하이닉스

반도체 부문 최선호주는 삼성전자와 SK하이닉스다. 2023년 4분기에 삼성전자와 SK하이닉스는 D램, 낸드 가격의 동시 상승 영향으로 실적 개선의 중요한 전환점을 맞이할 전망이다.

2024년 D램, 낸드 가격은 전년 대비 각각 40%, 25% 상승이 전망되며 2024년 삼성전자, SK하이닉스 손익 개선 효과는 전년 대비 43조원에 이를 전망이다.

2024년 삼성전자 반도체(DS) 영업이익은 2023년 -15조원 적자에서 12조원 흑자로, 반도체 부문에서만 27조원 손익 개선이 예상되고, 2024년 SK하이닉스 영업이익도 2023년 -8조원 적자에서 2024년 8조원 흑자로, 전년 대비 16조원 개선될 것으로 추정된다.

이중에서도 삼성전자의 경우 투자의견

SECTION 2

01 반도체·디스플레이

2023년 디스플레이 기술로드맵 발표회에서 삼성디스플레이는 '모든 IT 기기의 OLED화'를 목표로 삼고 있다고 밝혔다.

매수, 목표주가 9만5000원을 유지한다. 이는 2024년 삼성전자 반도체(DS) 영업이익이 2023년 -15조원 적자에서 12조원 흑자로 반도체(DS) 부문에서만 +27조원 손익 개선이 추정되어 실적 개선 가속화가 전망되기 때문이다.

특히 2024년 상반기까지 삼성전자 감산 정책(규모: D램 30%, 낸드 40%)이 지속되는 가운데 메모리 반도체 수요의 60%를 차지하는 PC, 스마트폰 수요가 2023년 바닥을 확인한 뒤 2024년 5% 출하 성장이 예상되고, 서버(반도체 수요 비중 30%)도 2024년부터 AI 서비스 확대를 위한 일반 서버 투자가 전망되어 2024년 메모리 반도체 수요는 공급 증가율을 상회할 전망이다.

삼성전자 4분기 영업이익은 3조5000억원으로 내다 본다. 이는 4분기 D램, 낸드 ASP가 2년 만에 동시 상승하는 가운데 D램 영업이익이 2022년 4분기 이후 1년 만에 흑자전환이 전망되고, 아이폰15 프로 시리즈 판매 호조로 플렉서블 OLED 부문에서만 2조원 이상의 영업이익 달성이 예상되기 때문이다. 2023년 4분기 부문별 영업이익은 반도체(DS) -2조원, 스마트폰(MX) 2조6000만원, 디스플레이(DP) 2조원, 가전(CE) 5000억원, 하만(Harman) 4000억원으로 추정된다.

2024년 삼성전자 영업이익은 전년 대비 4.6배 증가한 33조3000억원으로 추정되어 높은 실적 가시성을 확보할 전망이다. 이는 2024년 중 D램, 낸드 감산이 종료된다고 해도 생산 리드타임을 고려할 때 2024년 실질 공급 기여가 제한적 수준에 그칠 것으로 예상되기 때문이다.

디스플레이, 높은 성장성 전망

2023년 11월 1일 시장조사 기관인 DSCC에 따르면 최근 4개월간 아이폰15 디스플레이 패널 출하량은 전작 대비(아이폰14)

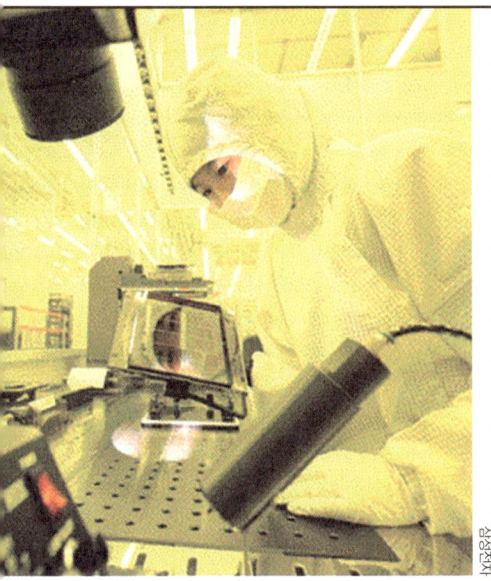

본격 가동에 들어간 중국 시안의 삼성전자 메모리 반도체 공장.

24% 증가하고, 최상위 모델인 아이폰15 프로와 프로맥스 출하 비중은 전체의 61%를 차지한 것으로 전해졌다. 이는 애플이 2023년 9월 중국 판매 부진에도 불구하고 4분기 연말 성수기 판매 호조를 전망하고 있기 때문으로 풀이된다.

2023년 4분기 아이폰15 프로와 프로맥스 출하량은 전분기 대비 3.5배 증가한 4,200만대(LG디스플레이 70%, 삼성디스플레이 30%)로 추정되어 물량 기준으로는 3분기 대비 3000만대 증가될 것으로 추정된다.

특히 10월부터 부품 공급 차질이 해소되고 프로 중심의 수요 쏠림 현상이 가속화되고 있어 애플은 고가 모델인 프로 시리즈 중심의 4분기 생산 계획을 유지하고 있는 것으로 보인다.

한 언론에 따르면 2024년 2월 삼성디스플레이, LG디스플레이는 애플의 첫 태블릿 OLED인 아이패드 OLED 패널 생산을 시작할 전망이다. 이는 당초 전망 대비 3개월 앞당겨진 것으로 애플은 늦어도 2024년 2분기 아이패드 OLED를 시장에 출시할 것으로 예상된다.

2024년 아이패드 OLED 출하량은 1000만대로 추정되고, 2024년 태블릿 시장 내 OLED 침투율은 5% 수준에 불과해 향후 OLED 보급 확대에 따른 높은 성장성을 확보할 전망이다. 특히 아이패드 OLED 패널 판매가는 아이폰 OLED 대비 3배 높아 양호한 수익성이 기대된다. 한편 애플의 태블릿 OLED 패널 공급은 LG디스플레이(600만대, 점유율 60%), 삼성디스플레이(400만대, 점유율 40%)가 과점적 공급체제를 구축할 전망이다.

LG디스플레이, 공매도 금지 수혜 기대

2023년 4분기 흑자전환이 기대되는 LG디스플레이는 2024년 600만대 규모의 아이패드 OLED 패널의 신규 공급으로 매출 2조3000억원, 영업이익 1200억원 달성이 추정되어, 2024년 상반기 비수기의 수익성 하락을 일부 상쇄할 것으로 전망된다.

특히 3년 만에 수익성 개선이 예상되는 시점에서 공매도 금지 조치는 향후 LG디스플레이 주가에 긍정적 영향을 미칠 전망이다. 이는 LG디스플레이가 공매도 거래대금 상위 종목(10월 일별 거래대금의 공매도 비중 30%)으로 나타난 가운데 최근 3개월간 16.7백만주(전체 주식의 4.7%), 10월에만 7.9백만주(전체 주식의 2.2%)의 공매도 물량을 기록 중이어서 향후 숏커버링이 예상되기 때문이다.

2024년 D램, 낸드 가격은 전년 대비 각각 40%, 25% 상승이 전망되어 2024년 삼성전자, SK하이닉스 손익 개선 효과는 전년 대비 43조원에 이를 전망이다.

SECTION 2

02 2차전지

성장률 둔화에도 불구, 강한 기업은 있다

산업전망기상도

흐림

P(가격)과 Q(양) 모두에서 2차 전지 산업은 하향세를 걷고 있다. 다만 이 같은 상황에 살아남은 기업들은 성장의 과실을 크게 누릴 수 있을 것으로 기대된다.

실적 성장률에 주목…
공급망 리스크 항상 염두해야

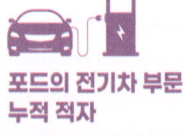

포드의 전기차 부문 누적 적자
2023년
3조 4000억

2차전지 Q와 P에서 나타난 주요 흐름

최근 2차전지 산업에서 나타나는 주요 흐름을 Q(양)와 P(가격)로 구분하면 다음과 같다. Q는 유럽 판매 부진과 자동차 업체들의 전기차 가이던스 하향 조정, P는 수익성 악화다.

첫째 Q의 주요 흐름은 유럽의 판매 부진이다. 유럽의 경우 2023년 3분기 유럽 전기차 판매량이 전분기 대비 -1% 감소한 가운데, 중국 기업들의 시장 점유율 상승 과정에서 한국 기업들의 유럽 실적은 부진한 상황이다.

LG에너지솔루션, 포스코퓨처엠 등의 유럽향 제품 출하는 2023년 3분기에 전분기 대비 감소한 것으로 추정되며, 4분기 및 2024년 1분기에도 전분기 대비 감소가 예상된다. 연말 재고 조정 등의 영향도 있으나 수요 둔화 및 경쟁 심화 구도 하에서 당분간 유럽향 출하는 크게 반등하기 어려울 전망이다. Q의 주요 흐름 중 또 다른 하나는 자동차 업체들의 전기차 가이던스 하향 조정이다.

테슬라의 일론 머스크는 고금리가 자동차 수요에 악영향을 줄 수밖에 없다고 언급했고, 포드는 15조원 규모의 두번째 전기차 공장 투자 지출을 보류하겠다고 밝혔다. 이에 따라 2026년 가동 계획이던 두번째 배터리 공장 가동 역시 연기될 전망이다. 포드의 2023년 3분기 전기차 부문 손실은 약 1조6000억원이며, 2023년 연간 누적 적자는 3조4000억원이다. GM은 연내 생산 예정이던 이쿼녹스(Equinox) 생산 시기를 1년 연기했고, 혼다와의 저가 전기차 공동 생산 계획은 철회했다.

유럽향 부진에 고정비 부담까지 수익 직결타

Q가 지지부진한 사이 P는 수익성 악화를 겪었다. 메탈 가격 하락에 따른 역래깅(최근 메탈 가격에 연동하여 판가 결정되나 투입 원가는 선입선출법에 의해 과거 비싼 시기의 가격 적용)과 유럽향 제품 생산 공장의 가동률 하락에 따른 고정비 부담 증가로 배터리 기업들의 수익성은 전반적으로 악화되는 상황이다.

특히, 자동차 업체들의 전기차 가이던스 하향 조정이 가장 큰 리스크다. 지정학적 리스크 확대에 따른 배터리 공급망 불안정성 확대, 전기차 가격 경쟁 심화에 따른 수익성 악화를 고려할 때, 자동차 업체들 입장에서 전기차 생산량을 마냥 늘리긴 어려운 상황이다. 전방 수요 성장의 눈높이 하향 조정이 불가피하다. 성장률의 축소는 밸류에이션 디레이팅(Valuation De-rating)으로 이어질 수밖에 없다.

실적 서프라이즈 보유 기업, LG에너지솔루션

위 리스크를 고려할 때, 2024년은 멀티플의 디레이팅 속에서도 실적 성장률이 멀티플 훼손을 방어하는 기업들의 주가 흐름이 견조할 것으로 판단한다.

LG에너지솔루션은 미국 정책 수혜(AMPC)에 따른 실적 서프라이즈 요소 보유하고 있다는 점에서, 삼성SDI는 수익성 위주 프로젝트 수주로 인해 고수익성 제품 매출 비중 상승에 따른 영업이익률 상승 여력을 보유하고 있다는 점에서 상기한 멀티플 훼손 리스크를 최소화할 수 있을 것으로 판단한다.

자동차 산업의 전동화 과정에서는 생산 및 운영 관점에서의 공급망이 근본적으로 변화하고 있다. 공급망은 길어지고 넓어졌으며 관리하기 복잡해졌다. 최근 5년간 글로벌 공급망 리스크를 확인한 미국과 유럽은 전기차 시대에 까다로워진 공급망을 더욱 확장하기보다 지정학적으로 가까운 곳에 공급망을 구축하거나 리쇼

전기차를 중심으로 배터리 사용처가 기하급수적으로 늘고 있는 가운데, 2024년에는 본격적인 생산 경쟁이 펼쳐질 전망이다.

SECTION 2　02　2차전지

최고 성능의 전기차 배터리 NCM9+를 개발한 SK on은 커머스시에 지은 자체 공장 'SK 배터리 아메리카'로 '중형 커뮤니티' 부문에서 상을 받은 바 있다.

> 전기차 육성 정책 역시 속도 조절에 나설 가능성을 염두에 둬야 한다. 배터리 수요 성장의 기울기가 완만해질 수 있음을 고려해야 한다.

어링으로 나아가고 있다.

시장이 예상하는 전기차 판매 전망치는 각국의 전기차 육성 정책(탄소 배출 및 배기가스 배출 규제, 보조금 등)에 의해 결정되겠으나, 이 육성 정책의 강도를 결정하는 근본적인 원인 변수는 공급망 리스크의 해소 속도다. 즉 미국과 유럽 입장에서 위협이 된다고 생각하는 공급망 리스크가 해소되는 정도에 따라 전기차 육성 정책의 속도도 결정될 것이다.

공급망 재구축,
시장 상승률보다 실적 성장률

유럽의 전기차 침투율이 30%에 육박하고 미국 역시 10%를 넘어 가는 현 시점에서 공급망 리스크는 여전히 매우 높기 때문에 전기차 육성 정책 역시 속도 조절에 나설 가능성을 염두에 둬야 한다. 유럽의 Euro 7 도입 잠정 연기, 다소 적은 규모인 미국의 IRA 구매 보조금 예산이 담고 있는 맥락을 이해해야 한다. 배터리 수요 성장의 기울기가 완만해질 수 있음을 고려해야 한다. 반대로, 주요 소비국들, 즉 미국과 유럽이 요구하는 공급망 재구축의 요소(권역별 공급망, 수직계열화, 리사이클링)을 제대로 충족하는 기업들의 경우, 수요 성장의 기울기가 완만해지는 국면에서도 실적 및 Valuation Factor 차별성이 부각될 것이다.

전반적인 시장 성장 속도가 다소 느려질 수 있다 하더라도 공급망 재구축이라는 시대 흐름에 잘 부합하는 전략 및 액션 플랜을 보유한 기업들의 실적 성장률은 시장 성장률을 상회할 수 있다.

LG에너지솔루션의 현재 글로벌 CAPA 중 지역별 비중은 아시아 및 기타 52%, 북미 18%, 유럽 30%이지만, 2020년대 후반 지역별 CAPA 비중은 아시아 및 기타 34%, 북미 46%, 유럽 20%로 다각화될 전망이다(CATL 글로벌 CAPA 중 중국 내 공장 비중 94%). 한편, LG화학을 통해 양극재를 조달하고, LG화학은 자회사 및 합작사를 통해 전구체와 기타 메탈을 조달하는 등 점진적으로 공급망의 길이가 확장되는 국면에서 향후 LG에너지솔루션의 글로벌 공급망 가치가 더욱 부각될 것으로 판단한다. 장기 최선호주 관점을 유지한다.

삼성SDI는 전기차 수요 둔화 우려가 확대되고 있으나 최대 고객사인 BMW의 3분기 전기차 판매가 YoY +80% 증가한 가운데, 경쟁사들 대비 공격적인 BMW 목표치(2024년 자동차 판매량 중 순수 전기차 비중 20% 목표)를 감안할 때, 상대적으로 삼성SDI의 'Q' 리스크는 전체 시장 리스크 대비 양호하다고 판단한다. 특히 메탈가 하락으로 인한 배터리 서플라이 체인 수익성 리스크 확대 국면에서도 고수익성 제품 비중 상승에 힘입어 전기차 배터리 부문 한 자릿수 후반 영업이익률을 유지하고 있는 점으로 감안할 때, Valuation Discount 해소의 논기가 갖춰지고 있다.

포스코퓨처엠은 하이니켈 양극재 및 인조흑연 음극재의 초기 생산비용 증가를 반영하여 2023년 4분기 및 2024년 실적 추정치가 하향 조정됐다. 다만, 두 신제품 모두 현재 전기차 배터리 시장에서 가장 중요한 북미 시장을 공략하는 제품이라는 점, 출하량 증가 과정에서 수익성 개선 여력이 매우 크다는 점, 원자재 조달 능력의 경쟁 우위 등을 감안할 때, 2차전지 섹터 내 장기 실적 가시성이 가장 높다고 판단한다.

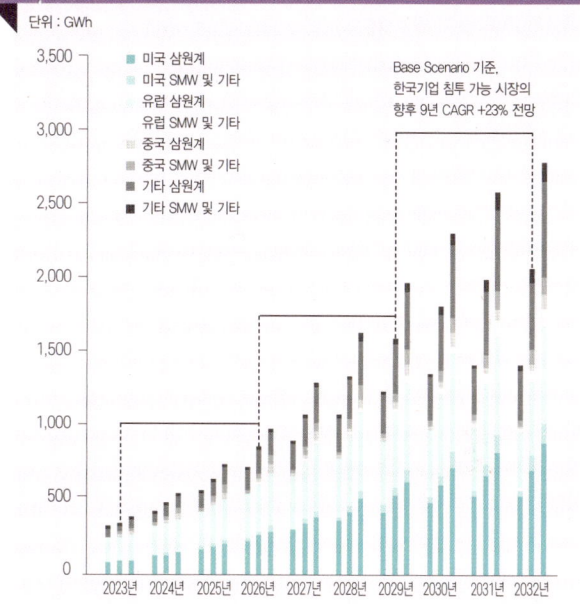

한국 배터리 기업 침투 가능 시장 규모 전망

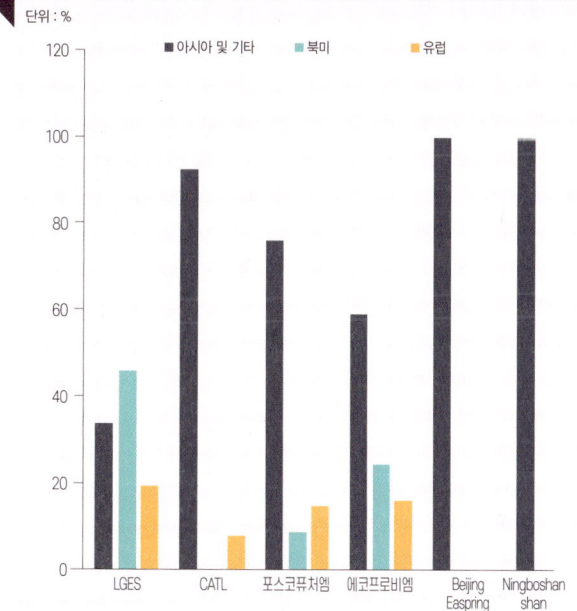

주요 기업의 지역별 CAPA 비중 예상

SECTION 2

03 통신

이리 치이고 저리 치이는 통신서비스업

규제에 취약한 통신업종, 총선 이후 규제 리스크 해소에 주목

산업전망기상도

비

한국은 2019년 세계 최초 5G 서비스를 상용화했다. 2024년이면 5G 서비스는 도입 5년 차로 성숙기에 들어서며 통신사들은 요금을 올리기 어렵게 된다. 여기에 정부 정책도 통신 요금 인상에 부정적인 가운데, 2024년에는 통신업종이 어려울 것으로 전망된다.

5G 서비스 가입자 보급률

2023년 말 기준
68.4%

2024년 말 기준
78.8%

세계 최초 5G 상용화에 성공한 대한민국

대한민국은 2019년 4월 3일 세계 최초로 5G 상용화를 선언했다. 초고속(eMBB; enhanced Mobile Broadband), 초저지연(URLLC; Ultra Reliable & Low Latency Communications), 초연결(mMTC; Machine-Type Communication)이라는 기술진화를 만족시키기 위해 국내 통신 사업자들은 2019년 역대 최대 규모인 9.8조원의 CAPEX를 집행했다. 사실 5G는 이전 세대와 달리 표준화 기구인 국제전기통신연합(ITU)이 초기부터 B2B 시장 확장을 염두에 두고 표준화 작업을 진행한 첫 세대였다. 과거 1G부터 4G까지 전세계 통신 사업자들은 일반 소비자 대상으로 통신비를 청구하는 B2C 비즈니스 모델에서 벗어나지 못했고, 5G 시대를 맞아 자율주행차를 지원하는 V2X, 스마트팩토리, 스마트시티, 가상현실(VR)과 증강현실(AR) 등을 지원해 B2B 영역으로 시장을 확대할 계획이었다.

다만, 처음 기대와는 달리 현재까지 기업에서 5G 도입을 서두르는 사례는 찾아보기 어렵다. 산업별로 혼재된 통신 규격, 기술 성능에 부합하는 장비 개발 지연 등이 그 이유였다.

오히려 국내 통신 3사는 가입자 경쟁 심화에 따른 마케팅 비용 부담, 대규모 인프라 투자에 의한 감가상각비 증가 등으로 2019년 실적 부진에 허덕였다.

완연한 성숙기인 5G 서비스

5G 서비스는 현재 상용화 5년 차를 맞아 완연한 성숙기로 구분한다. 핸드셋 가입자 대비 5G 가입자 보급률은 2022년 58.0%를 기록했고, 2023년 말 기준 68.4%, 2024년이 되면 78.8%에 달할 전망이다. 5G 보급률이 증가할수록 5G 요금제로 전환시킬 수 있는 가입자 수가 줄어드는 만큼 요금제 업셀링(Up-selling)을 기대하기 어려워 통신 사업자들의 탑라인 성장에 제동이 걸린다. 과거 4G LTE 역시 2011년 7월 최초 상용화 시기부터 보급률 60%를 돌파하는 데 불과 3

세계 최대 모바일 기술 박람회 '2023 모바일 월드 콩그레스(MWC 2023)' KT 부스.

년 밖에 걸리지 않았지만, 60%에서 80%까지 도달하는 데 장장 5년이란 시간이 소요됐으며, 이 기간 통신사들의 실적 역시 부진할 수 밖에 없었다.

엎친 데 덮친 격으로 최근까지 통신사 매출 성장을 주도했던 IPTV와 초고속인터넷 등 유선 통신 사업도 성숙기에 접어들며 성장이 둔화되고 있다.

이러한 문제의 해결책은 역시나 B2B에 있다. KT의 경우 전체 서비스 수익에서 무선 수익이 차지하는 비중이 2014년 38.4%에서 2022년 29.6%로 줄어든 반면, 기업서비스 부문은 동기간 9.5%에서 16.9%로 크게 증가했다. 5G 인프라를 활용한 B2B 시장이 아직 본격적으로 개화하지 않았다는 점을 감안할 때 향후에는 기업을 대상으로 한 B2B 통신 사업이 성장을 주도할 것으로 전망한다.

새로운 성장 엔진 탑재하기

지속가능한 성장을 추구하는 것은 기업의 중요 경영 목표 중 하나이다. 통신 본업에서 성장 동력을 잃은 통신 사업자들은 신사업을 통해 부족한 성장 동력을 만회할 계획이다. 우선, SK텔레콤은 AI Company로의 도약을 목표로 다양한 투자는 물론 기술 개발에 주력하고 있다. 작년부터 코난테크놀로지, 스캐터랩, 앤트로픽 등 국내외 주요 AI 개발사들에 투자를 단행했고, 멀티 LLM(초거대언어모델) 전략 수행을 위해 자체 LLM 개발은 물론 앤트로픽, 오픈AI 등과의 협력도 강

SECTION 2　03 통신

5G 사용자의 데이터 사용량 차이에 맞는 세분화된 요금제가 출시될 전망이다.

화하고 있다. 대외적으로는 지난 7월 Singtel, Deutsche Telekom 등 글로벌 통신사들과 함께 'Global Telco AI Alliance'를 공식 출범해 Telco AI Platform 공동 개발에 나섰다. SK텔레콤은 기존 통신 관련 CAPEX를 최소화하고 AI 관련 투자 비중을 늘려 2028년 예상 매출액 25조원 중 36%에 해당하는 9조원의 매출이 AI 연관 사업에서 발생할 것으로 전망했다. KT도 최근 Large AI '믿음(Mi:dm)'을 출시하고 경량 모델부터 초대형 모델까지 기업이 규모와 목적에 따라 골라 쓸 수 있는 4종의 라인업을 공개했다. KT는 기업 전용 Private LLM 시장을 겨냥해 3년 내 1000억원의 매출을 달성한다는 목표다. LG유플러스의 경우 LG전자, LG에너지솔루션, LG헬로비전 등 그룹사와의 협력을 강화해 전기차 충전사업에 진출했다. 공동주택과 근무지 중심의 완속충전 시장을 우선으로 3년 내 국내 Top 3 전기차 충전 사업자 지위를 확보한다는 계획이다.

규제 리스크가 부각될 2024년

2024년 4월 10일 실시되는 제22대 국회의원 선거를 앞두고 정당별 통신비 인하 공약이 대두될 가능성이 높다. 지난 국회의원 선거에서도 정당별로 크고 작은 가계 통신비 공약이 등장했었다. 19대 총선 당시에는 새누리당 정당 공약으로 LTE 데이터 무제한 도입, 20% 요금 인하 등의 방안이 제시됐으며, 20대 총선에서는 정의당 공약으로 중장년층을 위한 4대 가계비 절감 방안과 더불어 지역구별 공약으로 통신 기본료 폐지 공약이 등장하기도 했다. 가장 최근 실시된 21대 총선에서는 가장 많은 4개 정당이 각기 다른 통신비 인하 규제안을 제시한 바 있다. 2024년은 5G 상용화 6년 차를 맞이하는 시기

> 2024년은 5G 상용화 6년 차를 맞이하는 시기인 만큼 요금 인하의 당위성을 앞세운 규제 방안이 등장할 가능성이 높다.

인 만큼 요금 인하의 당위성을 앞세운 규제 방안이 등장할 가능성이 높다.

상대적 매력도가 부각되는 KT

국내 통신서비스 업종 내 최선호주는 KT이다. 현재 국내 통신 사업자들이 당면한 문제들은 어느 한 사업자에 국한된 것이 아닌 통신 3사의 공통분모이다.

5G 서비스 보급률이 포화 상태에 근접하여 더 이상 5G로 전환시킬 가입자를 찾기 어려워지는 상황도, 정부의 가계통신비 인하 정책 시행에 따른 재무적 부담도 결국 통신 3사에게 고르게 영향을 줄 수밖에 없다. 결국, 통신 사업자들의 본업인 유무선 통신 사업만으로는 차별화 포인트를 만들기 쉽지 않은 것이 현실이다. KT의 2022년 연결 매출액 중 유무선 통신 사업을 나타내는 별도 매출액은 18조 2892억원이며, 나머지 12조 6463억원은 연결 자회사 합산 매출액이다.

KT가 보유한 연결 자회사들은 금융 분야의 BC카드, 부동산 KT에스테이트, 미디어 부문 KT스튜디오지니, 스카이라이프, 나스미디어, IDC/클라우드의 KT클라우드 등 다양하며, 전체 연결 매출액의 40.9% 비중을 차지하고 있다. 이들 연결 자회사들의 합산 영업이익은 2016년 3804억원에서 2022년 5221억원으로 37.3% 증가했으며, 2016년 전체 연결 영업이익에서 차지하는 비중이 26.4% 불과했던 반면, 2022년에는 30.9%로 증가하며 이익 성장을 주도하고 있다. 각종 규제 리스크 부각으로 통신업 센티멘트가 불확실할수록 통신 비중이 가장 적은 KT의 투자 매력도가 부각되기 마련이다.

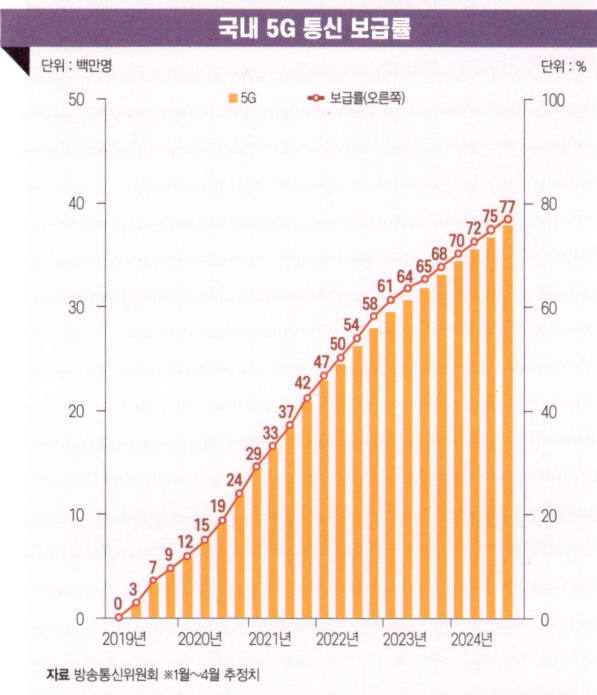

국내 5G 통신 보급률

자료: 방송통신위원회 ※1월~4월 추정치

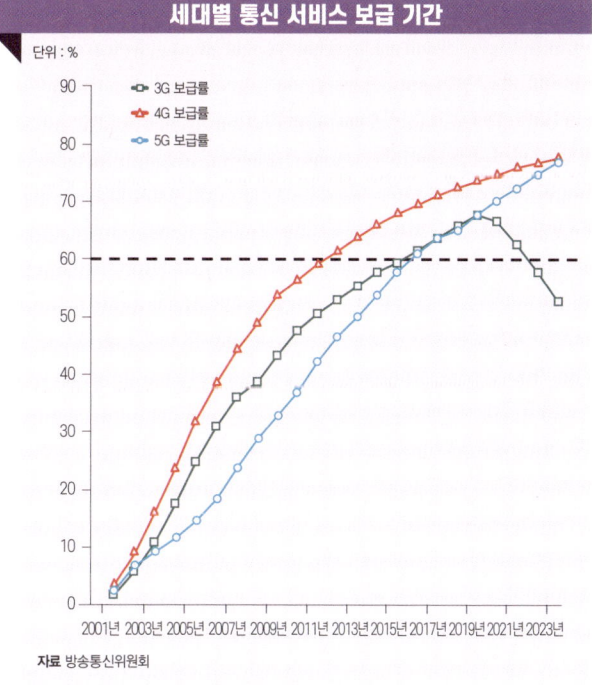

세대별 통신 서비스 보급 기간

자료: 방송통신위원회

SECTION 2

04 스마트폰·통신장비

'역성장 늪' 벗어나 반등 기대감 '솔솔'

**PC·스마트폰 회복세에
삼성전기·LG이노텍·비에이치 호조 예상**

산업전망기상도

갬

코로나19 이후의 강도 높은 역성장은 더이상 없을 것이다. 대표적으로 PC와 스마트폰은 2023년 대비 2024년에는 성장세를 보일 것으로 예상된다.

스마트폰 출하량
2024년
12억대

태블릿PC 출하량
2024년
1억 6000만대

2024년에도 IT수요 불확실 여전

2024년에도 정보기술(IT) 산업에서 전반적인 수요 불확실성은 여전하다.
다만, 코로나 이후 강도 높은 역성장을 경험한 일부 제품들이 더 이상 역성장하지 않을 가능성이 높아 보인다. 대표적으로 PC(데스크톱·노트북)와 스마트폰은 전년 대비 증가할 것으로 전망한다. 폭 자체가 크지는 않지만, 역성장을 멈췄다는 것만으로 관련 서플라이 체인들에게는 긍정적인 영향을 미칠 것이다.
실제로 글로벌 테크 업체들은 2023년 2분기, 3분기 실적 발표에서 PC와 스마트폰 고객사들의 재고 소진 및 정상화를 자주 언급했다. 해당 기기들은 전년 대비 역성장이 지속되고 있지만, 고객사들의 재고 수준이 낮아지면서 주문 증가를 경험할 가능성이 높다.
2023년 3분기부터 화웨이, 샤오미를 필두로 한 중국 스마트폰 업체들의 주문 강도가 강하다는 정황이 포착되고 있다. 2023년 11월 광군제 및 연말 쇼핑 시즌을 겨냥한 일시적인 주문일 가능성도 상존하지만, 스마트폰 유통 채널 자체가 상당 부분 소진되어 있기 때문에 출하량 증가 개연성이 높다는 판단이다.
글로벌 스마트폰의 23%를 차지하는 중국 스마트폰 시장의 회복은 유의미하다. 아울러 유럽 지역도 러시아, 우크라이나 전쟁 이후로 수요 시장이 위축된 바 있는데, 2023년 9월 판매량이 전년 동월 대비 24개월만에 증가세로 전환되었다. 이 역시 2024년 스마트폰 시장이 전년 대비 회복할 가능성을 뒷받침하는 근거라고 판단한다.
2024년 새로운 수요로 기대되는 부분은 유기발광다이오드 패널의 대면적화다. OLED는 스마트폰을 벗어나 태블릿으로 그 영역을 확대할 것으로 전망된다. 애플의 아이패드에 채택될 가능성이 높고, 이는 새로운 수요의 발판이 될 것으로 기대된다. 연간 출하량 규모는 스마트폰 12억대, 태블릿 1억6000만대이지만, 이를 면적으로 환산하면 스마트폰(평균 6인치)

99.2㎠, 태블릿(평균 11인치) 366.5㎠로 적지 않은 규모로 추정된다. 향후 2~3년간 태블릿에서의 OLED 채용률 증대와 노트북으로의 영역 확대가 가시성 높은 수요 증가처가 될 것으로 전망한다.

삼성전기, 냉정한 판단이 필요할 때

2024년 섹터 내 최선호주로 삼성전기, LG이노텍, 비에이치를 추천한다.

삼성전기의 2023년 4분기 매출액은 22조1979억원(YoY +12%, QoQ -7%), 영업이익은 1362억원(YoY +35%, QoQ -26%)으로 전망한다. 전사적으로는 전방 산업 고객사들의 연말 재고조정으로 인해 매출액 감소가 불가피할 것으로 판단된다. 최근 중화권 스마트폰 업체들이 출하량을 증가시키려는 정황이 포착되었기 때문에 MLCC의 물량 증가를 기대할 수 있는 상황이었다.

다만, MLCC는 지난 2분기와 3분기에 각각 전분기 대비 32%, 16% 물량 증가가 있었던 만큼 중화권 고객사들의 재고가 메모리 반도체보다 넉넉할 수 있을 것으로 추정된다. 중국 스마트폰 업체들이 확보한 부품 간 재고 차이가 있는 것으로 해석하는 것이 합리적이라 판단한다. 결과론적으로 해당 수혜를 기대했던 상황에서 다음 분기 MLCC 물량 감소는 분명히 실망스러운 부분이라 생각된다.

삼성전기에 대한 투자의견 'BUY'와 목표주가 18만5000원을 유지한다. 2023년 및 2024년 영업이익을 기존 대비 각각 16%,

2023년 11월, 삼성디스플레이와 LG디스플레이가 애플과 진행 중인 차세대 아이패드용 유기발광다이오드(OLED) 패널 가격 협상이 마무리 단계에 들어갔다.

SECTION 2   04   스마트폰·통신장비

삼성전자는 2024년 상반기 갤럭시 S24에 인공지능(AI) 모델 '삼성 가우스'를 탑재하고 본격적인 상용화에 착수할 계획이다.

글로벌 스마트폰의 23%를 차지하는 중국 스마트폰 시장의 회복은 유의미하다. 또한, 2024년 새로운 수요로 기대되는 부분은 유기발광다이오드(OLED) 패널의 대면적화다.

15% 하향 조정했다. 다만, 멀티플을 적용한 추정치를 2024년으로 변경함으로서 적정주가 조정 폭이 5% 미만에 불과해 목표주가를 유지한다. 삼성전기는 연말 재고조정으로 인해 항상 4분기 실적은 부진한 편이다.

주력 사업인 MLCC 업황이 바닥을 통과 중이고, 2024년 주요 IT 제품들의 회복으로 인해 전년 대비 50% 증익할 것으로 전망한다. 다만, 중화권 스마트폰향 비중이 높은 편이기 때문에 중국 스마트폰의 회복시 가장 많은 수혜가 기대된다. 아울러 패키지기판 역시 서버 및 생성형 AI 관련 매출 비중 확대로 믹스 개선 및 중장기 성장 동력을 확보할 것으로 전망된다. 2023년 11월 2일 주가 기준으로는 12MF PBR 1.21배로 역사적 밴드 하단에 근접해 있어 부담 없는 수준이라 판단한다.

LG이노텍, 단기 실적 모멘텀 간과 말자

LG이노텍의 2023년 4분기 매출액은 7조1637억원(YoY +9%, QoQ +50%), 영업이익은 5569억원(YoY +197%, QoQ +204%)으로 전망한다. 지난 분기에 수율 이슈로 인해 신모델 관련 수혜를 누리지 못했지만, 이연 물량으로 인해 4분기에는 최대 실적을 달성할 것으로 기대된다. 금번에 신규로 채택된 폴디드 줌 관련 서플라이 체인들의 수율 이슈가 해소된 만큼 매출액에 동반한 수익성 개선도 가능할 것으로 판단한다. LG이노텍은 처음으로 액츄에이터를 생산하며 핵심 부품을 내재화했는데, 관련 성과도 일부 있을 것으로 기대된다. 광학솔루션의 분기 매출액 및 영업이익은 각각 최초로 6조원 및 5천억원 돌파가 전망된다. 직전 분기 실적이 실망스러웠지만, 분기 최대 실적 경신은 유의미한 이벤트인 만큼 4분기 실적에 초점을 맞춘 투자 전략이 필요한 시점이다.

LG이노텍에 대한 투자의견 'BUY', 목표주가 34만원을 유지한다. LG이노텍의 현재 주가는 부진한 상반기 실적과 신모델 효과를 누리지 못한 3분기, 고정비 부담 확대에 따른 수익성 우려로 역사적 PBR 밴드 하단 1.00배에 근접해 있다. 과거에도 신모델 관련 수율 이슈로 3분기 실적이 부진했던 적이 있지만, 4분기에 만회하는 실적이 달성되고, 이후에 상반기 실적까지 양호한 흐름이 연결되면 주가는 긍정적으로 반응해 왔다. iPhone 15 시리즈도 전작에 이어 프로 맥스에 대한 소비자 선호도가 높고, 현재 시점까지 기존 생산 계획에 변동이 없는 점을 감안하면, 4분기 최대 실적 달성에 대한 가능성은 높다고 판단한다. 현재 주가 수준에서는 하락 보다는 상승 리스크에 대비한 투자 전략을 고려해야 한다.

비에이치, 2024년에도 외형 성장 가능

비에이치의 2023년 4분기 매출액은 5495억원(YoY +9%, QoQ +21%)으로 역대 최대 실적을 갱신할 전망이다. 이는 디스플레이 패널 경쟁사의 수율 이슈로 인한 반사 수혜와 전분기에 일부 매출액 인식이 이연되어 반영되기 때문이다. 최대 매출액 갱신에도 불구하고, 영업이익은 이에 미치지 못할 것으로 추정된다. 연말 특성상 다양한 비용의 반영 가능성을 간과할 수 없어 보수적으로 전망한 부분도 있다. 하반기 합산 영업이익 기준으로는 역대 최대 실적을 달성할 것으로 추정된다. 최대 실적 갱신에는 주가도 반영을 해왔던 점을 감안하면 현재 주가는 과도한 저평가다.

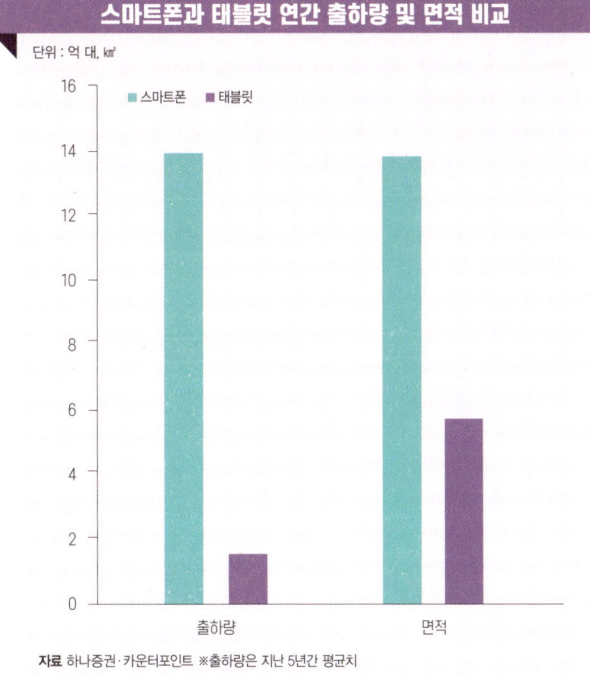

SECTION 2

05 전기전자·가전

수요 회복 국면, 최고 실적 경신

산업전망기상도

맑음

2024년 전기전자 업종은 수요 회복과 함께 영업이익이 14% 증가할 전망이다. 제품 믹스 개선, 전장 사업군 이익 기여 확대, 전력 인프라와 전력선 수주 잔고, 높은 수준의 원/달러 환율이 이를 뒷받침한다.

우려에 비해 양호한 이익 기조, LG전자 '전장' 성장 본격화

전기전자, 수요 회복 국면

2024년 전기전자 업종은 수요 회복 국면에 돌입한다. 정보기술(IT) 세트의 수요 회복에 초점을 맞추고, 2023년 4분기부터 스마트폰, TV 등 성장세 전환이 예상된다. 지정학적 리스크가 해소된다면 회복은 가속화될 전망이다. 관건은 '전장' 중심의 사업 포트폴리오 선진화 성과다. 공급망 재편과 리쇼어링, 니어쇼어링은 지속될 전망이다. 로봇, 자동화 설비, 전력 인프라 투자를 확대하고, 하드웨어 의존도는 탈피할 것이 요구된다. TV 플랫폼, SDV 솔루션, 전기차 충전 인프라(플랫폼·CPO), 렌털 등이다.

2024년 전기전자 업종의 기회 요인은 B2B 판매 견조 속 B2C 개선에 있다. 또한, 전장 부품과 전력 인프라 수주 잔고 뒷받침, AI 확산과 패키지 기술 고도화에 있다.

2000년 이후 3차례의 미국 정책금리 동결과 인하 시기에 전기전자 업종 주가는 평균 27% 시장수익률을 상회했다.

2024년 영업이익은 14% 증가할 전망이다. 제품 믹스 개선, 전장 사업군 이익 기여 확대, 전력 인프라와 전력선 수주 잔고, 높은 수준의 원·달러 환율이 이를 뒷받침한다.

삼성과 애플 1위 싸움 중 화웨이의 부활

스마트폰은 마침내 회복 국면에 돌입할 전망이나, 폴더블폰 중심 축의 변화기 예상된다. 유통 재고 건전화와 출하량이 판매량을 상회할 것으로 예상된다. 2024년 중국·인도·중동·아프리카 등 신흥시장 위주로 반등세가 기대된다.

삼성과 애플의 경우, 삼성이 근소한 1위를 유지할 전망이다. 신흥시장 저가폰 수요 증가가 삼성에게 우호적이기 때문이다. 삼성전자는 2024년 출하량 2억5000만 대를 목표로 한다. 생성형 AI로 차별화를 두고 폴더블폰 판매량이 노트 시리즈 수준에 도달할 전망이다. 애플은 인도 점유율이 높지만 중국 내 화웨이의 부상이 걸림돌이다.

삼성과 애플의 출하량 1위 싸움 속 화웨

폴더블폰 시장 전망

2023년
1670만대
↓
2024년
2650만대

2023년 8월, 화웨이가 자국 기술로 만든 최신 스마트폰을 선보여 중국시장 판매량이 급증하면서 부활하고 있다.

이의 부활도 지켜볼 부분이다. 화웨이는 2023년 9월 중국 내 점유율이 Honor에 이어 2위로 부상했다. 신모델 'Mate 60' 시리즈와 폴더블폰 'Mate X5' 성공 때문이다. 중국의 애국 소비에 수혜를 볼 전망이나, 첨단 노드 AP 등 부품 조달 제약이 관건이다.

중국 시장은 주도권 싸움이 치열할 전망이다. 절대 강자 없는 6강 체제가 예상된다. 2023년 9월 경쟁 구도는 아너 17.2%, 화웨이 16.7%, 애플 15.6%, 비보 15.5%, 샤오미 13.9%, 오포 12.4% 순이었다.

폴더블폰은 시장 주도권이 삼성전자에서 중국 OEM들로 이전될 양상을 보인다. 중국 시장의 고성장 속에 아너, 화웨이, 오포, 비보 등 중국 브랜드의 성능과 가격 경쟁력이 향상될 전망이다.

TV 교체 사이클의 지연에도 불구하고 기대감은 유효하다. 코로나 발생 이후 2020~2021년 수요 강세를 보이며, 경기 둔화 시기 엔터테인먼트 단말기는 수요 약세를 보였다. 신기술 TV 수요는 저조할 것으로 보이지만 OLED가 미니 LED의 수요를 잠식할 전망이다.

삼성전자, 전기전자 분야 신규 수요 창출

삼성전자는 향후 인공지능(AI) 시장이 기존 클라우드 중심에서 엣지 디바이스인 모바일과 PC까지 확대되어 AI 메모리 변화의 중심에 있을 것으로 전망된다. 삼성전자는 2024년 4분기부터 LPDDR 대비 대역 폭과 전송 속도를 높이면서 '온 디바

SECTION 2
05 전기전자·가전

삼성전자는 온디바이스 AI를 겨냥한 저전력 더블데이터레이트 5X와 유니버설 플래시 스토리지 4.0 4레인을 비롯한 신제품 개발 계획을 밝혔다.

> 스마트폰, TV 등 성장세 전환이 예상된다. 지정학적 리스크가 해소된다면 회복은 가속화될 전망이다.

이스 AI'에 특화된 LLW(Low Latency Wide) D램 양산을 시작해 온 디바이스 AI 시장 선점이 예상된다.

따라서 향후 AI 메모리 시장은 생성형 AI(HBM)에 이어 고성능, 저전력의 온 디바이스 AI(LLW)로 확대될 전망이다. 이처럼 AI 기능이 서버 중심에서 스마트폰, PC 등 모든 전자기기로 응용처가 확대된다면 수요 둔화에 직면한 전기전자 분야의 신규 수요를 창출할 것으로 기대된다.

삼성전자 4분기 영업이익은 3분기 대비 43% 오른 3조5000억원으로 예상되어 컨센서스에 부합할 전망이다. 이는 최근 9개월간 적자 1조8000억원을 기록한 D램(RAM) 사업의 4분기 영업이익이 7349억원으로 추정되어 2022년 4분기 이후 1년 만에 흑자 전환이 예상되기 때문이다.

4분기 전사 영업이익은 3분기 대비 1조원 이 개선되는 가운데 반도체 부문의 손익 개선이 전분기 대비 1조7000억원에 이를 전망이다. 4분기 부문별 영업이익은 반도체 –2조원, 스마트폰(MX) 2.6조원, 디스플레이(DP) 2조원, 가전(CE) 0.5조원, 하만 0.4조원으로 추정된다.

2024년 삼성전자 영업이익은 전년 대비 4.6배 증가한 33.3조원으로 전망되고, 내년 반도체 영업이익은 올해 15조원 적자에서 12조원 흑자로 반도체 부문에서만 +27조원 손익 개선이 추정된다. 특히 2024년 삼성전자는 HBM 신규 생산능력 확보 및 2024년 예약 주문이 완료되어 점유율 회복이 전망되고, AI 서버 응용처 확대에 최적화된 CXL, PIM 반도체 생산이 시작되는 가운데 온 디바이스 AI에 특화된 LLW DRAM 양산도 예상된다. 따라서 향후 삼성전자는 차세대 메모리 로드맵 확보로 AI 메모리 변화의 중심에 위치할 전망이다.

LG전자, 가전은 회복, 전장은 본격 성장

LG전자는 TV 등을 제조하는 HE본부, 가전을 제조하는 HA본부, 차량용 전장 부품을 제조하는 VS본부, 인포메이션 디스플레이 및 태양광 모듈 사업을 영위하는 BS본부, 총 4개 부문으로 구성하고 있다. 가전과 TV 사업이 캐시카우 역할을 맡고 있으며 전장부품, 태양광 모듈 사업 등으로 성장성을 더하고 있다.

타 경쟁사와 비교 시 사업 영역이 다변화(전장부품, 가전 렌탈, 태양광 모듈 등) 되어 있어 장기적인 성장이 가능하다고 평가한다. 글로벌 자동차 부품 업체인 마그나(Magna)와의 합작법인 설립으로 전장부품 사업을 강화 중이다.

LG전자의 가전과 TV는 2024년 수요 회복이 기대되는 가운데 실적 증가세가 중장기간 지속될 것으로 전망한다. 제품 경쟁력에 기반한 안정성과 여전히 낮은 밸류에이션 또한 고려해 업종 톱픽을 기대한다. 실적 측면에서는 연결 자회사인 LG이노텍의 실적 둔화를 반영해 2023년과 2024년 영업이익 전망치를 기존보다 낮추는 게 좋다.

부문별로는 가전과 TV 사업부의 수요 회복을 기대한다. 가전의 경우 북미지역에서 부동산 거래량 회복으로 교체수요가 커지고 있다. 또한 주요 원재료 비용과 물류비 감소세도 2024년 이어질 것으로 기대되어 긍정적이다.

전장 부문은 멕시코 전기차 부품 공장 가동으로 이익 성장세가 본격화될 전망이며, 2024년 헝가리 신공장 구축으로 유럽 자동차 업체들로의 전기차 부품 다변화도 기대된다.

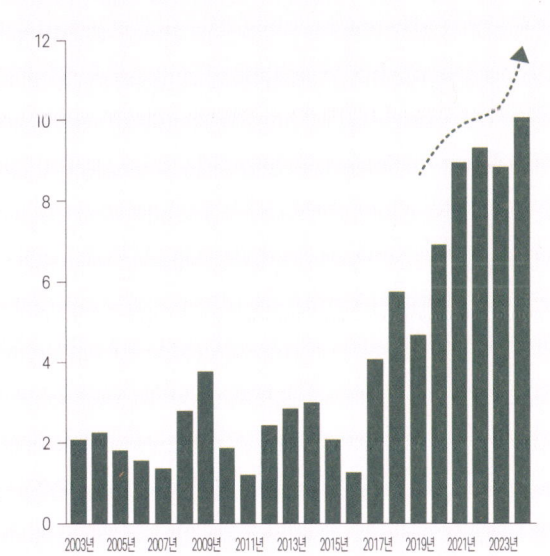

SECTION 2

06 인터넷·소프트웨어

새벽을 걷는 인터넷·SW, 해가 뜨는 게임

산업전망기상도

흐림

한국의 인터넷 산업은 변화의 시기를 맞이하고 있다. 미국과 중국 기업들의 한국시장 침투가 서서히 진행되고 있는 반면 한국 기업의 해외 진출 속도는 늦다. 다만 잠시 주춤했던 게임 산업은 글로벌 성장세에 다시 속도를 낼 수 있을 전망이다.

매크로 환경과 소비 트렌드 변화에 플랫폼 기업 전략 변화 절실

글로벌 라이브 커머스 시장 규모

2021년
1350 십억달러

2028년
2564 십억달러

자료 Business Research Insights
※2028년은 추정치

인터넷·소프트웨어 투자 의견 '중립'

2023년에는 경기 민감 사업들의 부진이 나타났고, 비정상적으로 높았던 온라인 트래픽이 다시 타 채널들로 분산되고 있다. 또한 매크로 환경과 소비 트렌드 변화가 나타나고 있어 플랫폼 기업들의 전략 변화도 필요한 시점이다.

광고는 유저들의 특성이 세분화되면서 특정 유저층을 대상으로 한 효율 높은 광고 수요가 증가했다. 광고주와 유저가 쌍방향 소통 가능한 오프라인 이벤트, 게임 대회, 라이브커머스 등이 BTL 부문에서 인기를 얻고 있으며, 특히 팬덤을 보유한 인플루언서가 진행하는 광고 효율이 높은 것으로 알려져 유튜브와 아프리카TV의 라이브 커머스가 주목받고 있다.

커머스는 명품 오픈런에서 벗어나 다시 '가성비'가 주목받고 있다. 알리익스프레스와 테무는 무료 해외직구와 90% 할인을 내세운 중국 가성비 쇼핑몰이다. 저렴한 가격과 다양한 상품들로 인해 경기 침체 속 '소확행' 수요도 늘고 있다.

두 서비스의 MAU는 티몬·위메프 등 국내 기업들을 위협할 수준으로 높고, 이에 대응하기 위해 이랜드의 NC베이직, 티몬의 해외직구 초저가샵, 11번가의 9900원 샵 등 국내 서비스도 등장하고 있다.

성장산업 '웹툰'의 딜레마, AI는 장기 산업

성장 산업이라 생각했던 웹툰은 딜레마에 빠졌다. 리오프닝으로 인해 트래픽이 급감하는 가운데 마케팅을 집행해 외형 성장을 하기엔 광고 효율이 너무 낮아졌고, 외형 성장을 포기하고 수익성을 높이려니 기존에 받았던 높은 멀티플을 정당화하기 힘들어진다.

여기에 애플과 아마존이 웹툰 시장에 뛰어들었고, 이로 인해 IP 확보 경쟁이 시작되면 웹툰 플랫폼들의 전반적인 IP 조달 비용이 높아질 것이다. 또한 북미, 유럽 시장은 웹툰 문화가 빠르게 개화하지 못하고 있어 유의미한 거래액 규모를 기록하기까진 시간이 걸릴 전망이다.

생성형 AI가 한 해 동안 뜨겁게 달궜지만

의미 있는 트래픽과 이익으로 연결되기까지진 시간이 걸릴 전망이다. 파운데이션 모델의 정확도가 아직 낮아 브랜드-유저간 신뢰를 고려했을 때 B2C에서 트래픽을 일으키기엔 아직 이르다는 생각이다. 대신 마이크로소프트의 깃허브 코파일럿(Github Copilot)이나 메타의 AI 샌드박스(Sandbox) 같은 개발·사업 업무 효율성을 높여주는 기업용 서비스는 빠르게 확산될 것이다. 미국과 한국 소프트웨어 기업들이 모두 직면한 인건비 고민을 업무용 AI가 해결해줄 전망이다.

아프리카TV, 별풍선 시스템 역대 최고 거래액 경신 중

아프리카TV는 스트리밍 플랫폼이자 팬덤 플랫폼으로서 플랫폼서비스(기부경제)와 광고 매출, 두 가지로 성장하고 있다. 별풍선 시스템을 기반으로 한 기부경제 매출은 매 분기 역대 최고 서래액을 경신하고 있으며 이는 경기와 상관없이 팬덤 문화의 확산과 함께 성장하고 있다. 광고는 컨텐츠형 광고 위주의 사업으로 게임대회나 라이브커머스, PPL 등 BTL 중심이다. 유저들의 팬덤 소비 문화가 확산되고 MZ 유저들의 소비력이 높아짐에 따라 기부경제 거래액과 ARPPU는 지속적인 성장이 가능하다는 판단이다.
또한 광고 산업의 성장이 경기침체의 영향을 크게 받았지만, 산업 내에서 BTL의 수요가 새롭게 떠오름에 따라 이에 강점이 있는 아프리카TV가 기존 플랫폼들의

네이버웹툰은 해외 시장에서의 거래액 상승과 수익성 개선 작업을 통해 네이버 계열사 중 최초로 2024년부터 기업공개에 나선다는 목표다.

SECTION 2   06 인터넷·소프트웨어

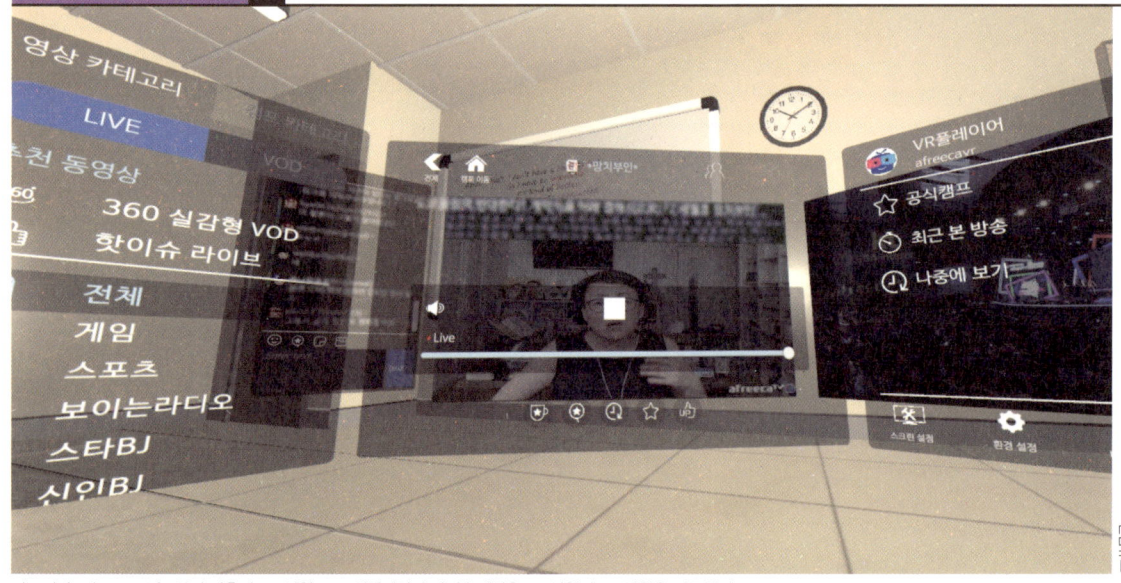

아프리카TV는 2023년 3분기 매출이 879억원으로, 영업이익과 당기순이익은 219억원과 193억원을 기록했다.

> 게임 콘텐츠의 유저들은 짧은 시간 내에 강한 자극을 원하며, 특히 MZ 유저들은 기성세대보다 콘텐츠 과금에 훨씬 개방적이고 소모 속도가 빨라 더 많은 콘텐츠에 접근한다.

점유율을 가져올 가능성이 높다. 2024년에는 Soop이라는 브랜드로 아시아 시장에 진출해 새로운 트래픽을 유입시켰으며 이에 따른 추가 기부경제·광고 매출이 발생할 것으로 전망해 실적 성장뿐만 아니라 멀티플 리레이팅까지 기대할 수 있다.

게임, 투자의견 '비중 확대'

2023년 게임 산업은 한국과 글로벌이 극명하게 다른 모습을 보여줬다. 대작들의 출시와 역사적인 판매량들이 등장하며 글로벌 개발사들의 주가는 상승세를 보였으나, 한국 개발사들은 신작 흥행 성과가 저조하고 한국시장을 벗어나지 못하며 하락세가 지속되었다. 2024년에는 한국시장에서 점유율 싸움하는 것이 아니라 더 큰 해외시장에서의 성과를 내는 기업이 글로벌 트렌드 파악 능력을 증명하며 실적 성장이 가능하다.

캐주얼 및 서브컬처 장르가 이제는 트렌드의 기본값이 되었다. 음원의 러닝타임이 짧아지고 드라마 부작 수가 줄어들고, 틱톡과 유튜브 쇼츠 및 인스타그램 릴스가 유행하는 깃처럼 게임 콘텐츠에서도 유저들은 짧은 시간 내에 강한 자극을 원하고 있다. 떠오르는 MZ 유저들은 기성세대보다 콘텐츠 과금에 훨씬 개방적이고 소모 속도가 빨라 더 많은 콘텐츠에 접근할 수 있다.

서브컬처 또한 특색있는 아트와 몰입도 높은 세계관이 더해진 캐주얼 콘텐츠라는 점에서 긍정적인 시선을 유지한다. 짧은 시간 내에 강한 자극을 주지만 스토리 진행시 한 스테이지를 클리어하는 데에 1~5분 밖에 소요되지 않는다. 일본뿐만 아니라 한국·중국·미국·동남아 등 거의 모든 지역에서 관심이 높아지고 있는데, 이는 국내 개발사들에게 해외 매출 비중을 늘릴 수 있는 기회가 될 것이다. PC·콘솔 플랫폼은 IP의 중요도가 더욱 높아질 전망이다. 상용 물리 엔진의 품질이 발전하면서 기술적 요소의 차별성이 많이 떨어졌다. 유저들의 눈높이도 높아지면서 탄탄한 스토리와 세계관을 갖춘 게임들이 좋은 평가를 이어가고 있고, 심지어 세계관이 검증된 IP의 시리즈물은 게임이 출시되어 평점이 나오기도 전에 사전 예약으로만 엄청난 판매량을 기록하기도 한다. PC·콘솔 플랫폼에서 이제 막 대작을 준비하는 한국 개발사 입장에선 IP 개발력을 일단 증명하는 것이 중요한데, 개발력을 보유한다는 것은 첫째, 본업으로 이익 성장을 지속할 수 있고, 둘째, 글로벌 플랫폼들로부터 퍼블리싱·인수 관련 러브콜을 받으며 기업 가치를 높일 수 있다는 사실을 뜻한다.

따라서 단순히 신작 하나가 매출을 만들어내는 것 이상의 의미로 프리미엄을 받을 수 있을 전망이다. 마침 MS와 소니 외에도 텐센트, 아마존, 넷플릭스 등의 기업들이 게임 퍼블리싱 사업에 나서며 IP 확보 경쟁은 심화될 것이고, 사우디 PIF도 네옴시티 프로젝트의 일환으로 글로벌 주요 IP를 보유한 개발사들에 공격적으로 투자하고 있어 그 사이에서 IP를 보유하거나 개발할 역량이 있는 기업만이 빛날 것이다. 또한 2024년 국내 게임사들의 신작이 다수 출시됨에 따라 이전과 다른 수준의 매출과 이익을 기록할 전망이며, 글로벌 캐주얼 장르에서 트렌드에 적합한 콘텐츠와 BM을 이어나가고 있기 때문에 한국이 아닌 글로벌에서의 흥행 가능성이 매우 높을 것으로 보인다.

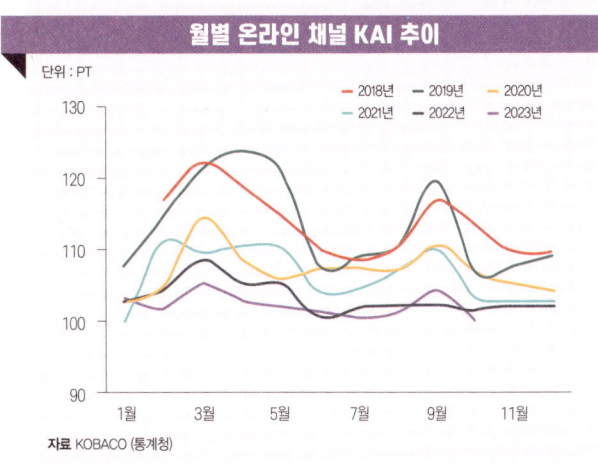

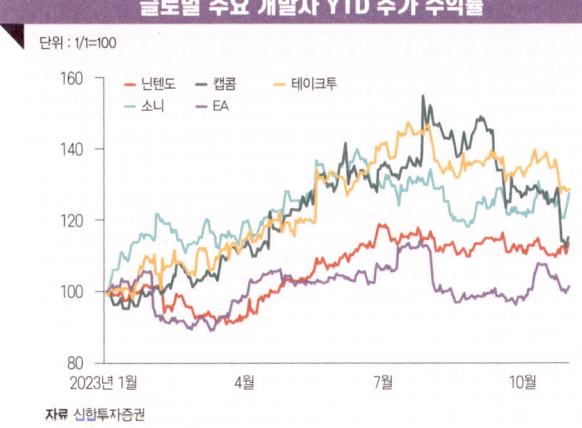

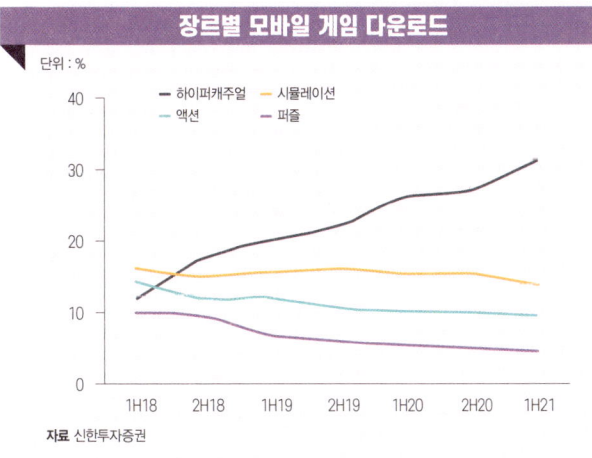

SECTION 2

07 엔터테인먼트·미디어

글로벌 시장에서 하늘 나는 K-콘텐츠

미디어 산업은 불황의 늪을 건너는 중

산업전망기상도

맑음

K팝은 지난 10년 간 2번의 구조적 성장을 통해 글로벌 팬덤을 확대하면서 연간 2000~3000억원 내외의 영업이익을 기록하는 시대가 됐다.

K팝 글로벌 스트리밍
2023년
42%
전년대비 성장

글로벌 팬덤이 이끄는 엔터의 미래

K팝의 글로벌 스트리밍은 전년 대비 42% 증가했는데, 국가별 비중은 일본·미국·인도네시아·한국·인도 순이었으며, 전세계 1위 음악 시장인 미국은 전년 대비 39%, 2위인 일본은 13% 증가했다. 주요 아티스트의 지역별 비중을 보면, 아시아 지역 비중이 가장 높지만 방탄소년단(BTS), 스트레이키즈 등의 미주 비중이 35% 이상을 차지한다. 음원 스트리밍의 증가는 음반 판매 폭증으로 이어지고 있다. 2023년 9월 누적 앨범 판매량은 약 8600만장으로 이미 전년도 판매량을 초과 달성했다.

최근 몇 년간 전세계 앨범 판매량 순위를 보면 2~4위가 약 200~300만장 수준인데 K팝 그룹 중 8팀이 앨범당 판매량 200만장을 상회한다. BTS의 군 입대 이후에도 세븐틴과 스트레이키즈 등이 500만장 이상, 9월 데뷔한 라이즈(RIIZE)는 데뷔 앨범으로 100만장 이상 판매하는 등 글로벌 팬덤화가 지속되고 있다.

신인 그룹의 수익화 속도는 계속해서 빨라지고 있는데, 엔하이픈, 아이브, 르세라핌 등은 데뷔 1년도 안돼서 앨범 판매량 100만장을 상회했다. 뉴진스, 제로베이스원, 라이즈 등은 데뷔 앨범으로 밀리언셀러를 달성했다. 신인그룹의 데뷔 및 흥행에 따른 실적 상향이 나타나고 있는 구간을 바탕으로 2024년 상반기까지 한국·일본·미국 등에서 4대 기획사 합산 8개 신인 그룹이 데뷔할 계획이다.

영업이익 3000억원 시대, 성장 가속화

한국무역통계진흥원(TRASS)의 앨범 수출 데이터에 따르면 앨범 내 비아시아(북미·유럽) 판매 비중은 2016년 4%에서 2023년 9월 36%까지 상승했다. 이는 북미·유럽의 팬덤 확장을 의미한다. 블랙핑크의 대규모 글로벌 투어 외에도 다수의 아티스트들이 미국에서 투어 활동을 하는 등 아시아 외 지역에서의 가파른 수익화도 지속 확대될 것이다.

K팝은 지난 10년 간 2번의 구조적 성장

걸그룹 중 초동 밀리언 셀러를 기록한 그룹은 에스파, 뉴진스, 아이브, 블랙핑크, 르세라핌, (여자)아이들, 엔믹스 등 7팀이다.

을 통해 일본과 미국에서 팬덤을 확대하면서 연간 2000~3000억원 내외의 영업이익을 기록하는 시대가 도래했다. 이미 JYP NiziU, CJ ENM JO1/INI, 하이브 &TEAM 등이 일본에서 현지화 모델을 통해 유의미한 성과를 보여주고 있으며, 유니버설뮤직그룹 산하 레이블과의 합작을 통한 하이브·JYP의 미국 걸그룹인 드림 아카데미와 Vcha의 데뷔가 곧 예정되어 있다. 흥행 시 2~3년 내 그룹 당 매출액 5000억원, 영업이익 500억원 내외의 기여가 기대된다.

불황의 늪 건너는 미디어·드라마 제작사

반면 미디어·드라마 제작사, 방송사는 코로나 때보다 더 어려운 광고 환경이 지속되면서 드라마 편성을 축소하는 등의 방법으로 비용을 통제하고 있다.

예컨대 스튜디오드래곤의 2023년 3분기 편성은 약 4편(68회)으로 작년 동기 158회차와 비교하면 절반 수준도 되지 않는다. JTBC는 2023년 520억원 수준의 적자 예상 및 3400억대의 부채에 따른 불투명한 경영 환경으로 80~90여 명의 구조조정을 발표했다.

CJ ENM도 지속된 대규모 적자에 더해 2조원 이상의 부채가 있어 마찬가지로 비핵심 자산·사업·지분 등의 청산이나 매각 등이 필요하다. 이런 구조조정 뉴스가 주가 측면에서는 매우 중요한 바닥 시그널이 될 것이다.

드라마 제작사는 ASP 혹은 리쿱율 상승

SECTION 2　07　엔터테인먼트·미디어

증권가는 하이브가 4분기 주력 아티스트의 앨범 컴백, 콘서트 티켓 실적, 연말 시즌 그리팅 MD 등의 강세로 실적 개선이 이뤄질 것으로 전망한다.

> 미디어·드라마 제작사·방송사는 어려운 광고 환경이 지속되면서 드라마 편성을 축소하는 등의 방법으로 비용을 통제하고 있다.

으로 이익은 방어되나 캡티브향 편성 축소에 따른 성장 둔화로 밸류에이션이 하향된 상황이다. 이를 반전시킬 수 있는 가장 큰 이슈는 미국 작가·배우들의 파업 종료이다. 아직 확정되지 않았지만, 넷플릭스는 지난 3분기 실적 발표에서 파업을 끝내기 위해 전적으로 노력하고 있고, 2024년에는 지연된 비용이 정상화되면서 콘텐츠 지출이 170억달러 수준으로 상승할 것이라고 발표했다. 언론에 따르면 합의문 중 국내·해외로 조회수를 나눠 성과와 비례한 상여금 지급이 포함된 것으로 추정된다. 1차적으로는 파업 종료가 된다면 편성 정상화로 미국 제작사를 보유한 CJ ENM이나 콘텐트리중앙의 수혜가 예상되며, 시즌제가 거듭되면서 해외 시청자 층이 훨씬 더 많은 한국 제작사에도 분명한 호재가 될 것이다.

하이브, 마지막 퍼즐을 맞추다

최근 산업 전반에 걸친 인적 리스크가 부각되면서 엔터테인먼트 기업들의 주가 흐름이 전반적으로 부진하다. 다만, 4분기 주요 아티스트 컴백과 2024년 상반기까지 이어질 신인 그룹들의 데뷔에 따른 실적 상향 구간이 다가오고 있음을 감안하면 매우 매력적인 가격대라고 판단한다. BTS의 군입대에 따른 완전체 활동 공백에도 세븐틴·TXT·르세라핌·뉴진스 등 모든 아티스트의 고성장이 지속되고 있으며, 빌리프랩의 기업결합 심사도 10월 31일자로 마무리돼 관련 실적이 2023년 4분기부터 반영된다. 엔하이픈은 1년에 약 350만장의 앨범 판매량과 일본 돔·미국 아레나 규모의 투어가 가능한 수준의 팬덤을 보유하고 있으며, 아일릿의 데뷔까지 감안하면 2024년에만 300억원 내외의 영업이익 증가가 예상된다.

앨범의 고성장이 가장 강력하게 나타나

는 곳이 바로 하이브다. 세븐틴은 K팝 최초로 단일 앨범 판매량 600만장을 돌파했고, 10월 23일 발매된 신규 앨범 선주문량은 520만장으로 또 한번 자체 기록을 경신했다. 마찬가지로 TXT도 선주문 235만장을 기록했는데, 전작은 300만장 이상 판매되었다. 르세라핌·뉴진스는 데뷔 1년 만에 앨범 100만장을 돌파하며 빠르게 성장하고 있으며, 뉴진스는 빌보드 HOT 100에도 진입했다. 2022년을 되돌아보면 르세라핌·뉴진스·미국 걸그룹 등 신인 개발비용을 적극적으로 집행하면서 실적 추정이 하향되었지만, 글로벌 팬덤 확장으로 이미 플레디스·쏘스·어도어 등의 가파른 실적 턴어라운드가 확인되고 있다.

2024년에는 미국 게임 부문에서 주요 IP의 데뷔 혹은 출시로 높은 턴어라운드가 기대되며, 위버스도 IP 확장 효과 및 SM과의 시너지가 확대될 것이다. 또한, BTS는 또 한 번의 재계약을 통해 10주년인 2025년의 완전체 활동을 계획하고 있으며, 주요 멤버들의 군입대 전 사전 콘텐츠 제작으로 2024년에도 2023년과 비슷한 수준의 매출을 예상한다고 밝혔다. 핵심 아티스트가 군입대 한 후에도 이듬해 증익하는 첫 번째 기획사가 될 것으로 예상된다. 2024년 예상 매출액·영업이익은 각각 2.5조원(YoY +16%)·3,446억원(+17%), BTS 완전체 활동이 예상되는 2025년에는 3.2조원(+29%)·5,007억원(+16%)으로 사상 최대 실적이 이어질 것으로 기대된다. 2025년 예상 OP 기준 20배(시가총액 10조원)도 하회하고 있는 현 주가에서는 지속 최선호주로 제시한다.

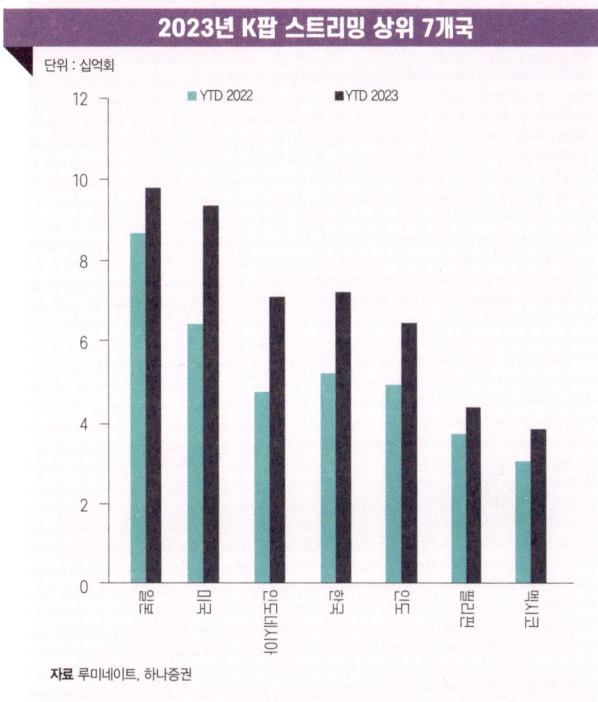

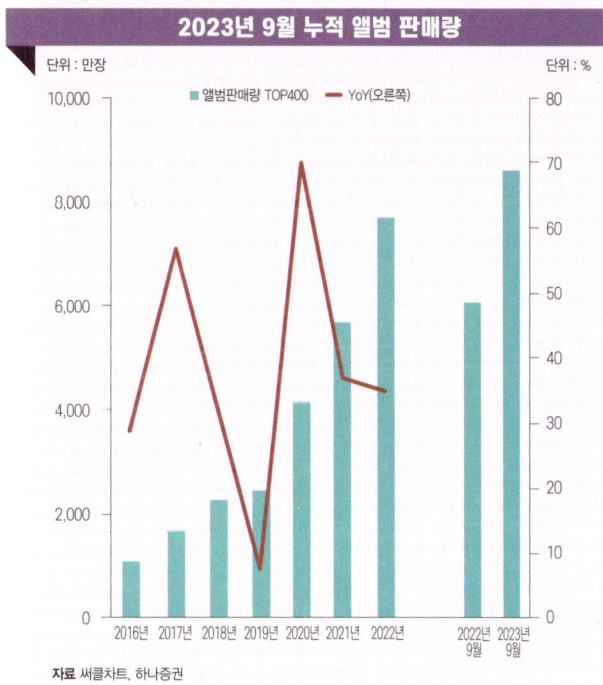

SECTION 2

08 유통

유통업계, 더 이상의 악재는 없다

중국인 단체 관광 재개 의미 커…
온라인 성장률 전년 대비 24% 기대

산업전망기상도

맑음

유통 산업은 완만한 회복세를 보일 것으로 예상된다. 백화점과 할인점의 기존점 매출 성장률은 각각 3%, 2% 수준이며 온라인 성장률은 24%를 기록할 것으로 예상된다.

중국인 입국자 수

2016년
807만명

2024년
600만명
예상

주요 지표 개선, 완만한 회복세

2024년 유통 산업은 완만한 회복세를 보일 것으로 전망한다. 2023년 내수 소비시장 및 관련 기업들의 실적 부진 원인으로 작용한 주요 지표(소비자심리지수, CPI 등)들이 개선되고 있으며, 리오프닝과 관련된 기저 부담 또한 대부분 소멸되기 때문이다. 코로나19 이후 부진한 영업 상황을 타개하기 위해 진행해 온 구조조정, 판관비 효율화 등의 효과가 매출 반등과 함께 가시적 성과를 보일 것으로 기대한다. 현재 주요 유통 기업들은 역사적 밸류에이션 밴드 하단을 하회하고 있는 만큼 더 이상 나빠질 부분이 보이지 않는다면 주가 반등을 기대해 볼 수 있다고 판단한다. 오프라인 유통 업태별로 전망해 보자면 백화점과 할인점의 기존점 매출 성장률은 각각 3%, 2% 수준이다. 백화점은 매출 비중 3분의 1을 차지하는 명품 수요가 둔화됨에 따라 과거와 같은 높은 성장세를 보이기는 어렵다는 판단이다. 다만, 2023년 판매가 부진했던 의류 관련된 수요가 회복세를 보임에 따라 수익성 개선은 가능할 전망이다. 의류는 백화점에서 판매하는 카테고리 중 가장 고마진 품목에 해당하기 때문이다. 할인점은 다수의 온라인 장보기 사업자들이 사업을 중단, 혹은 축소함에 따라 오프라인 영업 상황이 개선될 것으로 예상한다. 2023년 업계 1위인 이마트가 영업 시간을 1시간 단축함에 따른 매출 감소 영향도 대부분 소멸되며 양호한 매출 성과가 예상된다.

중국인, 한국 단체 관광 허용 '유의미'

편의점 산업은 전년 대비 8% 수준의 매출 성장세를 보일 것으로 전망한다. 이를 점포 순증 효과와 기존점 매출 성장으로 나눠보면 각각 4%에 해당한다. 점포 순증의 경우 국내 편의점 산업 점포 포화 우려에도 업계 선두 기업인 CU와 GS25 기준 각각 800개를 전망한다. 기존점 매출 성장률의 경우 리오프닝 관련 기저 부담이 있었던 2023년 대비로는 개선될 것으로 예상한다.

2024년 최저임금은 9860원으로 결정되었다. 최저임금은 편의점 본사 입장에서 직접적인 비용 사안은 아니지만 투자심리에 영향을 미치는 변수에 해당한다. 2023년 인상률(+5.0% y-y) 대비 절반 수준에 불과하기 때문에 편의점 본사의 가맹점 지원금 확대 등 이와 관련 비용 증가 이슈는 없을 것으로 판단한다.

6년 5개월만에 중국인에 대한 한국 단체 관광이 허용된 점도 긍정적 변화다. 내수 소비시장 규모의 한계로 인해 소비재 기업들은 해외 관련 성과가 높게 나오는 시점에 밸류에이션 상승이 이루어지는데 유통 산업에서는 외국인 입국자 수와 연관성이 높은 면세점이 이에 해당한다. 중국 소비 경기 부진 및 한국 단체 관광 허용 초기 성과가 기대치에 미치지 못한다는 우려도 물론 존재한다.

다만, 아직까지 한중 여객 노선의 수요 정상화가 이루어지지 못했다는 점을 고려할 때 단기 실적만 가지고 판단할 사안은 아니다. 여객 수요 회복 및 단체 관광 효과가 본격화될 경우 2024년 중국인 입국자 수는 600만명 규모가 될 것으로 예상한다. 이는 2016년(807만명) 대비로는 작으나 코로나19 발생 직전 해인 2019년 (602만명)에 육박하는 규모로 충분히 의미 있는 수치다.

빅2 사업자의 전략 변화

단체 관광을 포함한 여행객 비중이 증가할 것으로 예상된다는 점은 면세점 기업

2023년 백화점과 할인점의 기존점 매출 성장률은 각각 3%, 2% 수준이며, 백화점은 매출 비중 3분의 1을 차지하는 명품 수요가 둔화됨에 따라 높은 성장세를 보이기는 어렵다.

SECTION 2　08 유통

2024년 중국인 입국자 수는 600만명 규모가 될 것으로 예상한다.

> 쿠팡과 네이버쇼핑이라는 '빅2' 온라인 사업자들은 두 자릿수 거래액 성장률을 이어갈 것으로 보인다. 다만 이 외의 기업들은 수익성 개선에 초점을 맞출 것이다.

들의 비즈니스모델 측면에서도 긍정적 요인이다. 과거 중국 단체 관광객이 사라진 이후 다이궁이 대량으로 물건을 구매해 가며 면세점 산업의 규모 자체는 커졌으나 높은 알선수수료로 인해 수익성 악화가 불가피했기 때문이다. 여행객 증가로 자연스럽게 다이궁에 대한 의존도는 낮아지게 되며 이는 결론적으로 영업이익률 개선 요인으로 작용할 것으로 예상된다.

온라인 커머스 시장의 경우 상품 거래액 기준 174조원(+6% y-y)을 전망하며 이에 따른 이에 따른 온라인 침투율은 25.9%로 추정한다.

과거와 비교하면 절대적인 성장률 수준이 많이 낮아져 있으며 오프라인 유통 산업과의 차이도 크게 나지 않을 것으로 예상된다. 이는 주요 온라인 커머스 사업자들의 전략 방향성 변화 때문이다. 쿠팡과 네이버쇼핑이라는 '빅2' 사업자들의 경우 두 자릿수 거래액 성장률을 이어갈 것으로 보이나, 이를 제외한 대부분의 기업들은 외형 성장보다는 수익성 개선에 초점을 맞추고 있다. 더 이상 매출 성장만으로 기업가치를 인정받기 어려운 상황이기 때문이다. 이에 따라 산업 전체 성장률은 둔화될 수밖에 없다는 판단이며 당분간 빅2 사업자들의 시장점유율 상승을 전망한다.

중국인 단체 관광 재개에
호텔신라·GS리테일 기지개

유통업종 최선호주로는 호텔신라, GS리테일을 제시한다. 호텔신라의 경우 2024년 매출액과 영업이익을 각각 4.5조원(+20% y-y), 2728억원(+67% y-y)으로 전망한다. 유통 기업들 중에서 가장 높은 영업이익 증가율을 기록할 것으로 기대하는 만큼 어닝 모멘텀을 기반으로 한 주가 상승을 기대한다. 역시나 핵심 투자 포인트는 중국인의 한국 단체 관광 재개다. 동사의 경우 면세점 관련 기업들 중 연결 실적에서 면세점이 차지하는 비중이 가장 높은 기업이며, 상장사 중 유일하게 과거 중국 단체 관광객을 대상으로 영업을 진행해 본 경험이 있다는 점에서 가장 큰 수혜가 예상된다.

인천공항 면세점 또한 기대되는 요인이다. 동사를 포함한 다수의 면세점 기업들은 그 동안 인천공항 면세점에서 제대로 된 수익을 거두지 못했다. 높은 임대료가 그 원인이었다.

다만, 코로나19 이후 이루어진 신규 사업자 모집 과정에서 임대료 징수 방식이 객당 임대료 x 여객 수로 변경(기존 고정임대료)되어 있는 만큼 과거와 달리 흑자 달성이 가능할 것으로 보인다. 일종의 변동 임대료 성격을 띠고 있기 때문에 코로나19와 같은 예상치 못한 이슈로 인해 여객 수가 감소하더라도 이익 방어가 가능할 것으로 기대된다. 또한 사업기간이 최초 영업개시일로부터 10년으로 확대(기존 5년)되어 있어 중장기적 사업모델에서도 긍정적이라고 판단한다.

GS리테일은 밸류에이션 매력과 실적 모멘텀을 모두 보유하고 있다고 판단되는 기업이다. 2024년 매출액과 영업이익은 각각 12.6조원(+7% y-y), 4122억원(+17% y-y)로 추정한다. 2023년의 경우 비편의점 부문 구조조정에 따른 수익성 개선 효과로 연결 실적이 큰 폭으로 증가했음에도 본업에 해당하는 편의점 부문에서의 다소 아쉬운 성과가 주가 상승의 발목을 잡는 요인으로 작용했다.

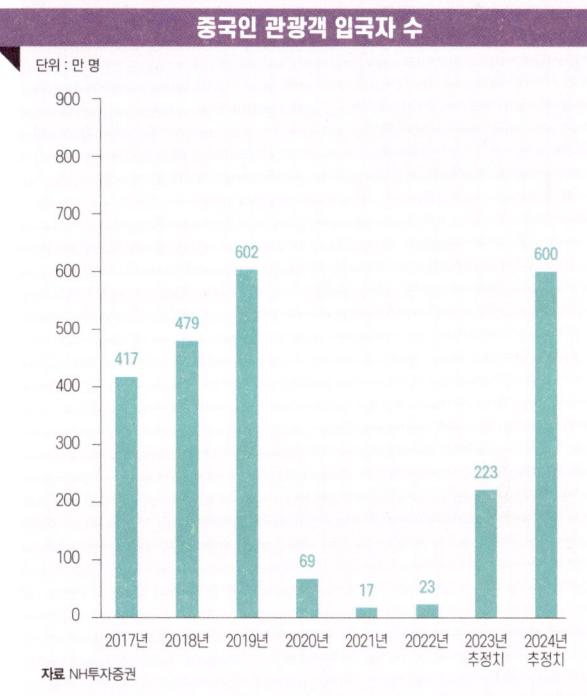

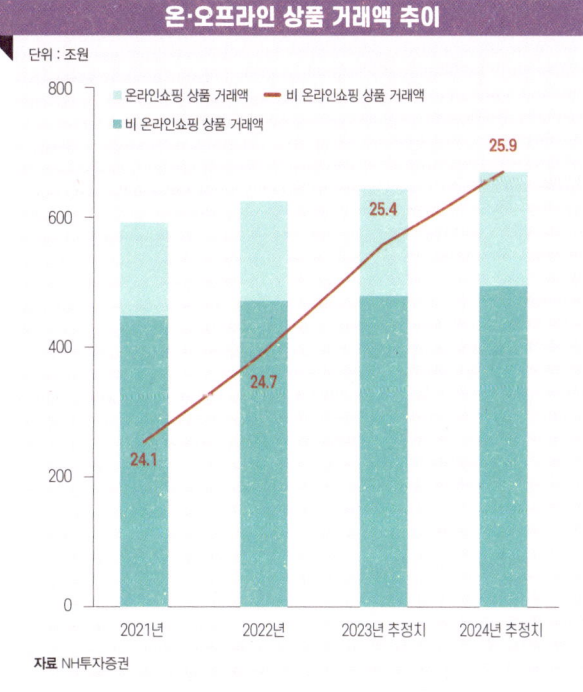

SECTION 2

해 뜨기 직전이 가장 어둡다

체질 개선과 구조조정 거친 운송, 다가올 뉴 서프라이즈

산업전망기상도

비

2024년 컨테이너 해운업계는 현실적으로 흑자를 지키는 것이 최우선 과제다. 같은 해운이라고 해도 벌크 해운은 상대적으로 양호할 전망이다.

컨테이너선 공급 증가율
2024년
전년 대비 **7%**

건화물선 공급 증가율
2024년
전년 대비 **2%**

**이익 서프라이즈로
높아진 시장 기대치가 문제**

운송 산업은 팬데믹 기간의 물류대란 반사이익과 엔데믹 직후의 리오프닝 수혜를 나란히 경험했다. 하지만 이제는 역대급 실적들로 인한 후유증들이 나타나고 있다. 가장 극적인 이익 턴어라운드를 보여줬던 컨테이너 해운은 대규모 선박 투자로 이어져 결국 공급 과잉이 우려되는 상황이다. 항공은 여전히 국제선 공급이 부족한 상황이지만 그동안의 이익 서프라이즈로 높아진 시장 기대치가 문제다. 결국 2024년은 2022~2023년 초의 임팩트를 뛰어넘을 만한 이익 성장이 어렵다는 점을 가장 먼저 고민해야 한다.

전년 대비 역신장 불가피

2023년 하반기 컨테이너 해운의 운임시황은 BEP 수준으로 하락했다. 3분기 Maersk는 해운 부문에서 영업 적자를 기록했고 HMM의 컨테이너선 영업이익률은 1%로 낮아졌다. 현재 컨테이너 선복량 대비 향후 인도받을 예정인 발주잔량의 비율은 30%에 육박한다. 이에 따라 2024년 컨테이너선 공급 증가율은 7%로 예상된다. 글로벌 경기회복에 대해서도 긍정적으로 기대하기 어려운 상황이라 운임은 추가로 하락할 가능성이 높다. 2024년 컨테이너 해운업계는 현실적으로 흑자를 지키는 것이 최우선 과제다. 건화물선 수요에서 중요한 철광석 시황은 바닥을 지나고 있다. 중국의 경기부양책에 대한 기대감은 아직 유효하다. 공급 기조 역시 컨테이너 업계와 다르게 보수적이다. 발주잔량 비율은 2021년 초 7% 대비 상승하긴 했어도 여전히 8%대로 낮다. 2024년 건화물선 공급 증가율은 2%에 그칠 전망이며 2025년 이후로는 더욱 낮아질 것이다. 긍정적인 수급 방향성을 감안하면 벌크해운 선사들은 이익 턴어라운드가 예상된다. 반면 이들의 밸류에이션은 역사적 저점 수준에 불과해 방어주로서 주목할 필요가 있다.

항공 시장의 경우 해외여행 수요는 여전

히 좋지만 항공사들의 영업 환경이 점차 안정화되면서 2023년 1분기와 같은 수급 불균형은 해소될 것이다. 팬데믹 기간 동안 인력과 기재 모두 축소되었던 만큼 리오프닝 초기에는 여객공급이 수요를 따라가지 못했다.

하지만 이제는 리오프닝 수혜에 힘입어 증편과 인력 채용, 기재 도입이 재개되었다. 팬데믹 이전 수준을 회복하기까지는 시간이 여전히 필요하겠지만, 엔데믹 초기에 비해서는 공급 부족이 완화됨에 따라 2024년 우리나라 항공업계의 영업이익은 전년 대비 역신장이 불가피하다.

물류 상위업체, 수익성 개선세

한편 택배와 종합물류 산업의 성장성은 국내 경기 사이클에서 차별화되기 어렵다. 택배 물동량은 쿠팡을 제외하면 지난 2년간 역신장했던 만큼 2024년에는 기저효과가 예상되지만, 이커머스 수요 둔화를 감안하면 반등 폭은 제한적일 전망이다.

대신 물류업계는 외형에 대한 욕심을 내려 놓고 비용절감과 자산 효율화 등 체질 개선에 더 집중하고 있다. 시장 시위가 탄탄하면서 관련 인프라 투자에 앞서있는 상위업체들을 중심으로 수익성 개선세는 2024년에도 이어질 것이다.

장기투자보다는 방어주

2024년 육해공 운송업체들의 실적 흐름을 종합했을 때 피크아웃에 대한 우려를

2024년 컨테이너선 공급 증가율은 7%로 글로벌 경기회복이 기대하기 어려운 상황이라 운임은 하락할 가능성이 높다.

SECTION 2 — 09 운송

CJ대한통운의 영업이익은 수익성 중심의 전략기조 강화와 풀필먼트 확대에 힘입어 성장을 이어갈 전망이다.

> 결국 2024년은 2022~2023년 초의 임팩트를 뛰어넘을 만한 이익 성장이 어렵다는 점을 가장 먼저 고민해야 한다

극복할 만한 이익 성장을 보여주기는 어렵다고 판단된다. 결국 운송업종은 이번에도 장기 투자가 어울리지 않다.

일단 대외 불확실성을 피하기 위한 방어주로서 CJ대한통운을 추천한다. 물류산업의 특성 상 현금 창출능력이 가장 꾸준하며 환율, 유가, 지정학적 리스크 등 대외 환경요인에서도 자유롭다. 반면 주가는 팬데믹과 엔데믹 시기 모두 하락해 왔던 만큼 밸류에이션 부담도 제한적이다. 그에 비해 영업이익은 수익성 중심의 전략 기조 강화와 택배 내 풀필먼트 확대에 힘입어 11년 연속 성장을 이어갈 전망이다.

단기 모멘텀, 연말연시 항공주

대신 계절성과 M&A 등 외부 변수들을 따라 단기 모멘텀을 노릴 필요가 있다. 겨울은 해외여행 성수기인 만큼 항공주들의 재평가가 부각될 것이다. 항공사들의 주가는 여객 부문에서 적자를 기록하던 팬데믹 시절보다 낮다.

반면 해외여행 수요는 해를 넘겨 대기 중이며 공급이 여전히 이를 따라가지 못해 운임 강세는 구조적이다. 특히 연말연시 항공주의 바닥을 노리는 투자전략은 지난 3년간 연속으로 가장 좋은 결과를 냈다는 점에 주목해야 한다.

3분기 여름 실적에 대한 실망감, 유가 상승, 그리고 아시아나항공 관련 불확실성 등 악재들이 피크를 지나고 있다는 점에서 이번 겨울에도 이러한 계절적 반등은 유효할 전망이다. 먼저 이익 변동성이 상대적으로 낮고 재무 건전성도 가장 탄탄한 대한항공을 매수 추천하며, 1~2월로 갈수록 저비용항공사들로 투자 범위를 넓힐 것을 권유한다.

항공 업종에서 겨울 이후로는 시장 재편 이벤트들에 주목해야 한다. 2024년 1분

기 중으로 EU 집행위원회가 대한항공의 아시아나항공 인수에 대해 결론을 내릴 가능성이 높다. 만약 조건부 승인을 한다면 양대 국적사 통합에 속도가 붙을 뿐만 아니라, 진에어-에어부산-에어서울 통합, 그리고 제2의 아시아나항공 자리를 노리는 티웨이항공과 에어프레미아의 장거리 노선 확대, 또한 이러한 변화에 가만히 있을 수 없는 기존 1위 제주항공의 반격 등 항공시장 전반의 재편으로 이어질 것이다. 이 경우 아시아나항공의 유럽 노선을 이어받을 예정인 티웨이항공과 그룹 관련 불확실성이 해소되는 에어부산이 수혜주로 부각될 전망이다.

반대로 해외 경쟁당국의 심사를 통과하지 못한다면 아시아나항공의 제3자 매각 가능성을 열어둬야 한다. 구조조정 효과를 기대했던 저비용항공 업계에게는 부정적이며 반대로 재무 불확실성이 해소된 대한항공은 더욱 재평가 받을 수 있을 것이다.

뜻밖의 수혜주에 대한 기대감

운송산업은 팬데믹을 거치면서 유례없는 피해와 수혜를 모두 경험했다. 체질 개선과 구조조정의 결과 이익 체력은 과거보다 레벨업될 수 있었다.

이러한 변화는 아직 끝나지 않았다. 더 큰 시장 재편은 이제부터 본격화된다. 주가에 대한 판단은 늘 어렵고 증시환경에 대해서도 불안감이 앞서는 시점이지만, 2024년 운송업종은 다른 의미의 서프라이즈가 예상된다. 과거 한진칼, HMM에 이어 이번에도 뜻밖의 수혜주가 등장할 가능성에 주목해야 한다.

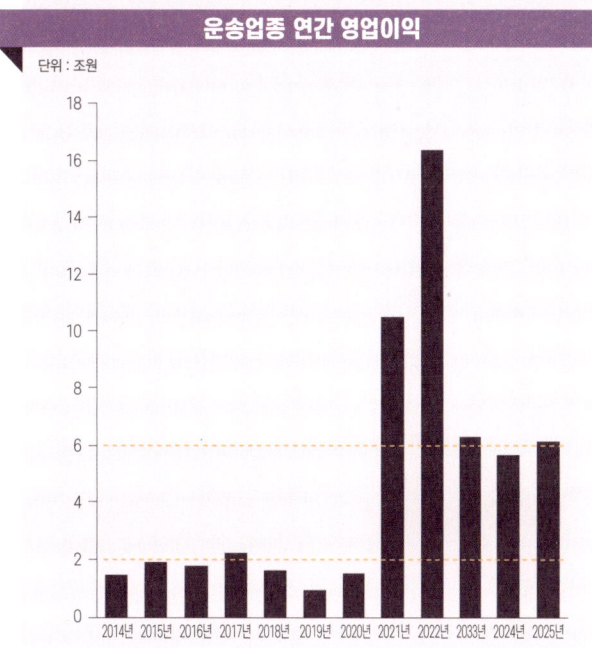

SECTION 2

10
증권·보험·기타 금융

무게 덜어낸 증권, 코스피 상회할 보험

증권업종은 리스크 완화 시작…
보업업종은 수익 변동성 축소 예상

산업전망기상도

갬

2024년 하반기부터 한국은행 금리 인하가 예상된다. 이 경우 잠재 리스크인 부동산PF와 해외부동산펀드 등의 부담이 완화될 것으로 기대된다.

증권업종 이익
2023년 대비
13.2%
증가

비경상 요인 제거로 이익 증가

2024년은 각국 정부의 통화긴축 정책이 실물 경제에 미치는 영향의 시차가 예상보다 길어지고 있고 완화적 재정정책의 지속가능성에 대한 우려가 반영되며 고금리의 환경이 지속될 것으로 전망된다. 2024년 하반기에는 한국은행의 기준금리 인하가 될 것으로 전망되며 잠재 리스크인 부동산PF 및 해외부동산펀드의 부담이 일정 부분 완화될 것으로 전망된다. 2024년 증권 업종의 이익은 2023년 대비 13.2% 증가할 것으로 전망된다. 다만 핵심 이익의 증가보다는 2023년 반영된 비경상 요인이 제거되며 나타나는 기저효과가 가장 큰 이유이다. 브로커리지 관련 이익은 6.2% 감소할 것으로 전망된다. IB 및 기타수수료 수익은 8.5%, 트레이딩 및 상품 손익은 61.2% 증가하겠지만 2023년 매우 부진한 실적의 기저효과가 주요 요인이기 때문이다.

2024년 일평균거래대금은 18.1조원으로 2023년 대비 9.9% 감소할 것으로 전망된다. 시중 유동성이 축소되는 구간이며 2023년 이차전지 업종 중심으로 개인투자자들의 거래가 집중되어 높은 회전율을 시현한 데 따른 기저효과 때문이다. 2024년 예상 회전율은 180% 수준으로 2023년 207% 대비 낮은 수준이지만 2022년 167% 대비로는 높은 수준을 시현할 것으로 전망된다.

브로커리지 이자수지 역시 감소할 것으로 전망된다. 2023년 발생한 CFD 사태와 영풍제지 미수금 사태로 인하여 증권사의 신용공여 기준 강화가 예상되기 때문이다. 2024년 브로커리지 관련 이익은 4.1조원(커버리지 증권사 합산)으로 2023년 대비 6.2% 감소할 것으로 전망된다.

2024년 IB 및 기타수수료 수익은 8.5% 증가할 것으로 전망된다. 2022년 17.4% 감소, 2023년 17.3% 감소 이후에 소폭 회복이 전망된다. IB 및 기타수수료에서 부동산금융이 차지하는 비중은 70~75% 수준이며 2022년 하반기부터 IB 실적의 역성장이 시작되었다.

IB의 역성장, 부동산금융 부진에 지속

KB증권에서는 2024년 IB실적에서 의미 있는 턴어라운드가 발생하지 않을 것으로 생각한다. 2022년 하반기 이후 지속된 부동산금융 부진의 영향으로 기저가 낮아졌으며 2024년 하반기부터는 시중금리 안정화, DCM 부문 회복이 예상되기 때문이다.

트레이딩 및 상품 손익은 2023년 대비 회복될 것으로 전망된다. 우선 2023년 1분기에는 금융채권 금리 하락에 따라 대규모 평가이익을 시현하였지만 2분기 이후 금리 상승에 따라 채권평가손실이 반영되었고 CFD 및 미수금 관련 비용 부담 반영 부동산PF 및 해외 투자자산에 대한 손상차손 인식 등으로 인하여 매우 부진한 실적을 시현하였다. 2024년 높은 금리 수준이 유지되겠지만 추가 상승은 제한적이고 하반기에는 시중금리 하락이 전망된다는 점에서 채권평가 이익 측면에서 개선될 것으로 전망된다.

2018~2019년 설정된 부동산 펀드의 손상이 2024년 상반기까지는 이어질 수 있겠지만 하반기에는 완화될 것이고 부동산PF 역시 지속적인 충당금 적립으로 인하여 2024년에 반영될 부담은 나아질 것으로 보이기 때문이다.

보험 손익 큰 폭 개선

2023년 보험업종은 불확실성의 연속이었다. 2023년 IFRS17 도입에 따라 보험사의 재무제표가 전면 변경되었고, 소급

2024년 증권업종의 이익은 2023년 대비 13.2% 증가할 것으로 전망된다.

SECTION 2　10　증권·보험·기타 금융

2024년 추가 금리 상승은 제한적인 상황이며, 하반기 시중금리 하락이 예상된다.

법 적용 기간의 차이로 인한 CSM의 차이, 공정가치법 적용 부채에 대한 계리적 가정 차이로 인해 발생한 해약환급금 및 예실차의 차이 등으로 보험사간 비교 가능성이 낮아졌다.

또, 실손보험, 무·저해지보험, 변액보험의 VFA 적용 등에 대한 감독당국의 가이드라인 제시로 기 발표 재무제표의 변동성이 확대되었다. 당분간 보험사의 재무제표 변동은 추가적으로 진행될 가능성이 높다고 판단된다.

우선 IBNR 관련 산출 기준 강화 및 성과급의 현금 흐름 반영으로 4분기 CSM 변동 요인이 존재하며, 2024년부터 부채 할인율에 대한 조정이 시작될 예정이기 때문이다. 또한 12월 말 실손보험료 인상 폭이 결정될 것인데 인상 수준에 따라 각 사별 CSM 영향이 달리 반영될 것이다.

KB증권에서는 보험업종의 KOSPI 대비 강세 흐름이 2024년에도 이어질 것으로 전망한다. 근거는 전술한 불확실성이 3분기 실적 발표를 통해 가이드라인을 반영하면 1차적으로 해결될 것이고 IBNR 기준 강화, 성과급 CSM 반영에 따른 CSM 소성, 그리고 실손보험료 인상 수준에 따른 CMS 조정 등의 영향은 2023년 재무제표에 반영될 것이기 때문에 2024년 재무제표 측면의 불확실성은 상당 부분 해소될 것으로 전망된다.

장기채권 금리 추가 상승은 제한적인 상황이지만 2024년에는 장기채권 금리가 높은 수준에서 유지될 수 있다는 점에서 보유이원 제고, 할인율 기준 강화의 영향 완화, K-ICS 안정성 확보 등의 긍정적인 영향을 기대할 수 있기 때문이다. 또한 2023년에 반영된 다양한 CSM 변동 요인(감소요인이 대부분)으로 낮아진 기저와 신계약 성장 전략에 따른 CSM의 높은 성장과 예실차 개선 요인이 반영되며 2024

> KB증권에서는 보험업종의 KOSPI 대비 강세 흐름이 2024년에도 이어질 것으로 전망한다.

년 보험손익이 큰 폭으로 개선될 것으로 전망된다. 커버리지 보험사의 2024년 이익은 7.7조원으로 2023년 대비 7.5% 증가할 것으로 전망된다. 보험손익은 10.5% 증가할 것이고 투자손익 역시 21.0% 증가할 것으로 예상되기 때문이다.

투자손익 증가를 전망하는 이유는 IFRS9도입에 따라 보험사들의 FV_PL 계정비중이 확대돼 금리상승의 채권평가손실이 P/L에 반영되어서다.

배당 성향 및 주주환원율, 주가 결정 변수

중기적 관점에서 보험업종의 이익 변동성은 과거 대비 축소될 것이다. 손해보험의 경우 자동차 및 일반보험의 이익 기여도가 축소되었고 이익의 큰 부분을 차지하고 있는 CSM 상각의 경우 미래 현금흐름의 현가라는 점에서 미래의 이벤트(갱신, 해지, 보험금 지급 등)가 이미 CSM에 반영되어 있으며 CSM 조정의 일정 비율만 P/L에 영향을 미치기 때문이다.

또한 보험 이익의 핵심이 되는 CSM의 성장 역시 신계약 CSM 규모와 CSM 상각 규모가 유사해지는 시점이 되면 사실상 성장이 멈추게 된다. CSM 상각은 보유 CSM에 연동되며 증가하겠지만 신계약 CSM 등 유입 요소의 경우 지속적으로 증가할 수 없다. 이는 인구 구조적 특성과 승환계약의 높은 기여도 때문이다.

따라서 보험업종의 주가 결정 변수는 향후 배당성향 및 수익률, 그리고 주주환원율의 영향이 확대될 것으로 전망된다. 이는 과거 대비 B/S 관리 능력 (K-ICS, 배당가능이익)의 중요성이 확대된다는 것을 의미한다.

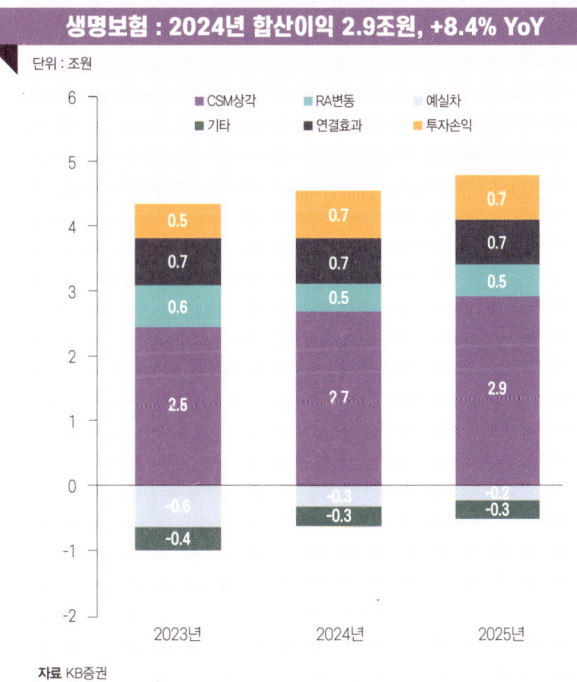

SECTION 2

11
은행·신용카드

업황 자체는 나쁘지 않아…
문제는 '규제 리스크'

산업전망기상도

맑음

2023년 은행은 사상 최대 실적을 기록했다. 2024년에도 비슷한 분위기를 이어갈 것이다. 다만 금융당국의 규제가 강해질 것으로 예상되는 것은 은행산업의 위협 요소다.

건전성 우려 여전하지만
은행 실적 개선 추세는 지속될 전망

**금융지주사
전체 추정 순익**

2024년 예상치
**약 21조
6000억원**

전년 대비
4.2% 증익

은행 이익 사상 최대 실적 경신

2023년 금융지주사 전체 순익은 약 20조 7000억원으로 사상 최대의 실적을 경신할 것으로 전망된다. 고금리와 부동산업황 둔화 등으로 인해 대부분 은행들의 가계대출이 올 한해 역성장을 보였음에도 불구하고 기업대출 고성장에 힘입어 총 대출이 약 4% 정도 증가한 데나 순이자마진이 약 2bp 내외로 추가 상승하면서 이자이익 성장세가 지속됐기 때문이다. 이러한 이자이익 성장세는 미국 Fed가 기준금리를 계속 인상하고, 이로 인해 시장금리도 큰 폭 오르는 등 금리 인상 기조가 계속된 점이 한 몫 했다. 물론 고금리에 따른 연체율 상승 등 자산건전성 악화로 인해 은행 경상 대손비용이 증가하고 있으며, 여기에 감독당국의 보수적인 추가 충당금 적립 요구 등으로 전체 대손충당금 또한 큰 폭으로 증가했지만 비용 증가 요인보다는 이자이익과 비이자이익의 동시 개선 등 총영업이익 증가 폭이 훨씬 컸던 점이 실적이 개선된 주요 배경이었다.

발목 잡는 규제 우려…'총선' 리스크

양호한 실적에도 불구하고 은행 과점체제를 해소하기 위한 은행 영업 관행 제도 개선 방안이 나오는 등 규제 우려 부각으로 상반기 중 주가가 상당히 부진했던 은행주는 2023년 하반기에는 지수를 초과 상승하기 시작했는데 금리상승기의 시장 밸류에이션 대비 투자매력도가 높아졌고, 감독당국의 배당자율성 보장 언급 등으로 주주환원 기대감이 확산되었기 때문이다. 금융당국은 코리아 디스카운트 해소를 위한 배당제도 개선의 일환으로 배당 선진화 제도를 추진 중인데 배당선진화 제도가 2023년 결산배당부터 시행될 경우 배당락을 피하기 위해 연말 이전에 매도하는 차익실현 물량이 적어질 가능성이 높고, 또한 배당 규모가 확정된 상태에서 배당락이 이루어지기 때문에 배당락이 배당수익률보다 커지는 문제점도 해소될 것으로 판단된다. 이는 중장기적으로 은행주 수급에 긍정적으로 작용할 공산이 크다.

미국 Fed는 12월 12~13일 2023년 마지막 통화정책회의를 갖고 기준금리를 결정한다.

다만 최근 규제 우려가 다시 재부각되고 있는 점은 투자심리를 위축시킬 수 있는 요인으로 판단된다. 최근 정치권에서 사상 최대 규모의 이익 시현에 따른 은행 횡재세 부과 이슈가 또다시 제기되고 있는 데다 은행 이자이익에 대한 각종 비판들도 여러 차례 계속되면서 추가적인 상생 금융지원 확대에 대한 우려가 커지고 있기 때문이다. 총선 정국이 다가올수록 이러한 움직임들은 정치권을 중심으로 계속 분출될 가능성이 높다.

2024년 실적 개선 추세 지속

미국 Fed 위원들의 매파적 발언이 계속되고 있는데다 2024년 점도표가 예상보다 상향되는 등 금리는 높은 수준에서 더 오래 유지될 것이라는 관측이 지배적인 상황이다. 여기에 최근 가계대출 수요 억제를 위한 가산금리 인상도 진행되고 있어 대출금리는 한동안 높은 수준이 유지될 가능성이 높다. 지난해 4분기 레고랜드 사태로 촉발된 고금리 정기예금들이 차례차례 만기가 도래하면서 현재의 금리로 재예치될 경우 조달비용 상승세를 일정 부분 제한할 것으로 예상된다. 따라서 대출 플랫폼의 주택 관련 대출 상품 확대, 온라인 예금중개 서비스 구축 등의 금리 경쟁 격화 요인에도 불구하고 2024년에도 은행 NIM은 크게 하락하지 않을 가능성이 높다고 판단된다.

금리 상승으로 기업 입장에서는 회사채 발행보다는 은행 대출이 더 수월하다는

SECTION 2　11　은행·신용카드

KB금융은 2023년 NIM이 전년대비 10bp나 상승해 타행들과는 압도적인 차이를 보이고 있다.

> 자산건전성 악화 우려는 2024년에도 지속될 수밖에 없는 요소이다. 고금리 기조가 이어질 경우 은행의 연체율 또한 상승할 수밖에 없기 때문이다.

점에서 당분간 기업대출 수요는 견고할 것으로 보여 가계대출이 늘지 않더라도 연 3~4% 내외의 대출성장은 충분히 가능하기 때문에 2024년에도 은행 이자이익은 계속 증가세를 보일 수밖에 없을 것으로 예상된다.

반면 자산건전성 악화 우려는 2024년에도 지속될 수밖에 없는 요소이다. 고금리 기조가 이어질 경우 은행의 연체율 또한 상승할 수밖에 없기 때문이다. 특히 고금리에 취약하고 신용등급이 낮은 취약 차주에 대한 대출 및 부동산 PF 부실화 등이 본격화될 가능성이 있는데 정부가 서민금융 지원 및 PF 정상화를 위한 각종 유동성 지원 등의 연착륙 대책을 2024년에도 적극적으로 실시할 것으로 예상되는 만큼 시스템 위기로 번질 만큼의 급격한 부실 확대 가능성은 낮다고 판단된다.

낮아진 대손충당금, 높아진 순익

한편 금융지주사들의 2023년 대손비용은 약 11.1조원 내외로 추정되는데 이중 실제 부실 발생 외에 은행들이 미래를 대비해서 보수적으로 적립한 추가 충당금은 약 4조원 내외였다. 따라서 경상 대손비용은 약 6~7조원 수준이었는데 2024년에 건전성 악화에 따라 충당금이 크게 늘어난다고 해도 11조원을 상회할 가능성은 높지 않아 결국 2024년 대손충당금은 2023년보다 낮을 것으로 예상된다. 이자이익은 늘어나는 반면 대손비용이 크게 늘지 않는다면 2024년에도 은행 실적 개선 추세는 계속될 수밖에 없다. 우리는 2024년 금융지주사 전체 추정 순익을 약 21.6조원으로 2023년 대비 4.2%가량 증익될 것으로 예상하고 있다.

은행들에 대한 배당 자율성이 언급되면서 그 어느 해보다도 금융지주사들의 자본력이 더욱 중요해졌다. 선제적인 리스크 관리를 위한 충분한 손실흡수능력 제고 노력이 요구되고 있으며, 5월에 부과 확정한 경기대응완충자본을 비롯해 스트레스 결과에 따라 차등 부과되는 스트레스완충자본과 특별대손준비금 등이 조만간 도입될 것으로 예상되기 때문이다. 충분한 자본력이 확보되어야 주주환원율 상향 또한 수월할 수 있다는 점에서 은행들은 자본비율 상향을 위한 각고의 노력을 펼칠 것으로 예상된다. 대형금융지주사의 경우 보통주자본비율 13%, 지방금융지주사의 경우 12%가 충분한 손실흡수능력의 기준으로 작용될 것으로 추정되는데 상기 비율 상회 여부에 따라 주가도 차별화 현상이 나타날 가능성이 높다.

KB금융, 멀티플 차별화 예상

KB금융은 2023년에 NIM이 전년 대비 10bp나 상승해 NIM이 유사하거나 전년보다 하락한 타행들과는 압도적인 차이를 보였다. 은행 외에 증권, 보험, 카드 등 비은행 실적도 비교적 나름 선방하면서 2023년 순익은 5조원을 상회할 것으로 예상된다. 주목할 점은 그룹 전반적인 자산건전성도 상당히 안정적이라는 점이다. 은행 연체율과 NPL비율이 각각 0.25%와 0.26%로 은행권 내에서 가장 낮은 편이고, 양호한 건전성에도 불구하고 총여신 대비 충당금적립률은 0.60%로 시중은행 중 가장 많은 규모의 충당금을 적립하고 있다. KB금융의 경우 그룹의 해외 부동산 익스포져가 약 6.0조원 수준이지만 대체로 선순위 담보대출 위주로 되어 있어 관련 우려는 제한적일 것으로 예상된다.

금융지주사 전체 순이익 추이 및 전망

자료: 하나증권 ※하나증권 추정치 기준, 상장된 7개 금융지주사와 기업은행 합산 기준

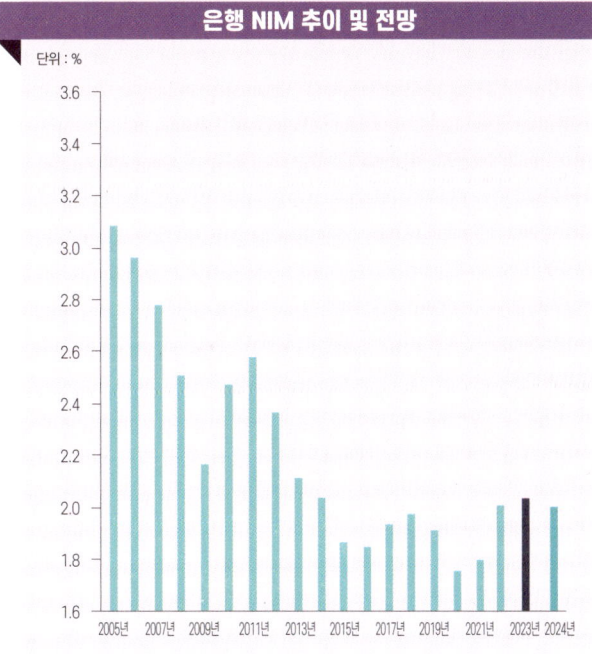

은행 NIM 추이 및 전망

자료: 하나증권·카운터포인트 ※2023년, 2024년은 추정치

SECTION 2

12 유틸리티

신규 원전의 개수를 주목하라

재생에너지 산업 속도 조절…원전으로 공급 확대 예상

산업전망기상도

흐림

정부 정책 우선순위에 따라 자원 배분이 달라질 것이다. 재생에너지 보급 속도 조절은 예산안을 통해서 확인 가능하다.

늘어나는 전력 수요와 신규 발전 설비

전력거래소 내부 장기 전망 자료에 따르면 총수요 기준 최대전력은 2039년 150GW, 2051년 202GW까지 증가할 전망이다. 기후변화로 해마다 냉방 수요가 증가하고 있으며 2023년 여름의 경우에도 전력시장 내 수요로 집계되지 않는 BTM(Behind The Meter) 태양광 기여도를 감안하면 최대 전력 100.8GW를 기록했다. 여기에 반도체 클러스터 등 첨단산업 신규투자 확대, 데이터센터 증설, 전기화 수요 확대, 온실가스 배출량 감축 등 전력 수급 여건 변화에 대응해야 할 전망이다.

특히 용인 반도체 클러스터의 경우에는 신규 설비를 필요로 할 것으로 보인다. 2030년 말 가동 개시가 목표이며 공장들이 모두 가동될 2042년에는 현재 수도권 수요의 4분의 1 수준인 11GW가량의 공급이 필요할 것으로 예상된다.

단기적으로 용인에 LNG 발전소를 건설하는 방안을 검토하고 있으며 이후 동해안 송전 제약 해소에 기여할 것으로 기대되는 북당진-신가평 HVDC에 더해 최근 새롭게 논의되는 서해안 HVDC까지 감안하더라도 필요 설비에는 부족할 수 있다. 나머지 부분은 2042년까지 남은 시간과 정부의 선호도를 고려할 때 현실적으로 신규 원전 건설을 통한 전력공급 가능성이 높다.

재생에너지 보급 속도 조절

전력시장 참여자 수익은 철저하게 에너지 가격의 상대적 차이에서 기인한다. 재생에너지의 경우 변동비 비중이 극도로 낮고 초기 자금조달 조건 및 투자비 집행이 비용 대부분을 차지한다.

따라서 저금리와 고유가의 조합에서 수익이 극대화될 수 있으며 해당 매크로 환경이 펼쳐진 구간에서 설비 공급은 증가하는 경향이 강하다. 물론 정부 주도 보조금 등 지원책이 동반된다면 외부 환경이 미치는 영향력은 다소 줄어들 수 있다고 보여진다.

전력 수요

2039년
150GW

2051년
202GW

2023년 태양광 모듈 가격 하락으로 이윤이 축소되면서 국내 공장 감산에 돌입했지만 업황은 여전히 좋지 않다

적어도 한국의 경우 보조금 의존도가 높을 수밖에 없고 정부 정책이 재생에너지 보급 속도를 결정하게 된다.

또한 새생에너시 보급 속노를 소설하는 모습이 정책을 통해 확인되고 있다. RPS 의무비율을 시장 참여자가 감당 가능한 수준으로 낮추었다.

물론 RE100으로 인해 신규 REC 수요와 RPS 시징으로의 공급 김소가 동시에 발생하면서 REC 가격은 우상향 흐름을 기록했으나 아직은 재생에너지 공급 증가 유인책으로 작동하기 어렵다. REC 가격이 전년 평균 대비 120% 상승하게 될 경우 국가에 발급되는 국가 REC 물량을 판매하여 가격을 안정화하는 규제 변화도 진행되는 모습이다.

예산안으로 보는 정부 우선순위

태양광 출력과 접속 제한 근거 확립, 향후 입찰시장 편입 등 중장기적 변화는 과거보다 참여 편의성을 낮추는 모습으로 작용하는 중이다. 해상풍력은 기존 계획과 다름없이 진행될 수 있다. 물론 수익성 있는 입지는 제한적이고 내륙 송전설비 부족은 언제나 상수로 작용할 여지가 많기 때문에 2030년 너머까지 확장 일변도로 생각하기 쉽지 않다. 결국 정부 정책 우선순위에 따라 자원 배분이 달라질 것이다. 재생에너지 보급 속도 조절은 예산안을 통해서 확인 가능하다.

2024년 산업부 예산안에 따르면 전력기반기금에서 태양광, 풍력 등 재생에너지와 수소, 연료전지 등 신에너지 예산 요구

SECTION 2 12 유틸리티

이번 정부 임기 내 눈여겨볼 점은 신한울 3, 4호기 이후 후속 원전 도입에 대한 여력과 신규 원전의 개수다.

> 정부 임기 내 제시될 제11차 전력수급기본계획과 제12차 계획에서 중장기 신규 원전 추가 계획이 확정될 것으로 기대된다

액이 감소했다. 신재생 핵심 기술 개발과 수소 연료전지 발전 클러스터 구축사업은 기존 대비 증가했고 공공주도 해상풍력단지 개발은 기존과 동일하다. 에너지특별회계에서는 상당수 수소 관련 예산요구액이 줄어든 가운데 일부 수소 관련 부문과 CCS 및 암모니아 관련 사업은 예산 요구액이 증가했다.

한편 원자력의 경우 우호적인 정책 지원 흐름이 확인된다. 원전 중소-중견기업 융자 지원 사업이 신설되었고 수주 활동 지원예산 확대, 원전 수출 중소-중견기업을 위한 수출 보증보험 신설 등이 신규로 편성되었다. SMR R&D 예산 역시 크게 증액되었고 원전 해체 경쟁력 강화 기술 개발 사업 예산도 확대되었다.

공급의 빈 공간, 신규 원전이 채울 가능성

2022년 대선 당시 에너지 정책 공약으로 재생에너지와 원자력을 조화한 탄소중립을 추진하며 신한울 3,4호기 건설 재개, 가동원전 계속운전 등 기저전원으로서 원자력 발전의 비중 30%대 수준을 유지할 것을 명시했다. 이후 제시된 제10차 전력수급기본계획 실무안을 살펴보면 기존 탈원전에서 탈탈원전으로의 변화를 재확인할 수 있다.

이번 정부 임기 내 제시될 제11차 전력수급기본계획과 제12차 계획에서 중장기 신규 원전 추가 계획이 확정될 것으로 기대된다. 관건은 얼마나 늘어날 수 있는지의 여부이며 4기 이상의 신규 원전이 정책으로 제시된다면 원전 확장을 바라보는 시각은 조금은 달라질 수 있다. 현재 예상되는 신규 원전은 건설 재개가 확정된 신한울 3,4호기를 제외할 때 과거 계획이 백지화된 천지와 대진 각각 2기씩 총 4개 호기가 유력하게 여겨진다. 적어도 현재 시점에서 신한울 3,4호기 이후

후속 원전 도입에 대한 여력은 확보된 것으로 판단할 수 있다.

제10차 전력수급기본계획 확인해야

중장기 원자력 발전 비중의 변화 여부도 확인이 필요하다. 2023년 초 공개된 제10차 전력수급기본계획에서 중장기 원자력 발전량 비중은 2030년 32.4%, 2036년 34.6%로 제시되었다. 이는 제9차 계획에서 제시된 2030년 25.0% 대비 상당히 상향된 수치지만 공약에서 언급된 것처럼 장기 원전 비중을 30% 이상으로 유지하는 것을 가정하면 향후 늘어나는 전력수요와 비슷한 속도로 설비가 확대될 필요가 있다.

현재 가동 중인 원전이 모두 계속 운전하고 신한울 3,4호기와 후속 원전들의 준공을 가정하더라도 전체 전력수요 성장을 감안한 원전의 발전 Mix는 30%를 넘지 않는 계산이 도출될 수 있기 때문이다. 현실적인 계통 이슈들은 점차 해결될 수 있다고 가정한다면 현 시점에서 가장 중요하게 눈여겨 볼 시점은 신규 원전의 개수가 될 것이다.

한전KPS, 장기적 외형 감소 리스크 만회

추천 종목은 한전KPS다. 한전KPS의 경우 물가 상승률은 시중 노임단가 상승으로 이어지기 때문에 오히려 계약단가 상승에 따른 매출 성장이라는 긍정적인 영향을 미칠 것으로 간주된다. 신규 발전 설비 도입이 순차적으로 이뤄지고 있지만 탄소중립을 위한 노후 석탄화력발전소 감축이 성장에 대한 우려 요인으로 작용하는 중이다.

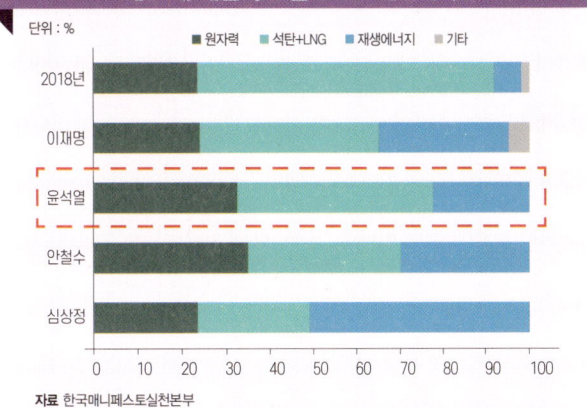

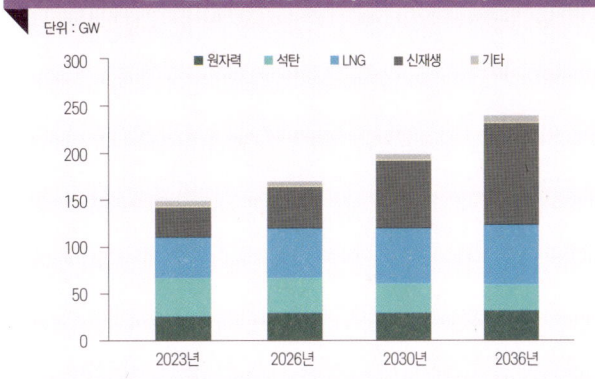

SECTION 2

13
자동차·타이어

지는 완성차 산업, 뜨는 자동차 부품업계

현대모비스, 수익 개선 기대감 상승
업종 내 최선호주로 추천

산업전망기상도

흐림

전기차 산업의 성장세가 꺾였다. 그럼에도 세계 자동차 시장에서 테슬라의 위치는 공고하다. 현대기아차의 순항은 이어지겠지만 분명 고비는 있을 것이다.

전세계 BEV(전기차) 시장 점유율

2025년 전체 수요의
25% 전망

현대차·기아, 실적과 주가의 향방

현대차·기아의 주가 움직임이 예년과 같지 않다. 국내 자동차 산업의 성장 방향성을 좌우해 온 양 사는 2023년 3분기 실적까지 총 7개 분기 연속 컨센서스 상회 분기 실적을 기록했다. 2022년 초 당시 시장의 2023년 영업이익에 대한 기대값은 각각 8조4600억원, 6조1100억원이었으나, 호실적 전개가 이어졌다. 해당 수치는 2023년 11월 현재 각각 14조7900억원, 11조8000억원으로 크게 상향되어 있다.

그러나 2022년 초 각각 21만500원, 8만2600원이었던 주가는 현재 이보다 낮은 17만400원, 7만7600원에 거래 중이다. 높아진 이익 눈높이와 낮아진 주가, 즉 명백한 밸류에이션 디레이팅이다. 지난 20년간 양 시의 주가는 실적의 방향과 뚜렷한 동행 관계를 형성해왔다. 2004년부터 2021년까지 20년에 가까운 시간 동안 양 사의 분기말 시가총액과 분기 지배주주 순이익이 각각 0.85, 0.83의 높은 상관계수를 보여왔다는 점에서 지난 2년간 보인 주가 움직임은 이제 시장이 기존과는 다른 프레임으로 가치 평가에 임하기 시작했음을 의미한다.

테슬라와 중국의 생존자들

가치 평가 프레임의 전환을 만들어낸 변화는 누구의 예상보다 빠르게 진행되고 있다. SDV·BEV 수요 성장 속도는 BNEF와 같은 유력 전망 기관이나 기존 Legacy OEM들의 과거 예상을 크게 넘어섰으며, 2023년 이후 대중화의 변곡점을 지나 더욱 가속화될 것으로 전망된다. 주력 제품의 정체성 변화는 긴 시간 통용되어 왔던 Luxury vs. Mass로의 이분법적 업체 간 Tier 구분을 붕괴시키고 있다. 이제 시장은 세 가지 역량, 즉 첫째, 소프트웨어 비즈니스 상용화, 둘째, 저가 BEV 출시, 셋째, 대량 양산 능력 확보 등의 확보 여부에 따라 업체간 분류를 재정의하기 시작했다.

세 가지 역량을 모두 확보한 Tier 1은 테

현대모비스

현대모비스는 완성차의 성장 둔화에도 불구하고 전동화 사업부의 흑자 전환이 기대된다.

슬라다. 2023년 실적 추정치 기준 PER 약 60배 수준에 거래되고 있다. 소프트웨어 역량은 미진하나 저가 BEV 대량 양산으로 글로벌 시장 점유율 확장을 이뤄가는 Tier 2는, 급진적 시장 전환이 이루어진 거대 내수 시장에서 치열한 경쟁을 이겨낸 중국의 생존자들이다. 이들은 PER 20~50배 범위에서 거래 중이다. 저가 양산 능력은 부족하나 대량 양산이 가능한 Tier 3와 대량 양산 준비조차 미흡한 Tier 4는 대부분 기존 OEM들이다. PER 3~10배 범위에서 거래되고 있다.

현대기아차, 성장의 기로

생존과 성장의 기로에 놓여 있다고 생각한다. 글로벌 자동차 수요는 성숙된 지 오래됐다. BEV 시장의 확장은 ICE 시장의 축소를 의미한다.

BEV 시장은 2025년 전체 수요의 25%를 넘어설 것으로 전망한다. 2023년 기준 전 세계 평균 차량 판매 가격인 2만7810달러 이하의 차량 중심으로 대중화 전개를 예상한다.

ICE 시장은 생산 설비 가동률 하락, 가격 경쟁 심화, 중고차 잔존가치 하락에 따른 금융 손익 악화가 예상된다. 기존 OEM의 기업가치 개선을 위한 조건은 Tier 업그레이드다.

먼저 낮은 가격의 BEV 라인업이 필요하다. ICE 생산 설비 축소와 더불어 공정 혁신과 대량 양산으로 수익성이 보장되는 대중적 가격의 BEV 생산 및 판매 확장이

SECTION 2 | **13 자동차·타이어**

BEV 시장은 2025년 전체 수요의 25%를 넘어설 것으로 전망된다.

> 자동차 업종 대형주 3사의 영업이익 전년 대비 성장률 전망은 현대차 -14%, 기아 -10%, 현대모비스 +4%다.

필요하다. 급변하는 시장의 요구에 대한 현대차·기아의 구체적인 계획이 공유되어야 할 시기라고 판단한다.

현대모비스, 사이클 위에 나는 성과

현대모비스를 불확실성이 가득한 2024년의 최선호주로 제시한다.

현대차와 기아의 2024년 실적은 2020년 하반기부터 2022년 상반기까지 이어진 반도체 부족 시기에 확보된 대기 수요의 소진에 따른 재고와 인센티브 지급액의 상승, 내연기관 시장의 절대 판매량 축소 전환에 따른 업체 간 경쟁 심화, BEV 시장의 가격 하락세 지속에 따른 주요 모델의 가격 인하 압력 확대 등으로 이익 감소 기조가 뚜렷할 것으로 전망한다. 반면 현대모비스는 A/S 사업 고마진 영위를 통해 차별화된 이익 성장 방향성을 제시할 수 있다고 판단한다. 이 회사의 2024년 자동차 업종 대형주 3사의 영업이익 전년 대비 성장률 전망은 현대차 -14%, 기아 -10%, 현대모비스 +4%다. 현대모비스의 사업 영역은 크게 두 가지로 나누어진다. A/S 사업과 부품 사업이나. 전동화부문 성장과 글로벌 시장 AS부품 수요 회복세에 힘입어 A/S 사업의 실적 반등 근거는 명백하다.

지난 2020년 C19의 발발 이후 A/S 사업의 영업이익률은 우호적 환율 환경에도 불구하고 기존 24~25% 수준에서 19~22% 수준으로 내려왔다. 이는 물류 비용의 급격한 상승에 근거했다. 이제 물류 비용은 이전 수준으로 정상화되었으며, A/S 사업의 수익성 또한 24~25% 수준으로 회복됐다.

기존에 판매된 차량의 누적 운행 대수에 근거해 영업을 영위하는 만큼 높은 금리와 물가에 의한 신차 수요 위축 가능성에 따른 매출 변동 가능성도 제한적이다.

전동화부문과 A/S부품의 수요가 회복세에 들어갈 전망이다.

규모의 경제 확보 가능

부품 사업의 영업 실적 정체는 분명 아쉬운 부분이다. 부품 사업의 수익성은 장기간 하락해 왔다. 전동화 부품에 대한 투자 확대와 비용 증가로 인해, 매출 성장이 지속되었음에도 불구하고 전체 실적에 대한 기여가 만들어지지 못했다. 그러니 2024년 말 현대차 북미 BEV 공장이 가동되며 영업 실적 실현을 위한 규모의 경제 확보가 가능할 전망이다.

A/S 사업의 확실한 실적 회복과 부품 사업의 장기 수익성 하락 해소가 가능한 2024년, 현대모비스를 업종 내 최선호주로 제시한다.

한편 현대차의 글로벌 점유율은 2023년 2분기 이후 추세적 하락세를 지속하고 있다. 현대차 글로벌 판매 점유율은 2022년 4월 6.0%로 최대치를 기록한 뒤 지속 하락해 2023년 9월 4.0%까지 뒷걸음쳤다.

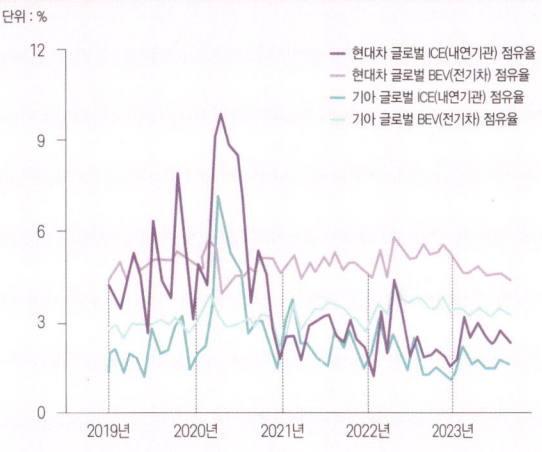

현대 기아의 글로벌 BEV(전기차)·ICE(내연기관) 점유율

자료 메리츠증권 리서치센터

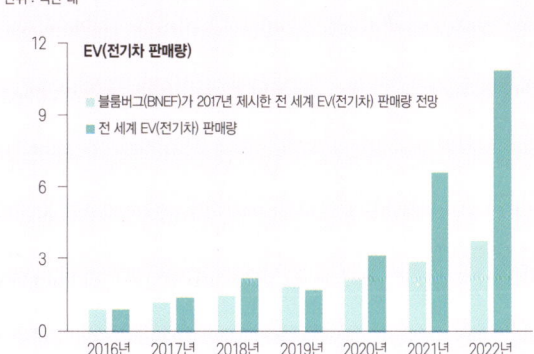

전 세계 BEV 판매량

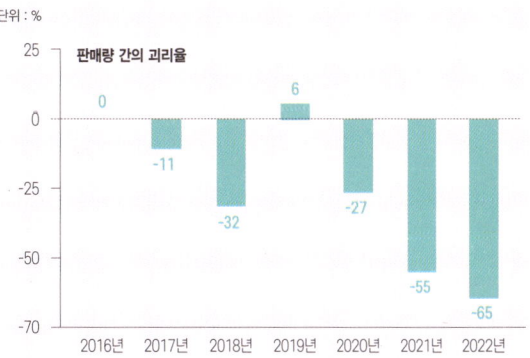

자료 블룸버그·메리츠증권 리서치센터

SECTION 2

14
조선·중공업·기계

10년 만에 부활을 꿈꾸는 조선, 남아있는 과제는?

산업전망기상도

맑음

한국 조선업의 부활이 시작됐다. 현재 조선가는 2021년 대비 40~60%까지 올랐다. 기울기의 문제이지 턴어라운드는 시작됐다. 다만 차세대 친환경선 개발은 숙제다.

턴어라운드의 시작, 문제는 기울기

드디어 10년만의 흑자 전환

한국 상장 조선사들이 2023년 3분기 실적을 모두 발표했다. 조업일수 감소에도 불구하고 한국조선해양, 삼성중공업, 한화오션은 모두 전분기 대비 이익이 늘었다. 저가 수주 선박 대다수가 인도되어 2022년부터 수주한 좋은 일감과 LNG운반선 건조 비중이 늘었기 때문이라고 설명한다.

해양플랜트 빅배쓰로 시작된 2014년부터의 연속 적자(2017~2018년 한화오션의 일회성 이익 제외) 이후 10년 만에 한국 조선산업은 흑자 전환에 성공했다. 그리고 고가 수주물량 건조가 늘면서 한국 조선사들은 수주 잔고를 확보해둔 2026년까지 3년 동안은 실적이 더 좋아질 예정이다. 거제도와 울산에 '강아지가 오만원짜리는 아니어도 만원짜리는 물고 다닌다'는 우스갯소리가 다시 들려 올 터다.

인건비 상승에 이익 턴어라운드 '완만'

다만, 현재 예상하고 있는 이익 턴어라운드가 완만해질 가능성도 있다. 조선업 인력 부족에 따른 인도 지연과 지체 배상금, 그리고 인건비 상승이다. 원자재 상승은 다행히 주춤했지만, 인력난에 따른 직접 채용, 협력사 단가가 계속 오르고 있다. 신조선가를 많이 올려 받아둔 잔고이지만 수주 시점에 기대했던 만큼의 수익성을 확인하지 못할 수도 있다.

그래도 너무 걱정할 필요는 없는 것이 신조선가 2021년 말 대비 40~60%나 올랐다. 기울기의 문제이지 턴어라운드는 막 시작되었다.

신조 시장의 호황은 계속될까

이러한 조선업 흑자 전환은 2021년부터의 호황기에 쌓아둔 컨테이너선과 LNG선 수주 잔고 덕분이다. 컨테이너선 시장은 코로나19 때문에 초호황기를 지났고 강력한 컨테이너선 교체 발주 사이클이 진행되었다. LNG선 신조시장은 카타르 증설로 건조 가능 슬롯이 희박한 가운데 우크라이나-러시아 전쟁 때문에 PNG를

선박 가격 상승률

2021년 대비
40~60%
증가

현대중공업 군산조선소에서 근로자들이 컨테이너선 격벽 조립 작업을 하고 있다.

LNG로 돌리는 유럽의 수요가 더해졌다. 두 시장 모두 최고는 지났지만 20년 벌 이익을 2021~2022년에 벌어둔 컨테이너 선사들의 교체 발주는 계속될 예정이고, 100여 척을 한국 조선사에 발주 중인 카타르 확장 공사 투자가 끝나도 한국의 2028년 LNG운반선 인도 슬롯은 여전히 품귀이며, 비싼 가격에만 내어주고 있다. 그래도 컨테이너선과 LNG선의 수주 기여는 줄어들 수밖에 없다.

다만 2024년에는 탱커 시장이 회복할 차례다. 2023년부터 우크라이나-러시아 전쟁의 톤-마일 효과로 탱커 발주는 10년 내 최고로 강했지만, 여전히 잔고 및 선대 비율은 5%대에 불과하다.

중국과 동북아 경제의 반등 기대감도 유효하다. 탱커 선사들은 높아진 운임을 누리며 이익을 쌓고 있어 발주 체력이 충만하다. 이중선체 규제 때문에 발주된 탱커들이 인도된 시점이 주로 2008~2011년이고 이들이 선령 15년 이상이 되어 2부 리그로 강등되는 시점이 2023~2026년이다. 탱커 교체 발주가 2023년에 LNG선과 컨테이너선의 감소를 메울 것으로 보인다.

차세대 친환경선 개발 숙제

이렇듯 탱커 시장이 중요한데, 2023년에 막 시작된 탱커 발주를 중국 조선사들이 대다수 수주하고 있다.

중국 조선업의 백로그도 한국처럼 3년 이상 채워져 있어서 굳이 저가 수주할 상황이 아니기에 그 배경이 의아스럽다.

SECTION 2
14 조선·중공업·기계

HD한국조선해양은 최근 싱가포르 EPS, 그리스 캐피탈과 8만 8000㎥급 암모니아 운반선(VLAC) 4척 건조 계약을 맺었다고 밝혔다.

> 2023년에 막 시작된 현존선 CO_2 규제 등에 따라 배기가스를 줄이는 친환경선이 미래 수주 경쟁에서 가장 중요하다.

이는 첫째, LNG D/F(Dual Fuel, 이중연료엔진) 탱커 건조 경험을 쌓기 위한 포석일 수 있고, 둘째, 원가 경쟁력이 더 개선되었기 때문일 수도 있다. 지금 탱커 신조 시장에서의 이 경쟁 상황은 곧 한국 조선업이 준비해야 하는 두 가지 꼭지다.

한국 조선업의 두 가지 준비

첫째, 2023년에 막 시작된 현존선 CO_2 규제 등에 따라 배기가스를 줄이는 친환경선이 미래 수주 경쟁에서 가장 중요하다. 이미 세계 최초로 LNG D/F, 메탄올 D/F를 건조하고 시장을 선점하고 있지만, 다음에 다가올 기술변화를 또 주도하고 표준을 제시해야 하다.

둘째, 조선업 인력 부족 현상이 심각하다. 외국인 노동자와 해외 블록 공장을 통해 대응하고 있지만 구조적인 산업의 노령화, 인력 부족은 계속될 것이다.

따라서 현대베트남조선과 같은 모범적인 해외 생산거점 확보 및 스마트 팩토리를 통한 생산성 개선 등으로 대비해야 하며, 보다 안전한 작업장, 안정적인 처우로 우수한 인력들을 채용할 수 있도록 노력해야 한다.

HD한국조선 3년 연속 목표치 넘어

HD현대의 조선 부문 중간지주사 HD한국조선해양은 최근 싱가포르에서 열린 세계 최대 가스 행사 '가스텍 2023'에서 싱가포르 EPS, 그리스 캐피탈과 8만8000㎥급 암모니아 운반선(VLAC) 4척 건조 계약을 맺었다고 밝혔다. 수주 규모는 6168억원으로 글로벌 시장에서 발주된 암모니아 운반선 중 가장 규모가 크다. HD현대중공업이 울산조선소에서 2척을 건조하면 2027년 하반기 두 선사에 순차적으로 인도한다. 2척은 추가 발주될 예정이다.

이 선박은 액화석유가스(LPG) 이중연료

추진 선박이다. 향후 암모니아 추진 엔진이 개발되면 선주와의 협상을 통해 암모니아를 연료로 하는 암모니아 추진선으로 바꿀 수 있다. 세계 최초 암모니아 추진·운반선으로 탈바꿈할 수 있다는 의미다. 기존 초대형 가스 운반선은 가스를 86%가량 선적할 수 있는데, 이 선박은 98%까지 가능하다. 암모니아는 대륙 간에 수소를 운반하기 위한 필수 에너지원이다. HD한국조선해양이 세계 최초로 초대형 암모니아 운반선을 수주한 만큼 향후 추가 수주 기대도 커졌다.

이번 수주를 포함해 HD한국조선해양의 올해 누적 수주액은 159억4000만달러에 달한다. 연간 수주 목표(157억4000만달러)를 훌쩍 넘어섰다. 2021년에 이어 3년 연속 수주 목표를 초과 달성하는 성과를 거뒀다.

현대삼호중공업도 이미 수주 목표치의 2배 물량을 쓸어 담았다. 올 들어 8월 16일까지 수주한 선박은 58억3000만달러로 올해 수주 목표액(26억달러)의 224%에 달한다.

다른 조선사도 3년치 이상 수주 잔고를 확보한 상태다. 한화오션은 지난해 104억달러를 수주해 수주 목표(89억달러)의 117%를, 삼성중공업은 94억달러를 수주해 목표치(88억달러)의 107%를 기록했다.

실적도 회복세다. HD한국조선해양은 올 2분기 연결 기준 영업이익 712억원으로 전년 동기(2651억원 영업 손실) 대비 흑자 전환했다. 삼성중공업도 2분기 589억원 영업이익을 올렸다. 하반기로 갈수록 건조량이 늘면서 삼성중공업 흑자 폭이 더 늘어날 것으로 보인다.

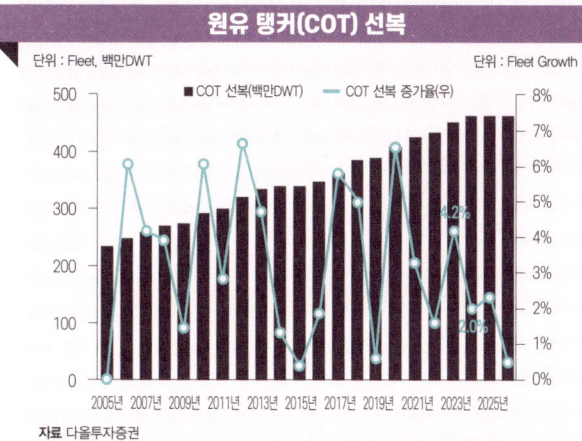

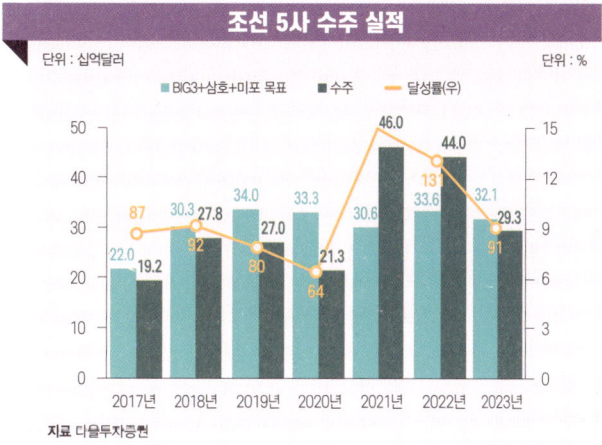

SECTION 2

15 제약·바이오

바이오 모멘텀은 알츠하이머 의약품 본격 개화

국내 의료 AI 기업 중 글로벌 확장성 갖춘 기업 찾아야

산업전망기상도

맑음

2024년은 알츠하이머 진단이 확대되는 원년이 될 것으로 기대한다. 항체시장 성장률은 최근 2024~2025년 전망치가 다시 10%대로 회복되었다.

항체 시장 성장률
2024~2025년 전망치

10% 이상

항체시장 반등해야 바이오 지수 상승

시가총액 1, 2위 기업이 GLP-1 기업으로 바뀌는 등 역사적인 상황이지만 S&P500 헬스케어 지수, 나스닥 바이오 지수는 연중 내내 부진하다. 2028년 기준 항체시장 3500억달러 대비 제한적인 GLP-1 시장(700억달러)은 지수를 상승시키지 못하고 있다.

대형 항체시장이 반등해야 바이오 지수도 상승할 것이다. 다만 한 자릿수로 둔화된 항체시장 성장률은 최근 2024~2025년 전망치가 다시 10%대로 회복되었다.

항체 성장의 핵심은 첫째, 2023년 10월 13일 PET 스캔의 미국 공보험 등재에 따른 알츠하이머 치매 신약 레카네맙 처방 확대와 유지요법(SC) 시장 개화, 둘째로 2023년 11월 중 공개된 얀센 FcRn의 류마티스관절염 2a상 성공 여부, 마지막으로 ADC 기술 확대에 기인한다.

알츠하이머 진단 확대 원년

이중 2024년 가장 주요한 모멘텀은 알츠하이머 의약품 본격 개화다. 미국 식품의약청(FDA)으로부터 첫 정식승인 받은 알츠하이머 치료제 레카네맙 처방 확대의 허들이었던 아밀로이드 PET 스캔 미국 공보험 제한 법안이 2023년 10월 13일부로 폐지됐다.

2024년은 알츠하이머 진단이 확대되는 원년이 될 것으로 기대한다. 또한 레카네맙 SC제형, 유지요법은 2024년 1분기에 FDA에 추가 승인 신청할 예정이다. 현 시점에서 볼 때 레카네맙의 용법 용량과 약가를 기준으로, 그리고 진단 인프라가 발전되지 않은 현재 수준을 가정할 경우 알츠하이머의 잠재 시장은 257억 달러로 추산된다. 현재 승인을 받은 용법인 초기 18개월 치료의 잠재 시장은 124억 달러 수준이다. 만약 2024년 1분기에 FDA sBLA 신청 계획인 레카네맙 유지요법(18개월 치료 후 다시 늘어나는 아밀로이드 베타를 지속 제거 및 관리하기 위한 용법) 승인 시 잠재 시장은 추가 133억 달러 확대 가능하다. 이제 새롭게 열리는

알츠하이머 시장의 잠재 시장규모의 확대 가능성은 매우 높다고 하겠다.

방위·교육비 넘어선 미국 건강보험

알츠하이머 치료제 확대 등에 따른 영향으로 전 세계 정부의 건강보험 재정 적자 확대가 예상되고 있으며, 이에 진단시장은 확대될 수밖에 없는 운명이다. 최근 발표된 미국 CBO(Congressional Budget Office)의 중장기 전망치에 따르면 향후 미국 채무는 지속가능성에 의문이 제기되는 수준까지 확대되고 있다. 미국 건강보험은 2053년까지 미국 연방 정부 지출의 약 30%를 차지할 것으로 보이며 이는 방위, 교육 지출 비용을 상회하는 수준이다.

고령화에 따른 치료 비용 감축을 위하여 진단을 통한 효과적인 치료의 중요성이 향후 더욱 높아질 것으로 예상된다. 이에 전세계 표준인 미국 진단사업에서 클리아랩(수탁분석기관)을 중심으로 돌아가는 진단 서비스 시장과 수가와 병원코드가 적용되기 시작하는 AI 진단 분야에서 투자 기회를 찾아야 한다.

'사보험 발달' 미국서 기회 요인 찾아야

미국 클리아랩은 대형 진단 시장으로 제품 신택권 확보를 통해 국내기업 기회의 장이 될 것으로 기대한다. 클리아랩은 헬스케어 서비스 공급자에게 진단 스크리닝 서비스를 제공해주는 수탁분석기관이다. 클리아랩의 본질적인 비즈니스 모

2024년 가장 중요한 모멘텀은 알츠하이머 의약품 본격 개화다.

SECTION 2 15 제약·바이오

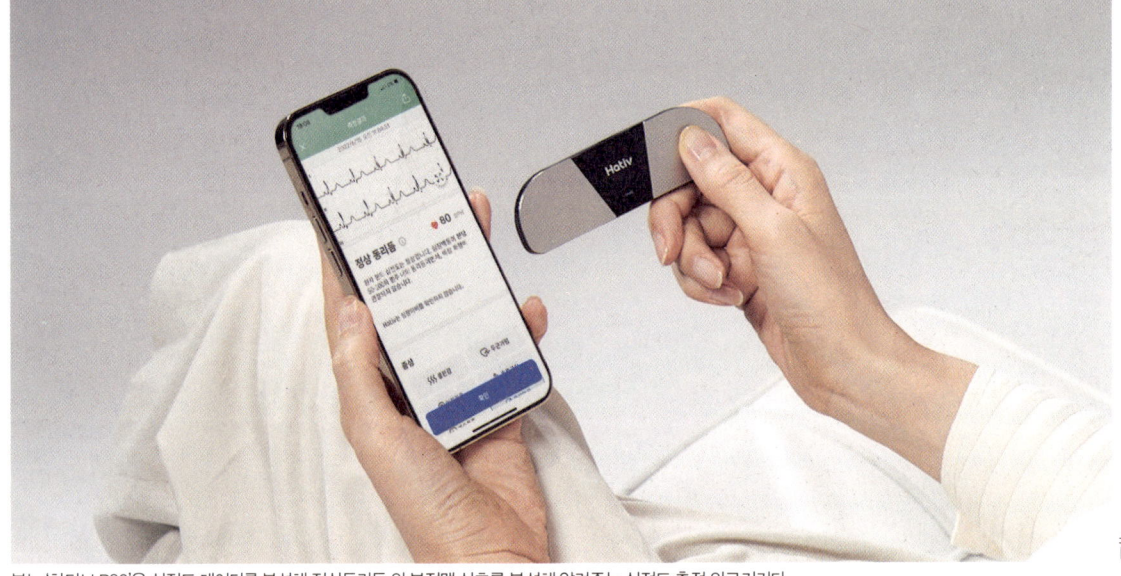

뷰노 '하티브 P30'은 심전도 데이터를 분석해 정상동리듬 외 부정맥 신호를 분석해 알려주는 심전도 측정 의료기기다.

> 미국 진단사업에서 클리아랩을 중심으로 돌아가는 진단 서비스 시장과 수가와 병원코드가 적용되기 시작하는 AI 진단 분야를 주목해야 한다.

델은 진단 서비스로 클리아랩은 개별랩에서 자체적으로 개발한 LDT(Laboratory developed test) 제품을 사용하거나 외부 키트 제조업체로부터 IVD(In vitro diagnostic) 제품을 구매해 서비스를 진행한다.

사보험이 발달한 미국에서 기회 요인이 많은 상황이다. 검사수가가 높기 때문에 미국의 개별 랩 시장은 2022년 기준 300억달러로 추정된다. 지난 9월 29일 미국 FDA는 향후 LDT 서비스의 IVD 수준으로 규제 상향할 수 있다는 방향성에 대해 언급하였으며 잠정안 관련 올해 12월 2일까지 의견 수렴 진행 중이다. 2024년 해당 규제안 최종 마무리 예정이나 LDT 규제안이 실제 효력을 발휘하려면 미국 행정부, 입법부, 사법부의 동의가 필요한 상황이다. FDA의 클리아랩 규제 강화는 현재 시점 클리아랩에 대한 불확실성의 요인이나 만약 법안 통과되어도 상대적으로 규모가 있는 클리아랩에 미치는 영향은 제한적일 것으로 예상된다.

국내 선택지는 의료 AI 기업

2010년대 시장의 주목을 끌었던 IBM의 왓슨헬스는 AI 활용 유방 촬영술, MRI 분석, 환자 상담, 데이터 분석 툴 솔루션 제공했다.

다만 낮은 정확도로 의료진의 왓슨 활용도가 떨어지면서 사업을 철수한 상황이다. 미국에서 나타나는 의미있는 변화는 공보험인 메디케어에서 의료AI의 서비스를 보험에 등재하여 수가를 반영하고 있다는 점이다. CPT 코드 지정되는 것이 중요하며 비즈니스 모델 측면에서도 수가를 받을 수 있어 안정적이다.

메디케어 적용보험 수가 모두 신기술 수가(CPT3)라는 임시 수가 지정 제도가 있고 정식으로 지정되기 위해서는 CPT1

카테고리로 지정되어야 한다. 국내 의료 AI 기업 중 명확한 비즈니스 모델을 가지고 미국과 같은 표준시장에서의 확장성을 갖춘 대표적인 기업이 좋은 투자처가 될 것이다.

뷰노, 딥카스·딥브레인 중심 성장 기대

뷰노는 국내 의료AI 기업 중 명확한 비즈니스 모델을 갖고 있고 미국과 같은 표준시장에서 확장성을 갖춘 대표적인 기업이다.

국내에서는 의미있는 성장을 하고 있는 딥카스, 알츠하이머 환자 대상 MRI 서비스인 딥브레인을 중심으로 기대되고 있다. 딥카스는 국내 실적에 미국을 소규모로만 가정해도 의미있는 실적 추정이 가능하다. 2024년 3분기에 분기 기준 흑자전환에 성공할 것으로 추정한다. 본격적으로 성장하기 시작한 2023년 매출액은 121억원으로 추정하나 딥카스의 국내 및 미국 성장으로 연평균 76% 성장해 2026년 매출액은 658억원을 예상한다.

현재 딥카스가 활용되는 국내 병원은 종합병원 위주이며 딥카스 채택률은 약 40%로 추정된다. 아직 초기이고 비급여임에도 불구하고 40% 수준은 유지하면서 국내 매출이 성장할 것으로 판단한다. 2025년 하반기로 예상되는 급여 적용시 채택률은 늘어날 것으로 판단하며 당사는 2025년 50%, 2026년 60%로 기대한다. 딥카스 미국의 경우 2023년 6월 FDA로부터 혁신의료기기로 지정되었으며, 이는 미국 공보험인 메디케어 Part A에 해당하는 CPT코드(NTAP)를 부여받는 데 매우 유리하다고 판단한다.

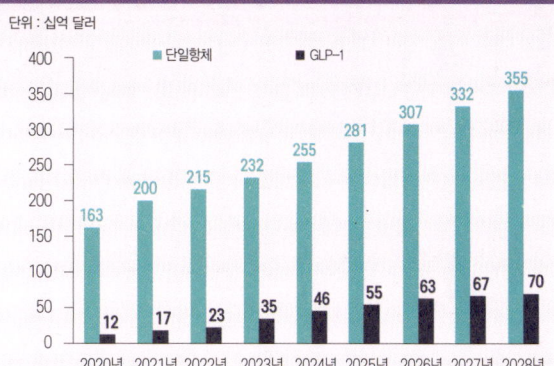

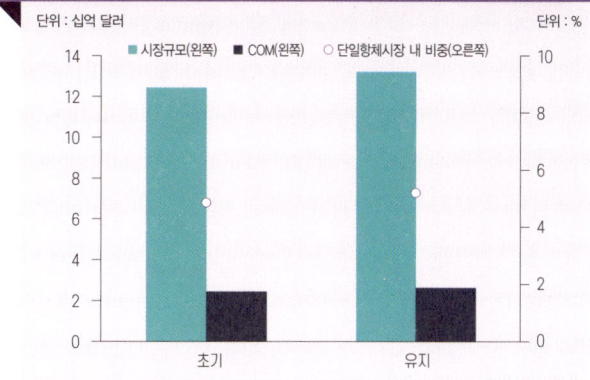

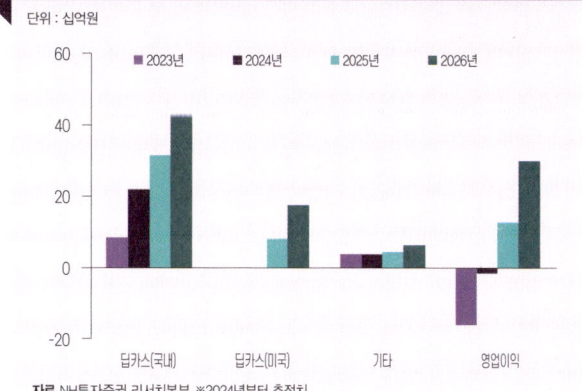

SECTION 2
16 석유화학

에너지 값은 높은 곳에서 안정, 정유산업 실적 호조 지속

줄어든 원료 가격 변동성…인도가 새 기회의 땅

산업전망기상도

갬

원유 가격이 안정세를 찾으면서 산업 변동성은 줄어들 것으로 보인다. 단, 지정학적 위기가 확대되면 큰 변화가 발생할 가능성도 항상 있다.

한국의 세계 정제설비 규모 점유율
3.6%
세계 5번째

생산량의 50% 수출

변동성 잦아드는 시기

2024년 글로벌 에너지 가격은 2021~2023년과 달리 변동성이 잦아들 것으로 판단한다. 다만, 에너지 가격은 과거 대비 높은 수준에서 안정화될 것이다. 과거 수년 간 급진적인 글로벌 탈탄소·친환경 정책에 따른 투자 부족 및 고금리에 따른 신재생 에너지의 성장속도 둔화 등이 영향을 미쳤다.

에너지 가격의 변동성 완화는 결국 이를 원재료로 사용하는 정유·석유화학 업체의 영업환경 개선으로 이어질 것이다. 게다가, 중국의 경기 또한 금리 및 지준율 인하 등 각종 부양책 등에 따라 최악을 통과하고 회복될 것으로 예상됨에 따라 글로벌 정유·석유화학 시황은 점진적인 개선국면에 진입할 것으로 예측한다.

정유산업의 실적 호조는 지속될 전망이다. 전통 에너지원과 마찬가지로 정제설비 또한 전기차 침투율 상승 및 탈탄소 등 친환경 정책에 따라 증설 유인이 저하되면서 향후 예정된 증설 물량이 수요를 감당하기에 턱없이 부족하기 때문이다.

이를 감안할 때, 향후 석유제품 시장의 빡빡한 수급 흐름은 지속될 가능성이 높다. 특히, 한국은 전 세계에서 정제설비 규모가 다섯 번째로 크며, 점유율은 3.6%다. 한국은 전체 생산의 50%를 수출하는 특이한 구조로, 석유제품 시장에서의 스윙 프로듀서(Swing Producer)로 자리매김하고 있다. 각자 도생의 석유제품 시장에서 전 세계는 한국에 의존할 수밖에 없는 것이다.

다운스트림 유리, NCC 인고의 시간

석유화학은 NCC보다 다운스트림 업체가 유리할 전망이다. 전 세계 정유·석유화학업계 내에서 투자는 대부분 석유화학, 특히 NCC를 중심으로 이뤄지고 있기 때문이다. 이는 전기차 침투율 증가에 따른 정유업종에 대한 부정적 시각이 존재하지만, 석유화학은 당장 이를 대체할 만한 대체재가 없어 상대적으로 수요 전망이 긍정적이기 때문이다.

에쓰오일 온산공장의 정유 석유화학 복합시설인 잔사유 고도화시설.

사우디는 이러한 글로벌 추세를 반영해 원유에서 정제설비를 거치지 않고 바로 석유화학 제품을 생산하는 COTC(Crude Oil To Chemical) 공법을 개발해 S-Oil을 필두로 중국·인도 등에 적용해 갈 예정이다. 이러한 글로벌 투자의 흐름이 석유화학, 특히 NCC를 향하면서 역설적인 상황이 펼쳐지고 있다. 중국의 대규모 NCC 증설이 글로벌 공급 과잉의 원흉으로 작용하고 있는 것이다.

물론, 2024년부터 중국의 증설은 마무리 국면에 들어가나 누적된 공급 과잉이 해소되기 위해서는 일정 수준의 시간이 필요할 것이다. 따라서, 국내 NCC 업체는 중국과의 경쟁, 글로벌 공급 과잉을 이겨내기 위한 인고의 시간이 필요하다. 석유화학업체들의 돌파구는 인도에서 마련될 가능성이 높다. 인도의 가파른 경제성장 속도와 높은 인프라 투자 증가율, 애플·테슬라 등의 생산시설 확대 및 여전히 낮은 인당 사용량을 감안하면 석유화학 수요의 큰 방향성은 뚜렷하기 때문이다.

새 시장 인도에서 찾는 기회

반면, 인도의 석유화학 설비 규모는 현저히 적어 향후 폭발적인 석유화학 수입수요가 창출될 것이 명약관화하다. 중장기적으로 인도의 다운스트림 제품군에 대한 수입 수요의 수혜를 누릴 수 있는 업체가 유리해지는 국면이다.

인도 내에 석유화학 설비를 갖추고 높은 점유율을 보유한 글로벌 1위 업체인 경우

SECTION 2 16 석유화학

산화탄소포집 및 활용 사업을 적극 추진 중인 SK이노베이션 주력 생산기지 울산 CLX(콤플렉스).

> 정유업종 내에서는
> S-Oil, SK이노베이션을,
> 화학업종에서는
> 금호석유를 추천한다.

인도의 다운스트림 석유화학제품 수입 수요 급증의 직간접적인 수혜를 누릴 가능성이 높다.

향후 이러한 업체를 중심으로 인도향 수출 비중이 높아지는 것이 확인될 경우, 과거 중국향 수출 비중 급증 시 기업가치 상향이 나타났던 것과 유사한 기업가치 확장을 기대해 볼 수 있다.

S-Oil과 SK이노베이션, 기업가치 상향 트리거

정유업종 내에서는 S-Oil, SK이노베이션을, 화학업종에서는 금호석유를 추천한다. S-Oil은 순수 정유업체로 사우디 아람코가 대주주다. 2024년에는 글로벌 정제설비 증설 유인이 저하된 상황에서 글로벌 정제설비 증설도 제한적이기에 타이트한 석유제품 수급 환경이 지속되며 높은 이익 창출이 가능할 것으로 전망한다. 2026년~2027년 완공 목표로 진행하고 있는 샤힌프로젝트(에틸렌 설비 대규모 증설)의 투자금 조달 이슈로 최근 배당성향이 큰 폭으로 하락하며 주가 또한 조정 국면에 진입했다. 하지만, 향후 긍정적인 업황 전망과 이에 따른 높은 이익창출 능력 등을 감안할 때, 배당 성향은 재차 상향될 여지가 높다고 판단한다.

SK이노베이션은 순수 정유업체의 구조에 천연가스·원유 생산 광구와 배터리 생산업체인 SK온을 보유하고 있는 종합에너지 업체다. 정유업의 경우, 타이트한 수급 상황 하에서 높은 이익 창출이 가능할 것으로 예상된다. 천연가스·원유 생산을 담당하는 SK어스온의 경우, 2023년 9월부터 남중국해 북동부 해상에 위치한 17/03광구 내 LF 12-3 유전에서 2023년 9월부터 원유 생산을 시작했다. 이는 현재 원유 생산량의 최대 60%를 생산할 수 있어 향후 기업가치 상향의 트리거가 될 것으로 예상된다. SK온의

2023년 말 배터리 생산능력은 88GWh 이며, 2025년 220GWh 목표를 향해 순항 중이다. 특히, 2022년 완공된 조지아 1공장(10GWh)·2공장(12GWh)의 경우 2023년 수율 정상화 과정에서 성장통을 겪었으나, 2023년 말 기준 90% 수준까지 수율이 올라서면서 공정 상의 이슈가 해결되어 가는 과정에 있다. 향후 공정 자동화 및 숙련도 상승 등을 통해 신규 헝가리 3공장(30GWh)/BlueOvalSK(129GWh), HMG북미JV(35GWh) 등도 완공 이후 빠른 시간 내에 정상화되며 전사 이익에 기여할 수 있을 것으로 예상한다.

원가 절감 효과 누리는 금호석유

금호석유는 글로벌 탑티어 합성고무 업체다. 중장기적으로 미국·인도·중국의 인프라 투자 증가와 전쟁 이후 재건 수요 등으로 대형 트럭용 타이어 수요가 증가할 가능성이 높아, 이에 대한 수혜가 가능한 업체라 판단한다.

특히, 2020~2023년 중국의 대규모 NCC 증설로 누적된 공급 과잉을 감안하면 NCC에서 생산되는 부타디엔 또한 공급 과잉 국면이라 판단하며, 이를 원재료로 사용하는 금호석유는 원가 절감의 효과를 충분히 누릴 수 있다. 지난 10년 간 합성고무와 천연고무 업황이 다운사이클을 경험함에 따라 합성고무 생산설비는 큰 폭으로 줄어 들었고, 천연고무 재배업자들도 두리안 등 다른 작물을 재배하기 시작해 공급적인 부담도 전혀 없다. 부채비율 35%, 순현금 1000억원 등으로 매우 건전한 재무구조를 보유해 고금리 국면에서 리스크도 제한적이다.

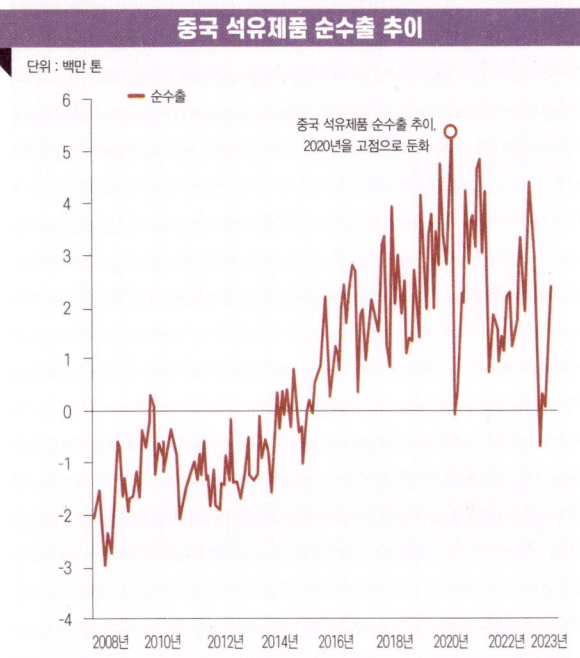

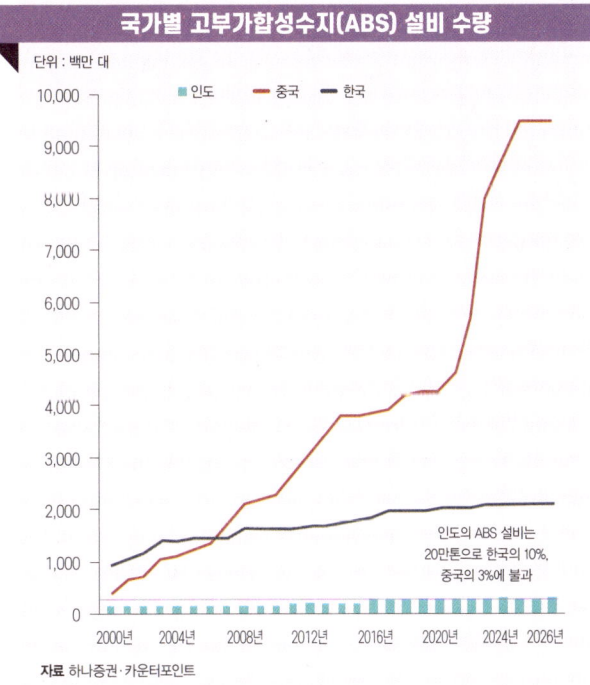

SECTION 2

17
음식료·담배

원재료비 부담에 애끓는 음식료

산업전망기상도

맑음

음식료는 원가가 중요하다. 2024년은 원가가 안정될 것으로 보인다. 또 해외 수출이 늘어나면서 업종의 상승세가 예상된다.

담배산업, 기저 효과를 누릴 시기

미국 농심 라면 매출 성장률
36%
2022년 기준(전년 대비)

미국 라면 시장 규모
2조 3000억원
2023년 기준

양적 성장 도모하는 식음료

음식료·담배 기업의 실적은 P(가격), Q(판매량), C(원재료비)의 함수다. 2024년은 비용이 내려가는 가운데 양적 성장을 도모하는 담배와 종합식품 카테고리에 주목할 시기로 판단한다.

음식료 산업은 2022년 러시아-우크라이나 전쟁으로 예상치 못한 곡물가 상승기를 겪었다. 유동성과 인플레이션 환경에서 2020~2021년 이미 한 차례의 상승으로 부담이 반영된 이후라 충격이 더 컸다. 2023년 상반기까지도 주요 기업들은 원재료 부담을 해소하지 못한 채 부진한 실적을 이어갔다. 곡물가와 환율이 각각 6개월, 3개월 시차를 두고 과거의 상승 부담을 실적에 반영하고 있기 때문이다.

분위기 반전, 원가 우려 해소

2024년은 반전이 예상된다. 최근 원당을 제외한 옥수수·소맥·대두 등 주요 곡물 가격의 하락이 두드러지기 때문이다. 최근 곡물가는 2023년 초 대비 옥수수 -29.1%, 소맥 -27.3%, 대두 -14.9%를 기록중이다. 원당만 홀로 36.4% 상승했다. 2023년 초부터 기상악화에 대한 우려가 있었지만 2023년에는 라니냐 기상이변이 엘니뇨로 변화하는 시기였으며, 과거 사례를 참고하면 라니냐 시기는 옥수수·대두 가격의 강세가, 엘니뇨 시기는 원당 가격의 강세가 있었다.

인도·동남아의 작황 악화로 원당은 상승세가 당분간 이어지겠지만 북미·남미의 양호한 작황을 배경으로 옥수수·대두 등의 안정세가 이어질 전망이며 원당마저도 하락 전환한다면 원가에 대한 우려는 해소될 전망이다.

가격 안정화 이후에 기대해 볼 부문은 양의 증가다. 2024년은 해외와 국내 각각 차별화된 이슈가 예상된다.

해외는 K-푸드의 카테고리 확대다. K-푸드의 선봉장에는 라면이 있었다. 미국 시장 내 농심의 라면 매출 성장률은 2022년 36%를 달성한 이후에도 2023년 두 자리수 성장을 이어갔다. 과거에 라면은 미국

연합뉴스

내에서도 한정된 소비자층을 형성된 니치 카테고리였으나 이제는 히스패닉을 넘어서 백인들까지도 즐겨먹는 식품으로 성장했다. 2023년 1분기 농심의 신라면이 미국 샘스클럽 전 매장에 입점했다는 발표가 이를 반증한다.

코로나를 거치며 유튜브, OTT 서비스를 통해 K-POP, K-콘텐츠의 위상이 개선됐으며 자연스럽게 관심은 아티스트와 배우가 취식하는 음식으로 옮겨갔다. 농심은 2022년 미국 2공장의 성공적인 증설 이후 2023년 하반기 라인 증설을 시작했다. 장기 계획으로는 3공장 건설에 대한 청사진도 발표했는데, 3개 공장의 합산 캐파는 1조원을 넘길 전망이다. 미국 라면 시장의 규모가 2조3000억원에 달하는 점을 감안할 때 이는 미국뿐만이 아닌 남미 시장까지 노린 포석으로 보인다.

K-푸드, 넥스트 라면·김밥을 찾아라

2024년은 K푸드 성장에서의 카테고리 확대 국면으로 넥스트 라면 제품들의 성과가 기대된다. 2023년 하반기 미국 시장에서 화제가 됐던 K-푸드는 냉동 김밥이었다. 탄수회 물의 특징이 냉동 보관 및 유동에도 퀄리티와 풍미 유지가 가능하다는 점인데 간편식과 가성비 트렌드와 맞물리며 열풍을 이끌고 있다.

특별한 광고 없이도 SNS를 통한 바이럴 마케팅으로 전파되며 효율적인 판촉이 가능했다. 코로나를 거치면서 미국에서는 향상된 기술의 냉동식품 판매가 급증

냉동 김밥과 함께 미국 시장에서 두 자리 수 성장을 이어가고 있는 국내 라면.

SECTION 2   17 음식료·담배

CJ제일제당의 실적은 2023년 매출 30조38억원, 영업이익 1조3364억원으로 전망한다.

음식료·담배 사업은 점진적인 원가 개선과 내수·해외 시장에서의 수량 증가 포인트가 부각될 전망이다.

했고 소비자들의 인식 개선으로 이어졌다. 향후에도 냉동식품 시장에서는 많은 기회가 포착될 것으로 판단된다. CJ제일제당은 2018년 미국 냉동식품 기업 슈완스를 인수해 미국 대형 유통업체 브랜드를 아우르는 공급망을 갖췄다. 인수합병(M&A) 이후 입점률도 빠르게 확대시켰다. M&A 이전 20%대에 머물던 입점률은 2023년 말 70%에 육박할 것으로 예상된다.

국내 최대 식품 기업인 CJ제일제당의 실적은 2023년 연결기준으로 매출 30조38억 원, 영업이익 1조3364억 원을 거둘 것으로 전망한다. 2022년과 비교해 매출은 0.3%, 영업이익은 19.7% 각각 줄어드는 것이다.

가공식품 사업의 부진은 완화되고 있지만 바이오 사업 부문 및 사료 사업 부문의 실적 반영 지연효과(래깅 타임)와 소재 부문의 원재료 부담을 고려하면 본격적인 실적 회복은 2023년 4분기로 예상한다.

식품 사업부문은 국내 가공식품 사업의 원재료 부담에도 판매량 감소 폭이 완화되고 있으며 기저효과가 나타날 것으로 예상되는 4분기부터 수익성이 개선될 것으로 본다. 소재 사업은 원당 원재료 가격 상승, 유지류 기저 부담으로 실적이 부진할 것으로 본다.

식품 해외사업은 미주지역에서 피자 및 만두 제품의 매출이 견조한 흐름을 보이겠으나 중국 및 일본 지역에서 부진한 것으로 추정한다.

중국에서는 자회사 지상쥐의 매각으로 8~9월 매출이 줄었고 일본에서는 미초 제품이 엔데믹 이후 성장세가 둔화된 영향을 받았다.

바이오 사업부문과 FNT 사업부문은 원당 가격 추가 상승 및 높은 환율 영향으로 원재료 단가에서 부담이 이어지는 가운데 2분기보나 실적이 소폭 개선될 것으로 예상된다. 피드앤케어 사업부문은 회복 기조가 이어질 것으로 전망한다.

담배 인상 가능성 점차 높아져

내수 시장에서도 수량 성장과 원가 개선이 기대되는 카테고리가 있다. 담배 카테고리다. 단순한 수량 성장이 아닌 세금 인상을 앞둔 가수요 물량이기에 수량과 가격이 모두 증가할 수 있는 상황이다. 담배 세금 인상은 예측이 어려운 영역이지만 과거 사례를 참고할 때 인상 가능성이 점차 높아지고 있다.

최근의 과거 담배 세금 인상은 2005년, 2015년 두 차례로 10년의 기간을 두고 이뤄졌다. 두 시점 모두 새로운 정권이 집권한 뒤 2~3년 차에 접어든 시기였으며 총선과 지방선거 등 중요한 선거가 치뤄진 이후였다. 2024~2025년은 많은 점에서 유사성이 있다. 2024년 4월 총선을 앞두고 있으며 그 이후로는 대규모 선거가 단기간 부재하다. 세수 확보 차원에서도 담배 세금 인상은 긍정적이며 국민건강 증진이라는 공익적인 성격도 가지고 있다.

원가 개선, 양의 증가 '호리고 갭'

담배 제조업은 2023년 잎담배 상승에 따른 실적 어려움을 겪었다. 2022년 매수한 잎담배가 1년의 시차를 두고 투입되는데 2022년 20~30%의 잎담배 원가 상승이 있었으며 지금은 전년 수준을 유지하고 있다. 2024년 세금 인상이 논의되고 하반기 현실화된다면 세금 인상 이전의 가수요 발생으로 수요 증가, 세금 인상에 동반한 담배 업체들의 가격 인상 등이 예상이 된다. 과거 2500원에서 4500원으로 인상할 당시 높은 인상률로 금연 수요에 대한 우려가 컸으나 인상 후 1년 차인 2016년 상반기 담배 수요는 인상 전 대비 90% 수준을 회복했다. 과거 사례를 적용할 때 4500원에서 6500원으로의 인상이 예상되는데 최근 일반 상품들의 높은 물가 수준을 고려한다면 가격 저항이 크지 않을 전망이다.

2023년까지 원재료 상승 부담으로 실적의 어려움을 겪었던 음식료·담배 산업은 점진적인 원가 개선과 내수·해외 시장에서의 수량 증가 포인트가 부각될 전망이며, 종합식품·담배 카테고리에 대한 관심이 높아질 것으로 판단한다.

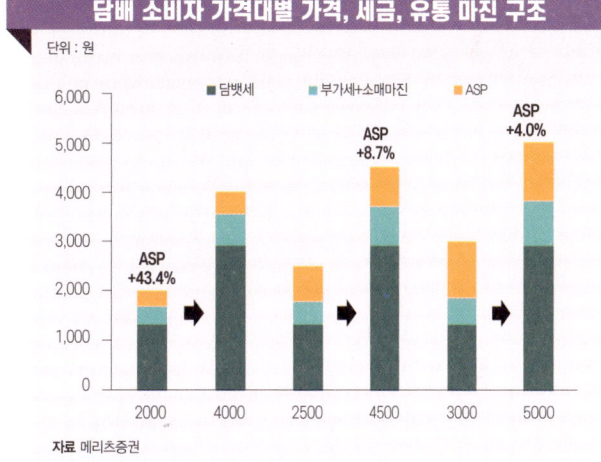

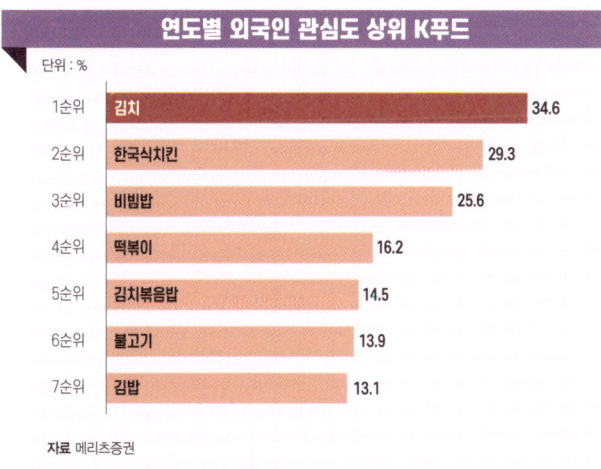

SECTION 2

18
생활소비재

세분화·고품질·저가격 '삼박자' 통했다

중국 리스크 딛고
글로벌 무대 접수 나서는 K-뷰티

산업전망기상도

맑음

글로벌 화장품 시장에서 한국 제품의 성장률이 크게 늘어나고 있다. 다만 한국 화장품 수출에서 절반을 차지했던 중국에서 한국산 화장품의 위세가 약해지고 있는 모습이다.

**글로벌 화장품
시장 내 한국산
점유율**

2010년
1.2%

2023년 1분기
7.1%

글로벌 시장 점유율 상승

한국 화장품의 기세가 무섭다. 글로벌 시장 내 한국 화장품의 시장 점유율이 상승 가도를 이어가고 있다. 글로벌 화장품 수출 내 한국산 점유율은 2010년 1.2%에서 2015년 3.5%, 2023년 1분기 7.1%다. 수출 중심형 국가인 한국에서 화장품 수출 기여도가 지속 높아지고 있기도 하다. 한국 전체 수출 내 화장품 비중은 2010년 0.1%에서 2015년 0.5%, 2023년 3분기 누적 1.3%를 차지한다.

한편, 화장품 수출 대상 국가의 변화가 있다. 중국의 수출 비중이 −11.8%포인트 줄고, 비중국의 수출 비중이 11.8%포인트 늘어남을 말한다.

한국 화장품은 일본 화장품 수입에서 점유율 37%로 1위에 올라섰다. 기존 1위는 프랑스였다. 인당 화장품 구매액이 가장 높은 국가로서 상당한 의미를 가진다. 화장품 시장 규모 최대국인 미국에서는 점유율 15%, 소비지출 여력이 가장 큰 동남아에서는 점유율 20% 수준에 달한다.

그간 한국 화장품 수출의 절반 이상을 차지했던 중국의 경우, 한국산의 위세가 약해지는 모습이다.

2019년 중국의 인당 GDP 1만달러 돌파 이후, 가심비 소비 성향 및 자국 브랜드 강화로 한국 브랜드의 점유율은 하락 기조를 이어가고 있다. 비중국 국가향 선전이 중국향 부진을 상쇄, 2023년 전체 화장품 수출은 성장 전환할 것으로 보인다. 2024년의 경우 중국향 수출 역신장 폭이 축소되면서 성장 폭을 키울 전망이다.

소비 행태 변화, 멀티숍향 저가 화장품

멀티숍향 저가 화장품이 대세다. 인스타그램·틱톡·유튜브 등의 뉴미디어를 통한 정보 습득, 소비자 리뷰가 새로운 소비자를 창출하는 마케팅 기법, 다양한 제품을 체험하며 구매하는 '공유 소비 시대'의 결과다. 멀티숍이란 수많은 브랜드와 제품을 한 공간에서 전개하는 채널로서, 온라인·전문점·편집숍·H&B·드럭스토어 모두를 일컫는다.

CJ올리브영이 2023년 연매출 3조원 달성을 눈앞에 두고 있다.

한국은 온라인과 올리브영 향 수요가 집중되고 있다. 일본은 프치프라(プチプラ; Petite Price)라는 신조어가 등장, 드럭스토어(마츠모토키요시, 엣코스메, 돈키호테 등)향 저가 화장품 판매가 강세다. 미국은 진품의 복제품을 뜻하는 이른바 Dupe형 저가 화장품이 울트라 뷰티와 세포라에서 인기를 끌고 있다. 중국과 동남아 또한, 화장품 구매 치애 채널로 온라인과 전문점이 안착하고 있다.

K-뷰티 인기 비결, 세분화·고품질·저가격

멀티숍향 저가 화장품으로 소비력이 집중됨에 따라 한국 화장품은 구조적 성장을 누릴 것으로 본다.
첫째는 제품 세분화 경쟁력이다. 한국 화장품은 전 세계에서 가장 세분화되어 있다. 화장품은 비내구재로써 시장이 매우 파편화되어 있다. 스마트폰과 자동차 시장에서 애플과 도요타의 섬유율이 각각 19%, 12%에 이르는 것과 달리, 화장품 최대 기업 로레알의 시장 점유율은 3%(로레알 단일 브랜드 기준)에 불과하다. 국가별 주요 화장품 전문점 내 브랜드 수를 살펴보면 올리브영 3568개, 울트라 595개, 세포라 326개, 아토코스메 178개다. 한국은 소비자 수요가 가장 파편화된 화장품, 특히 공유 시대에서 다양한 제품을 경험하려는 소비자에게 가장 많은 옵션을 제공할 수 있는 경쟁력을 지녔다.
둘째는 품질 경쟁력, 즉 제조 기술력이다. 화장품은 필수 소비재성 위생용품으

SECTION 2　18　생활소비재

미국에서의 한국 화장품의 인기가 급상승하고 있는 가운데, 미국 화장품 수입국 중 한국이 점유율 20.1%를 기록했다.

> 글로벌 화장품 시장에서의 점유율 또한 브랜드사는 하락하고 ODM사는 상승하는 모습이다. 더불어 국내 인디 브랜드의 해외 진출은 날로 늘어날 전망이다.

로 취급된다. 남녀노소 불문 기초 화장품(스킨, 로션 등), 여성의 베이스 색조 화장품(쿠션, 파운데이션 등)에 대한 사용은 일상화되어 있다. 환경 오염, 오존층 파괴, 팬데믹 등으로 위생 경각심이 오르고 있기도 하다. 구매 결정 요인에 브랜드력이 아닌 품질력이 주효한 이유다. 한국은 글로벌 최고 제조 기술력을 지닌 대형 ODM사를 다수 보유하고 있다. 글로벌 대형 브랜드사의 한국 ODM 제품 채택 또한 확대 추세다.

셋째는 가격 경쟁력이다. 품질 상향 평준화에 따라 고가품과 저가품 간 효능이 무차별하다는 인식이 확대되고 있다. 일본 장기 불황, 중국 성장 둔화, 서구권 고물가·고금리 등의 경제 상황 또한 저가품에 대한 수요를 확장시키고 있다. 한국의 화장품 가격은 주요국 중 가장 저렴하다. 화장품 카테고리별 판매 상위권 제품들의 평균 판가를 비교해 봐도 올리브영 제품이 미국 Ulta Beauty·Sephora, 일본 Lips, 중국 Watsons 대비 월등히 저렴하다.

화장품 ODM, 슈퍼 사이클 진입

화장품은 역피라미드형 산업 구조를 가진다. B2C(자체 기획·개발·생산·판매·유통-고자본 필요 대형 브랜드사 위주)에서 B2B(제조사 ODM 기획·개발·생산 전담, 유통사 멀티숍 판매·유통-소자본 중소형 인디 브랜드사 위주)화되는 시장 트렌드는 역피라미드 구조를 심화해 후방 제조사에게 최고의 낙수효과를 안길 것으로 본다. 실제 글로벌 화장품 시장에서의 점유율 또한 브랜드사는 하락하고 ODM사는 상승하는 모습이다. 올리브영의 활약, 실리콘투의 확장으로 국내 인디 브랜드의 해외 진출은 날로 늘어날 전망이다.

이에 국내 화장품 제조사는 대형 브랜드사의 외주 물량을 단순 제조하는 OEM에서 중소형 인디 브랜드의 기획 개발과 생산을 전담하는 ODM으로 안착했고, 이제는 국가별 위생·성분 관련 규제에 적합한 제품을 선별하여 기획 개발·생산하는 OGM으로 사업 모델이 발전하고 있다. 후방 제조사에 대한 의존도와 협상력은 지속 강화될 수밖에 없다.

소비 행태의 변화 속에서 더욱 그 저변을 넓혀가는 한국 화장품에 대해 적극적인 투자를 권유한다. 특히, 구조적 낙수효과를 입을 ODM사(코스맥스, 코스메카코리아, 한국콜마, 씨앤씨인터내셔널)를 바스켓 매수로서 접근 추천한다.

코스맥스, 글로벌 1위 화장품 ODM

최선호주는 코스맥스다. 이 회사는 2024년 영업이익 2000억원을 돌파할 것으로 추정한다. 한국의 경우 올리브영 인디 브랜드 추가, 국내 거래선 수출 확대, 글로벌 브랜드 아시아 물량 확장으로 미국은 ODM 사업 구조 안착, 색조 신규 고객 추가, 공장 일원화 기반 고정비 레버리지 효과 창출이 기대된다. 동남아에서는 인도네시아 글로벌 대형사향 대량 물량 확보, 태국 현지 특화 제품 강화, 중국에서는 광저우 신생 브랜드 유입 확대, 상해 규모화를 감안해 시장 성장에 부합한다. 모멘텀은 로레알과 기술 개발 MOU 체결, 미국 영업사무소 개소, 미국 OTC 전용 Lab 신설이다. 성장성은 업종 내 최고다. 절대 영업이익이 대형주 수준이다. 예컨대 아모레퍼시픽은 2533억원, LG생활건강은 2818억원이다.

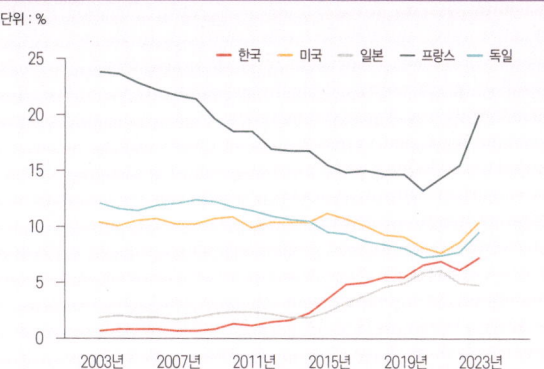

국가별 글로벌 화장품 수출 시장 점유율
자료: ITC Trade Map, 메리츠증권 리서치센터 ※2023년은 상반기 누적 기준

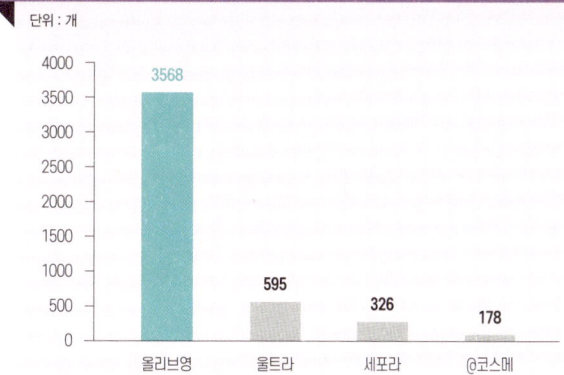

글로벌 주요 멀티숍별 화장품 브랜드 수
자료: 각 사, 메리츠증권 리서치센터 ※공식 홈페이지 게시 기준

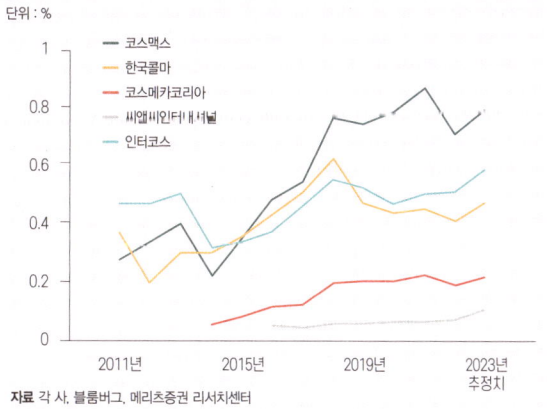

글로벌 주요 화장품 제조사 시장 점유율
자료: 각 사, 블룸버그, 메리츠증권 리서치센터

SECTION 2

19
철강·금속

신흥국 중심으로 철강 시장 빠르게 성장 예상

산업전망기상도

맑음

철강업종은 2024년 주요 선진국들의 통화정책 완화와 중국의 적극적인 경기부양 정책 영향으로 일정 수준의 수요 회복이 가능할 전망이다.

2023년 보다 나은 2024년…
중국의 경기 부양책 주목할 때

중국 철강 가격 약세에 변동성 확대

세계철강협회(WSA)는 2023년 4월에 발표한 보고서를 통해 중국의 경제 활동 재개, 유럽의 에너지 위기 완화 및 공급망 병목 현상 해소 등의 영향에 힘입어 2023년 전세계 철강수요로 1.7%를 제시했다. 하지만 같은 해 10월에 발표된 보고서에서는 1.8%로 소폭 상향 조정했다. 동시에 2024년 전망치로 1.9%를 제시했는데 통화긴축 정책을 감안하면 미국과 같은 선진국 철강 수요보다는 신흥국 수요가 더욱 빠르게 성장할 것으로 예상된다.

중국의 경우 2023년 3월 전인대에서 특별한 경기 부양책 발표가 부재한 가운데 엎친 데 덮친 격으로 2분기부터는 부동산 관련 지표가 재차 급격히 악화되면서 철강 수요에 부정적으로 작용한 결과 그 해 9월 누적 중국 조강 소비량은 1.5% 감소했다. 철강 가격 또한 부동산용 강재 중심의 급격한 수요 악화에 반해, 철강 생산 증가로 수급이 악화되면서 2023년 3월 고점을 기록한 이후 큰 폭으로 하락했다. 3분기 들어서도 여전한 건설용 강재 수요 부진과 폭우, 폭염 등의 날씨 이슈로 철강 수요가 부진했기 때문에 철강 가격 또한 반등에 실패했다.

2023년 8월부터는 철광석 및 원료탄 가격이 큰 폭으로 상승하면서 중국 철강사들의 원가 부담 가중의 원인으로 작용했다. 2023년 밀까지 중국 부동산 시장의 의미 있는 회복을 기대하기는 어려울 것으로 예상되지만 폭우, 폭염과 같은 날씨 이슈가 해소된 상황에서 최근 중국 정부의 1조위안 규모의 특별국채 발행을 통해 인프라 중심의 경기 부양 의지가 확인되었고 철강 감산 기대감도 여전히 유효한 상황으로 수급 개선에 따른 철강 가격 반등이 기대된다.

미국과 중국이 철강 가격 차이 커

중국을 제외한 기타 국가들의 철강 가격은 1분기까지 급등하면서 중국 가격과의 격차가 급격히 확대되었으나 3월 고점 이후에는 마찬가지로 약세로 전환했는데

세계 철강
수요 성장률

2024년, 세계철강협회

1.7%

경기 악화로 공사가 중단되었던 중국 헝다의 민간주택 건설 현장.

그래도 10월 말 현재 열연 기준으로 중국 유통가격은 톤당 500불 초반에 불과한 데 반해 미국 가격은 700불 후반 수준으로 여전히 격차가 벌어져 있는 상황이다.

글로벌 철강 수요, 일정 수준 회복 전망

2024년 글로벌 철강 시장의 여건은 2023년보다 개선될 것으로 예상된다. 중국의 경우 여전히 신규주택 및 2~3선 도시 시래가 부진한 상황이다. 하지만 2023년 7월부터 지방정부들이 본격적으로 부동산 구매 관련 정책들을 발표함과 동시에 2024년에도 추가 부양책과 금리인하 정책 전망을 감안하면 장기적으로 중국의 주택 수요는 저점에 도달했다고 판단된다. 2021년부터 여러 문제로 부동산 신규 착공이 급격히 감소한 영향에 의해 2024년에는 하반기로 갈수록 부동산 공급이 감소할 것으로 예상된다. 동시에 시장에서 우려하는 중국 부동산 개발업체들의 신용 위험은 2024년 1분기가 정점일 전망이며 향후 1~2년간 구조조정이 진행될 것으로 예상된다.

동시에 2023년 10월에 발표한 1조위안의 특별국채는 올해와 내년에 각각 5000억 위안씩 모두 인프라투자로 집행될 예정으로 인프라 투자 증가율을 4~6% 견인할 것으로 기대된다. 결론적으로 중국 철강 수요는 올해 하반기를 저점으로 2024년 하반기로 갈수록 서서히 회복될 것으로 예상된다.

최근 이스라엘-팔레스타인 전쟁으로 인

SECTION 2
19 철강·금속

WSD 선정 '세계에서 가장 경쟁력 있는 철강사' 13년 연속 1위에 오른 포스코.

> 2024년 글로벌 철강 시장의 여건은 2023년보다 개선될 것으로 예상된다.

플레이션 우려가 재차 확대되고 있지만 2024년에는 주요 선진국들의 통화정책 완화와 중국의 적극적인 경기부양 정책으로 수요 회복이 가능할 전망이다.

최선호주, 현대제철·POSCO홀딩스
현대제철은 국내외 부진한 철강 수요와 그에 따른 철강 가격 하락으로 2023년 3분기 수익성이 급격하게 악화됐다. 하지만 2023년 9월부터 진행된 큰 폭의 주가 조정으로 현재 주가는 밴드 최하단에 근접한 PBR 0.22배 수준에서 형성되고 있기 때문에 상당 부분 주가에 선반영되었다고 판단된다.
2023년 4분기 현대제철의 판매량 증가와 중국의 감산 기대감이 여전히 유효한 상황으로 3분기를 바닥으로 영업실적이 점차 개선될 것으로 예상된다.
글로벌 철강가격 하락과 리튬을 비롯한 2차전지 소재 가격 하락으로 POSCO홀딩스 주가는 2023년 7월 고점 이후 조정을 받았다. 단기적으로는 글로벌 전기차 수요 둔화가 센티먼트 상 부담으로 작용하겠지만 2차전지 소재 사업을 통해 새로운 성장동력을 확보하겠다는 전략은 여전히 유효하다고 판단된다.
현재 수산화리튬 가격이 포스코홀딩스에서 제시한 가격 대비 낮은 수준까지 하락했지만 장기적으로 글로벌 경기 회복과 2차전지 수요가 동반 회복되는 시점에 리튬 가격은 재차 상승세로 전환될 것으로 예상되기 때문에 이를 감안한 장기적인 관점의 투자가 필요한 시점이라 판단된다.
세아베스틸지주는 하반기 영업상황 악화에 따른 실적 부진이 부담스럽지만 3분기 주가 조정으로 어느 정도 선반영되었다고 판단된다. 현재 주가는 PBR 0.4배 수준으로 밸류에이션 부담이 제한적인 가운데 장기적으로는 세아베스틸의 CASK

(사용후 핵연료처리장치)사업과 세아창원특수강의 사우디 스테인리스 무계목 강관 공장이 새로운 성장동력으로 작용할 전망이다.

세아제강의 경우 유가가 높은 수준으로 유지되고 있는 가운데 최근 중동의 지정학적 리스크가 확대되면서 미국 EIA(에너지정보청)가 내년 유가 전망치를 상향하는 등, 국제유가 강세 전망이 확대되고 있다는 점에 주목해야 한다. 동시에 미국 내 원유 생산량이 올해뿐만 아니라 내년에도 증가할 것으로 예상된다는 점도 미국의 에너지용 강관 수요에 긍정적이다. 그러나 예상과는 달리 북미 Rig 수치는 연초 대비 19% 감소한 상황에서 여전히 횡보하고 있는데 이는 북미 소재 화석연료 개발 업체들이 과거처럼 유가 상승에 기반한 공격적인 투자를 주저하고 있기 때문인 것으로 판단된다. 그럼에도 불구하고, 올해 하반기 바닥을 다진 이후 유가 강세가 장기화될 경우 내년부터는 Rig 수치 상승이 가능할 것으로 예상된다. 글로벌 경기 둔화에 따른 영업실적 Peak Out 우려로 세아제강의 현재 주가는 PER 2배, PBR 0.4배에 불과해 올해 예상 ROE 19.4% 감안 시, 여전히 과도하게 저평가되었다고 판단된다.

풍산은 러-우 전쟁 장기화로 한동안 판매자 중심이었던 방산 시장이 구매자 중심으로 전환되면서 이익률 하락에 대한 우려가 제기되었다. 동시에 전기동 수요 악화 및 가격 하락 지속의 영향으로 풍산의 주가도 하락세를 지속하며 현재는 PBR 0.47배 수준에서 거래되고 있기 때문에 밸류에이션 부담은 제한적이다.

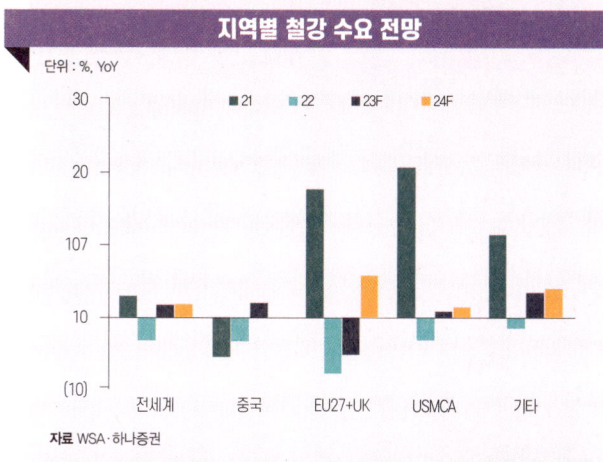

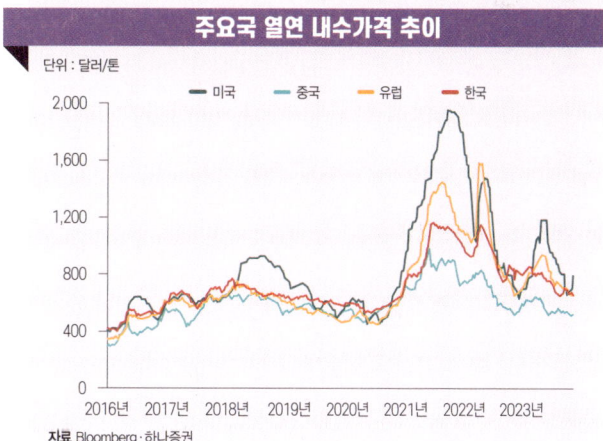

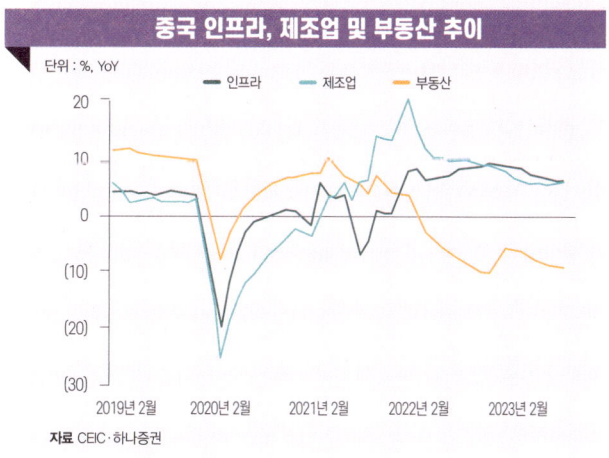

SECTION 2

20
건설·건자재

총선 이후로 변화될 부동산 시장, 착공 증가할 수 있을까?

산업전망기상도

흐림

주택 시장의 착공 규모가 줄어들고 있는 것은 분명 건설업종에 악영향을 미친다. 다만 B2C 인테리어에 매출 비중이 높은 건설자재 기업들은 2024년 실적이 상승할 것으로 보인다.

**불확실성 큰 건설업 보다
건설 자재업이 더 전망 밝아**

무엇보다 중요한 착공

주택업종의 주가 전망을 하는데 있어서 가장 중요한 지표는 착공이다. 많이 짓느냐, 적게 짓느냐가 결국 건설사의 매출액의 증감에 직접적인 영향을 미치기 때문이다. 주택시장의 규모가 확대되고 있는지, 축소되고 있는지는 착공의 증감에서 확인할 수 있는 것이다.

하지만 2023년 착공은 2022년에 비해 40% 이상 감소하면서 주택업종의 부진을 확인시켜 줬다. 착공이 감소하게 된 배경은 사업주가 부동산 개발하는데 돈을 벌 수 있는 환경이 아니기 때문이다. 판매가를 올리지 못하는 상황에서 원가가 크게 상승했으나 자연스러운 현상이다.

사업주의 주택 판매 가격이라고 할 수 있는 분양가는 주변 시세의 흐름과 궤를 같이 한다. 시세가 오르는 중이면 가격을 올려서 판다고 해도 팔리는 것이고, 시세가 내려가는 흐름이라면 가격을 올려서 팔면 안 팔릴 것이기 때문이다.

부동산 시세는 작년 12월을 바닥으로 소폭 상승했지만, 여전히 고점 대비 20% 이상 하락한 가격이다. 현재 시세는 2021년 초와 유사하기 때문에 분양판매가도 2021년 분양가에 준하는 가격으로 책정되어야 판매가 가능하다는 의미다. 하지만 원가라고 할 수 있는 건축비, 금융비용은 2021년에 비해 크게 상승했다. 건축비는 30% 이상 상승했고, PF 금융비용은 기준금리가 0.5%에서 3.5%로 상승함에 따라 3배 이상 증가했다. 판매가는 크게 다르지 않은 상황에서 원가가 크게 상승하다 보니 사실상 남는 이익은 고사하고 손해보면서 판매해야 하는 상황이 나타난 것이다.

그래서 사업주는 개발 및 착공을 하기보다 시세가 상승할 때까지 기다리는 전략을 취할 수밖에 없어, 착공의 감소로 이어진 것이다. 결국 착공이 반등할 수 있는 시기는 시세가 개발 이익이 가능한 시점까지 상승하는 때다.

한국부동산원의 아파트 실거래가 지수를 보면, 매매 시세는 작년 말을 바닥으

**2023년 착공
전년 대비
40% 감소**

**PF금융비용
전년 대비
3배 증가**

로 올해 9월까지 상승하는 모습을 보여줬다. 그 배경에는 규제지역 해제와 같은 정책 변화, 특례보금자리론과 같은 대출 정책, 증시 상승에 따른 자본소득 증가, COFIX 하락 등으로 수요가 증가했기 때문이다.

하지만 추석 이후로 시중금리가 상승하고, 증시가 하락했으며 규제가 강화되는 등 수요 감소에 영향을 미칠 수 있는 이벤트들이 발생하고 있다. 총선 전까지 가계 부채 관리 등 지금의 상태를 최소한 유지하려는 모습을 보일 수 있어서, 부동산 시장 내 수요 진작에 따른 시세 상승을 기대하기 어렵다. 따라서 여전히 착공이 부진한 모습을 총선 전까지 나타날 것으로 전망한다.

총선 이후 금리가 하락한다면

2024년 4월 총선 이후 PF 부실 정리 및 기준금리 인하 등으로 금리가 하락하기 시작할 때, 착공이 바로 반응하기는 어려울 것으로 전망한다. 기준 금리 인하 등 금리 하락은 경기가 정말로 어렵다는 것을 방증하는 것으로, 부동산 시장 내 주머니 사정이 좋을 수 없다.

하지만 내리간 금리가 안정화되는 시기에는 금리 하락에 따른 경제 활성화가 나타날 것이므로, 그때부터 시세가 상승하면서 착공 가능성 여부를 확인할 수 있을 것이다. 2024년 3분기 기준금리가 인하될 수 있다고 가정한다면, 2024년 4분기에서 내후년 1분기 정도에 반등 시그널이 나타날 것으로 전망한다. 즉 2024년 내

2025년부터 부동산 시장은 반등할 것으로 기대를 모으고 있다.

SECTION 2
20 건설·건자재

2024년 하반기 내장재 시장은 착공과 출하 감소로 악화될 수 있다.

> 2024년 내내 착공은 부진하고, 2025년부터 반등 가능할 것으로 기대한다. 따라서 주택주는 2024년 쉬어 가는 해다.

내 착공은 부진하고, 2025년부터 반등 가능할 것으로 기대한다. 따라서 주택주는 2024년 쉬어 가는 해다.

착공 지표와 연관이 깊은 내장재들도 갈수록 악화될 수 있다. 시멘트는 2023년 4분기부터 2024년까지 내내 악화될 전망이며, 내장재의 경우에는 2024년 하반기부터 악화될 것으로 전망한다. 착공을 시작하고나서 약 6개월에서 1년뒤부터 시멘트, 레미콘, 철근이 투입된다고 봤을 때, 2022년 하반기부터 착공이 크게 감소하기 시작했으므로 2023년 하반기부터는 출하가 감소한다. 그리고 2023년 착공도 전년에 비해 절반에 가깝게 감소했으므로, 2024년 출하도 크게 감소할 수밖에 없는 상황이다. 내장재의 경우 착공 후 약 2년 뒤부터 투입된다는 것을 생각했을 때 2024년 하반기부터 악화될 수 있음을 짐작해 볼 수 있다.

2024년 4분기 시세 반등 수혜주는
인테리어

2024년 3분기까지 시세가 박스권에 갇히면서 부진하다가 4분기부터 상승할 수 있다고 보는 이유는 기준금리 외에 공급요소인 준공물량의 영향도 있다. 봉상 아파트를 평균 3년정도 걸려서 짓는다고 볼 때 2025년부터 2027년까지 입주 물량 감소가 예상된다.

착공이 2021년을 정점으로 2022년부터 감소했고, 2024년까지 부진하다고 보기 때문이다. 장래 수급불균형에 따라 거주비용이 증가하고, 이에 따라 매매 시세도 상승할 수 있다. 매매 시세 상승과 동반하는 매매거래량 증가를 생각해볼 때, B2C 인테리어의 실적이 증가할 수 있다. 종목은 LX하우시스, 한샘, 현대리바트 B2C 인테리어와 매매거래량 지표는 연관관계가 깊다. 인테리어에서 주방, 화장실, 창호는 대부분 전월세보다 구축 매매할 때 교체하는 경우가 많다. 매매거래량 지표는 계약시점에 집계되는 반면, 실제 인테리어가 투입되는 시점은 잔금시점, 입주시점이다. 그래서 매매거래량과 B2C 인테리어의 실적의 방향성은 약 3개월에서 길면 6개월의 시차가 존재한다.

B2C 인테리어 업황의 호조에 따른 수혜 기업은 LX하우시스, 한샘, 현대리바트가 있다. 그 중 LX하우시스는 2024년 추정치 기준 PER 5배로 다른 건자재 업체 대비 매우 저렴한 주가 수준이다. 따라서 밸류에이션 관점에서 부담 없이 살 수 있는 가격이다. 다만 주가 모멘텀을 고려했을 때 주가가 상승할 수 시기를 2024년 하반기로 보고 있으며, 그 전까지는 코스피를 따라 박스권 안에서 보합 수준에 머물 것으로 전망한다.

LX하우시스 2025년 실적 개선 기대

LX하우시스는 건축자재 부문이 전체 매출액의 70%를 차지하며, 그 중 창호가 40%, 장식재와 표면소재가 25~30%를 차지한다. B2B부문의 매출액이 약 60~70%이며, B2C가 30~40%를 차지한다. B2B 건축자재는 2024년까지 호조를 보이다가 2025년부터 감소, B2C 건축자재는 2024년까지 견조한 흐름을 유지하다가 2025년부터 호조가 예상된다.

자동차 및 산업소재 부문은 2024년 경기 둔화 우려로 다소 보수적으로 보고 있지만, 기준금리 인하 이후 경기가 살아나기 시작할 때부터 다시 실적이 개선될 수 있을 것으로 전망한다. 따라서 2024년의 실적은 2023년과 크게 다르지 않지만, 2025년은 개선될 수 있을 것으로 기대한다.

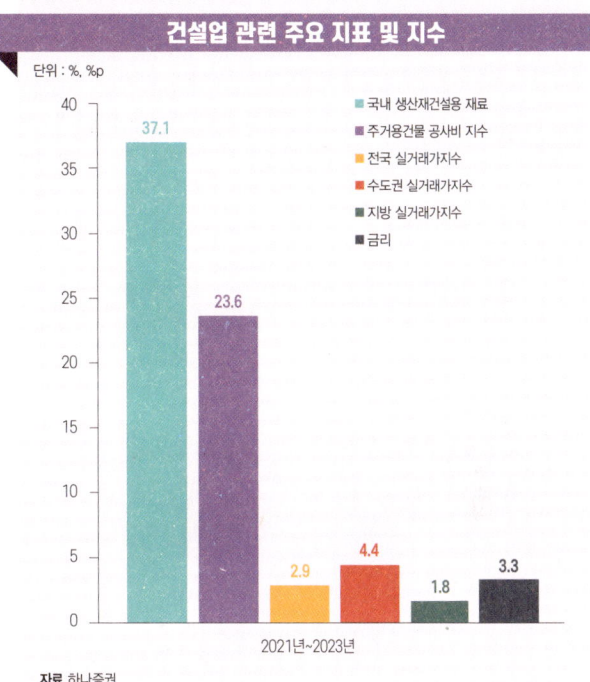

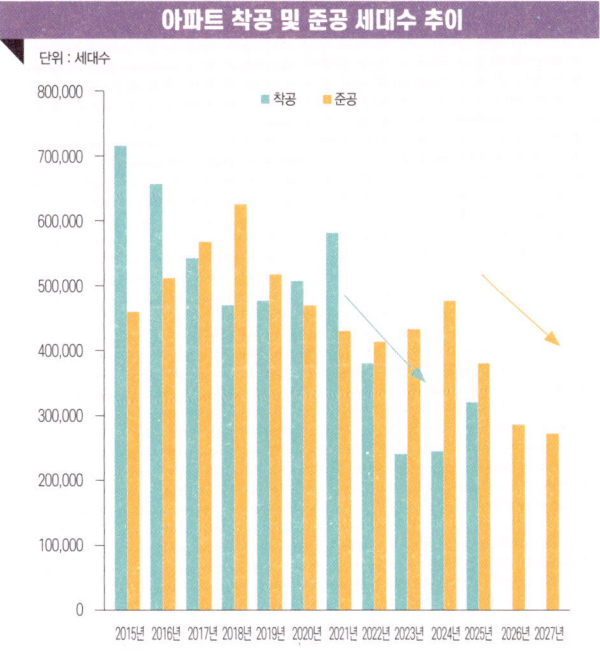

SECTION 3   INVESTMENT STRATEGY

HASHTAG
Investment Strategy

#채권ETF #미국채권 #모기지리츠ETF #빅테크

글로벌 ETF

2024년에도 고금리 환경이 지속될 가능성이 높아짐에 따라 채권 ETF의 높은 인기가 이어질 전망이다. 주요 선진국 가운데 미국의 금리가 가장 높아 미국 채권에 투자하는 ETF의 투자 매력이 높은 상황이다. 채권 ETF 외에도 자산 가격 변동성이 낮은 가운데 고정적으로 고금리를 제공하는 배당 ETF들도 유망하다.

#인플레 #Fed #단기금리

투자 전략

2024년 상반기까지는 반도체를 비롯한 투자 관련 경기민감주의 상대적 강세가 나타날 것으로 전망한다. 이어 후반부에 가까워질수록 '인플레'에 촉각을 세워야 한다. 지금의 '과잉긴축'은 조정장을 만들지만, 훗날의 '인플레'는 하락장을 만들 것이기 때문이다. 따라서 2024년 후반부부터는 '단기금리'에 주목하며, 리스크에 대비할 필요가 있다.

#귀금속 #산업금속 #농산물

원자재

원자재 시장(S&P GSCI 기준)은 3년 연속 상승률을 기록 중이다. 2024년 원자재 시장은 단기 기대와 장기불확실성 공존 속에서 한 템포 쉬는 숨 고르기 장세가 예상된다. 2024년 원자재 투자는 중립적인 시각과 트레이딩 관점으로의 접근을 권고한다. 또한 불확실성 속에서는 귀금속 섹터에서 양호한 성과를 기대할 수 있다.

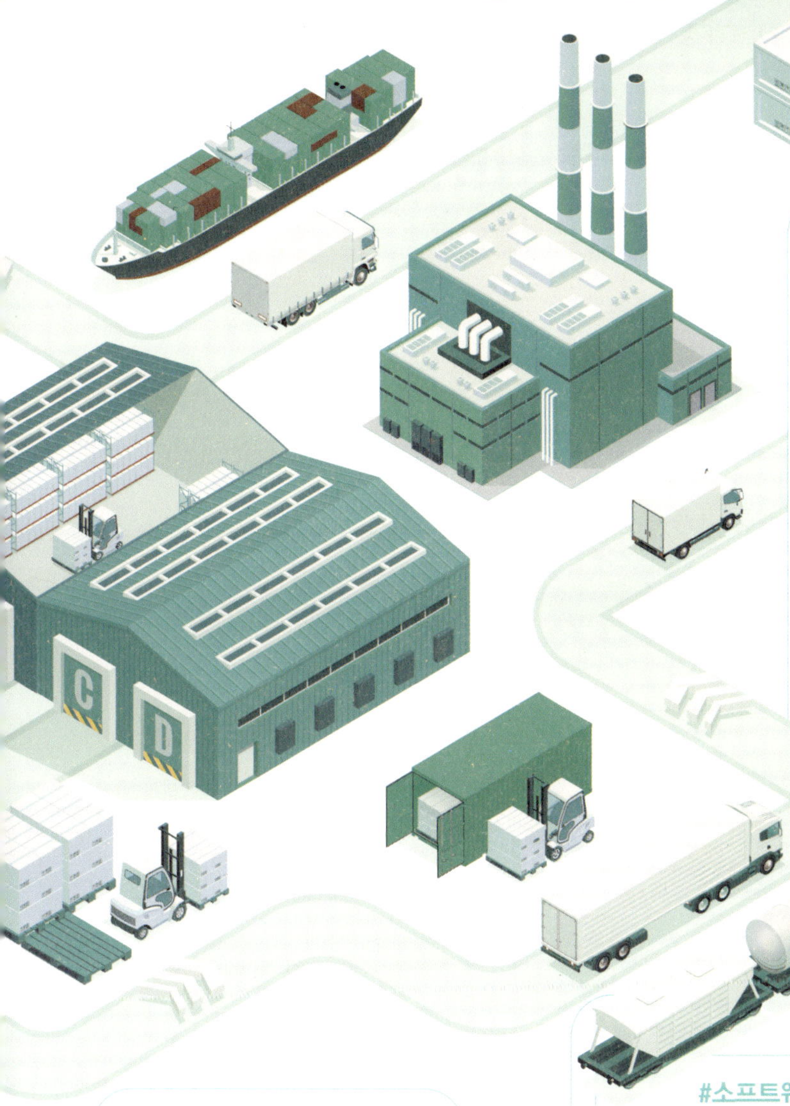

#중국 #탈부동산
#역U자형 패턴
#수출회복 #미중관계

글로벌 투자 전략 – 신흥국

2024년 중국 경기는 역U자형 패턴이 예상되고, 2024년 모멘텀 측면에서 중앙정부의 재정집행, 고정투자(인프라·부동산), 재고 사이클, 수출 회복 탄력, 미중 관계 모두 '상고하저' 패턴이 예상된다. 상반기에는 세 가지 변화(중앙정부·부동산·미중관계)를 통해 밸류에이션 하락이 중단되고 기업이익 반등을 주가지수가 점진적으로 반영할 것이다.

#소프트웨어 #헬스케어
#반도체 #유통 #여행

글로벌 투자 전략 – 선진국

2024년 1분기는 위험과 기회가 공존할 것으로 보인다. 업종을 선별하는 기준은 부채 비율이 고점 대비 하락했는지, 영업이익률은 높아질 것인지, 순이익 보다는 FCF(잉여현금흐름) 증가율이 높을 것인지가 핵심 변수다. 해당 기준을 충족하는 업종은 S&P500지수 내 소프트웨어·헬스케어·반도체·장비·유통·소비자서비스(여행·레저)다.

#의료AI #로봇시장
#딥노이드

스몰캡

2024년 관심 기업은 2008년 설립된 국내 1세대 AI 개발 전문 업체 딥노이드다. 딥노이드는 지난 10월 17일 2차전지 제조 공정 향 산업용 AI 솔루션 딥팩토리 공급 계약을 체결했다. 확정 계약금액은 75억원으로, 작년 매출액 대비 235.7%에 해당하는 금액이다.

SECTION 3　01 스몰캡

의료AI와 로봇 시장의 구조적 성장 예상

AI 로봇 등 메가 트렌드의 지속

2023년 말에는 인플레이션 우려가 지속적으로 작용해 미국의 기준금리 하락 가능성이 줄어들어 투자 심리를 약화시키고 있다. 금리 상승과 더불어 미국의 채권 자금 조달 수량 증가에 따라 10년물 국채 금리가 5%에 육박하는 수준을 기록하며 주식시장 자금 유출을 가속화하고 있는 상황이다.

또한 저성장이 예상된다는 점도 시장 불안으로 존재한다. 2023년 예상되는 우리나라의 실질 GDP 성장률은 1% 이하로 저성장이 전망되는 상황임에 따라 성장을 대표하는 코스닥의 주가 부진은 예정된 수순이었다. 이외에도 3년간 최대 규모를 기록하고 있는 공매도 잔액, 역대 최대 규모의 미수금 반대매매 등 대내외적으로 불안한 시장환경이 조성되고 있으며, 이는 지난 9월, 10월 과대한 낙폭을 불러오는 주요한 요인들로 작용했다.

불안정한 대내외 투자 환경이 조성될수록 투자자들은 과대한 낙폭을 만들어낸다. 하지만 역사적으로 과대 낙폭은 저점 매수의 기회로 작용해 왔다. 과거 사례를 통해 우리가 주목해야 할 점은 코스닥의

월마트 전체 물류 거점 로봇 도입
2023년까지
33.3%

2026년까지
65% 이상

경우 또 다른 메가 트렌드가 등장하지 않는 이상 기존에 주도하던 섹터 및 테마의 하락세가 벤치마크 대비 강했지만, 이후 증시 회복 국면에서 리바운드 또한 강했다는 점이다. 결국은 당시 성장성이 부각되던 주도 섹터는 낙폭의 규모 여부와 관계없이 다음 고점까지 강세를 이어가고 있기 때문에 새로운 메가 트렌드가 부상해 시장을 주도하지 않는 이상 2023년 신규 메가 트렌드로 부각되었던 인공지능(AI), 로봇 등의 수익률은 2024년에도 기대된다는 의미다.

생성형 AI 도입으로 진화하는 의료 AI

먼저 의료 AI는 2022년 연말에 등장한 생성형 AI가 부각되면서 국내에서 관심이 높아져 왔다. 기존의 의료 AI는 부족한 기술력으로 인한 낮은 신뢰성과 보조적인 역할에 불과한 낮은 사업성, 건강보험 등재의 어려움 등 규제로 인한 한계 등이 주요 허들로 작용해 왔었다. 하지만 생성형 AI의 등장으로 AI는 스스로 결과를 도출해내는 형태로 발전을 거듭하고 있는 상황이다. 과거 의료AI의 주요 기능은 가장 적합한 치료 옵션을 선택해주는 형

태에 불과했다면, 자연어 처리 기반의 AI가 등장하면서 의료 기록을 스스로 학습하고 임상 결과의 근거들을 파악하는 능력을 갖춘 형태로 기술이 발전되고 있다. 로봇의 경우에도 중소형, 대형 불문하고 물류, 자동차, 반도체, 2차전지 등 산업 전반으로 적용되고 있는 추세다. 대표적으로 월마트는 2023년까지 전체 물류 거점의 3분의 1, 향후 3년 내 물류 거점의 65%를 로봇 도입을 통한 자동화 설비로 교체할 계획을 밝혔고, 아마존은 이동형 로봇 75만대를 도입해 전체 물류의 4분의 3을 로봇이 이미 담당하고 있는 상태이다. 국내의 경우 물류 산업보다 신규로 건설 중인 2차전지, 자동차 산업에서 자동화 전환이 빠른 상황으로 이미 국내 로봇 제조업체들은 대기업향 수주를 다수 유치해 둔 상황이다. 국내 대기업들은 로봇의 필요성을 빠르게 느끼기 시작하면서 중소 로봇 기업들을 대상으로 투자를 진행하는 등 주력 산업으로 성장할 것으로 기대된다.

> 로봇의 경우에도 중소형, 대형 불문하고 물류, 자동차, 반도체, 2차전지 등 산업 전반으로 적용되고 있는 추세다.

의료AI와 로봇은 구조적인 성장성을 가진 산업으로 2024년에도 관심이 지속될 것으로 판단한다. 두 산업 모두 인구론적인 관점에서 필수적인 산업이다. 고령화가 심화됨에 따라 자연스럽게 의료 인구는 적어지고 치료가 필요한 노령 인구가 증가하고 있는 추세이다. 양질의 의료 서비스를 유지하기 위해서는 기존 의료 전문 인력을 대체하거나 보조해 효율을 증대시킬 수 있는 기술이 필수적이다. 공중 보건의 후퇴를 막기 위한 정부단의 노력도 주목할 필요가 있다. 현 정부는 디지털 헬스케어 산업 성장의 필요성을 느껴 의료AI 기술의 시장 진입을 위한 절차를 간소화하거나 건강보험 수가 받는 절차를 단순화시키고 있다. 기존의 경우 임상적 유효성을 확보하기 위한 데이터 수집에 중소기업들이 어려움을 겪었다. 하지만 2023년부터 본격적으로 시작되고 있는 규제 완화 흐름에 따라 중소기업들은 선진입한 후에 평가를 받을 수 있어 수익을 미리 확보할 수 있게 되었다. 이에 따라 국내 의료AI 기업들은 2023년부터 유효한 매출을 기록할 수 있을 것으로 판단하며, 2024년에는 시장 개화에 발맞춰 성장을 지속할 것으로 전망한다.

로봇의 경우에도 선진국의 노동 인구 부족 현상과 주요 노동 공급 국가의 임금 상승이라는 구조적인 변화에 대응하는 산업이다. 실제로 최근 산업에 로봇이 도입되는 사례를 살펴보면 먼저 국내 기업들

혁신적 의료기술 요양급여 여부 평가 가이드라인 제정 현황

구분	버전	일자	주요 내용
1	제1판	2019년 12월	혁신적 의료기술의 요양급여 여부 평가 가이드라인 제정 ·AI기반 의료기술(영상의학분야) ·3D 프린팅 이용 의료기술
2	제2판	2020년 12월	혁신적 의료기술의 요양급여 여부 평가 가이드라인 제정 ·AI기반 의료기술(병리학분야)
3	제3판	2022년 12월	혁신적 의료기술의 요양급여 여부 평가 가이드라인 제정 ·(개정사항) 혁신의료기기 통합심사 평가 시행에 따른 신의료기술평가대상 추가
4	제4판	2023년 8월	혁신적 의료기술의 요양급여 여부 평가 가이드라인 제정 ·(개정사항) 인공지능 기반 혁신의료기술의 임시등재 추가 및 3D 프린팅 기술과 분리작성

자료: 보건복지부·하나증권

SECTION 3 01 스몰캡

이 공장을 설립하고 있는 조지아, 켄터키의 2023년 기준 최저임금은 시간 당 $5.15~7.25로 미국 내에서 상대적으로 낮은 임금 수준이지만, 조지아의 경우 2023년 초 2025년까지 순차적으로 $15.0까지 인상하는 법안을 발의하는 등 고인플레이션 환경 속에서 임금 부담은 지속적으로 상승하고 있다. 리쇼어링 정책을 펼치고 있는 미국 소재의 공장들은 로봇을 통한 자동화 수요가 많을 수 밖에 없는 구조적인 환경이 펼쳐진 상황이다. 국내도 사정이 다르지 않다.

미국 조지아주 임금 인상 예정
2025년까지
15달러

확실한 성장 산업에 투자해야
삼성전자는 인구 절벽으로 인한 구인난을 타파하고자 2030년까지 무인 공장 도입을 추진한다고 밝혔다. 중소기업의 경우 더욱 심각한 생산직 인력난을 겪고 있는데, 2021년 대비 2022년 인력난 증가율은 11.7%로 이미 지방 기업의 인력난은 심각한 수준이다. 노동 인구 감소에 따른 구조적인 변화 속에서 로봇 도입은 기업 생존의 문제로 부상하고 있는 만큼 2024년에도 로봇 산업의 구조적인 성장은 당연한 수순이다.

어려운 코스닥 투자환경 속에서 수익을 내기 위해서는 확실한 성장 산업에 투자할 필요가 있다. 2023년 시장에 새롭게 부상한 메가 트렌드인 의료AI와 로봇은 구조적인 성장이 예상되는 산업이다. 오히려 두 산업 모두 2024년부터 본격적인 매출 인식 및 수익성 증대가 예상되는 만큼 2024년에도 코스닥을 이끌 성장 산업으로 부각될 것으로 예상한다. 결국 2023년에도 2024년에도 가장 중요한 것은 산업 성장성과 우호적인 정부 정책이기 때문이다.

딥노이드, 의료와 산업 AI를 모두 다 갖춘 업체
2024년 관심 기업은 2008년 설립된 국내 1세대 AI 개발 전문 업체인 딥노이드다. 딥노이드의 사업군은 크게 의료 AI와 산업 AI로 분류된다. 뇌동맥류 AI 영상 판독 솔루션인 딥뉴로(DEEP:NEURO)와 딥러닝 기반 머신비전 솔루션인 딥팩토리(DEEP:FACTORY)를 주력 제품으로 보유하고 있다. 동사는 딥뉴로와 비급여 적용을 통한 의료 AI 매출 본격화에 따라 2024년부터 폭발적인 성장이 예상되며, 연내 딥팩토리의 글로벌 Top-Tier 2차전지 신규 고객사 향 수주 확대에 따른 2차전지 시장 가치가 더해질 전망으로, 의료 AI Peer(뷰노, 제이엘케이)의 평균 시가총액 4500억원과 산업 AI 딥러닝 개발 기술을 가진 직접 경쟁사 수아랩(코그넥스의 인수금액 2300억원)을 고려했을 때 가장 저평가된 AI 기업으로

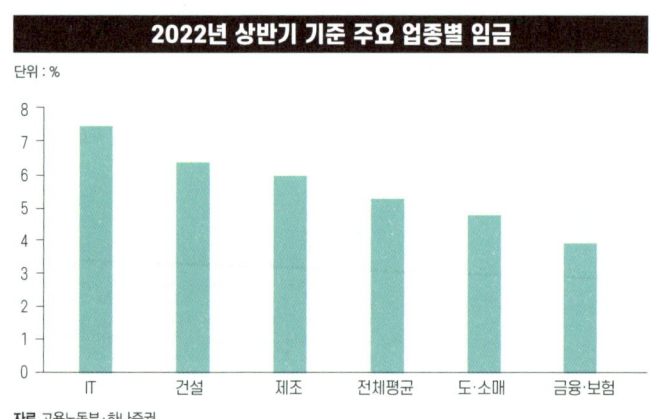

2022년 상반기 기준 주요 업종별 임금
단위 : %

자료: 고용노동부·하나증권

판단된다.

딥노이드는 지난 8월 14일 뇌동맥류 의료 AI 솔루션인 딥뉴로의 혁신의료기기 선정이 완료되며 병원과의 실증 사업이 연내 본격화될 전망이다. 뇌동맥류는 뇌 MRA 검사를 통해서만 진단이 가능하며, 뇌질환 의심 증상이 나타날 때 가장 먼저 시행되는 검사다. 보험 급여 확대 이후 연간 검진수가 지속 증가하는 추세로 동사는 딥뉴로 사용 건당 ASP 4만원, 연간 뇌 MRA 촬영 건수 110만 건(연간 뇌혈관질환 환자수로 가정) 기준, 하나의 솔루션만으로도 약 400억원의 매출이 가능하다고 내다봤다.

국내 병의원과의 파트너십 또한 속속히 체결하고 있다. 9월 중앙대병원과 딥뉴로를 활용한 공동 연구 진행을 위한 전략적 제휴를 통해 딥뉴로의 첫 병원 도입이 기대되며, 의료AI 임상의 초석이 마련됐다. 2021년 상장 당시 연세세브란스, 분당서울대병원을 포함해 다수 병원에 AI 플랫폼 딥파이를 공급했던 만큼 상급 병원과의 네트워크를 다수 구축하고 있다. 딥뉴로 외에 딥팍스 프로(DEEP:PACS PRO)의 동남아 시장 진출도 기대된다. 작년 3분기 국내 식약처 인증을 받은 솔루션으로 PACS 보급률이 낮은 동남아로 매출이 확대될 계획이다. 딥체스트(DEEP:CHEST), 딥렁(DEEP:LUNG), 딥스파인(DEEP:SPINE) 3종은 향후 국내 건강검진센터를 중심으로 공급이 확대될 전망이다.

딥노이드는 지난 10월 17일 2차전지 제조공정 향 산업용 AI 솔루션 딥팩토리 공급 계약을 체결했다. 확정 계약금액은 75억원으로, 작년 매출액 대비 235.7%에 해당하는 금액이다. 국내 AI 업체 중 2차전지 AI 비전검사 솔루션을 최초 양산하며, 공시된 국내 AI 솔루션 단일 공급계약 중 최대 규모라는 점에 주목해야 한다. 글로벌 리딩 머신비전 개발 및 판매 업체와의 협업을 통해 2차전지 검사 장비 시상에 첫 진출한 것으로 파악된다. 딥팩토리는 이미 국내 주요 디스플레이 및 반도체 업체에 공급 레퍼런스를 확보하였으며, 이번 2차전지 머신비전 공급 레퍼런스를 통해 다양한 산업군에 적용되는 스마트팩토리 사업이 본격화될 것으로 전망한다.

시장조사기관에 따르면 머신비전 시장은 2022년 10조원에서 2030년 18조원까지 성장할 것으로 전망된다. 머신비전 시장은 2010년부터 부상하였으며, 초기 PCB와 같은 전기전자 부품 산업을 중심으로 공급이 확대되고 있다.

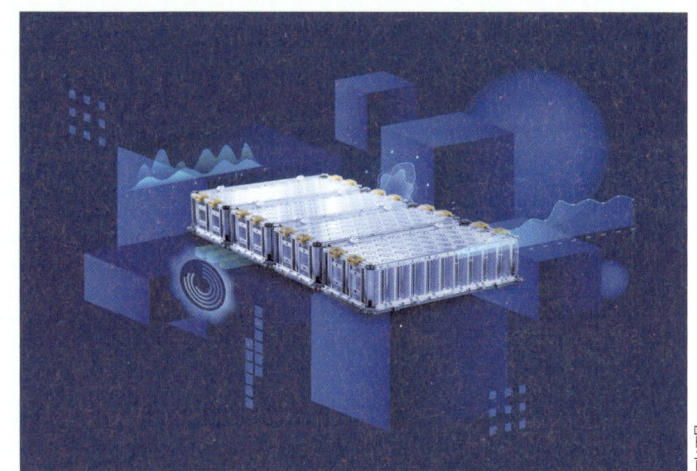

AI기술력을 바탕으로 보안, 스마트팩토리 등 산업분야 시장에서 성장세를 이어가고 있는 딥노이드.

> 삼성전자는 인구 절벽으로 인한 구인난을 타파하고자 2030년까지 무인 공장 도입을 추진한다고 밝혔다.

세계경제의 오프비트(Offbeat): 공존이 어려운 것들의 공존

2023 장면들의 재현

코로나19가 전 세계를 휩쓸고 지나간 지도 어느덧 4년이 다 되어 간다. 팬데믹의 충격과, 그 충격에서 조속히 벗어나고자 선택된 재정과 통화정책은 결국 과잉대응으로 판명되면서 전 세계적인 인플레이션을 유발했다. 그리고 40년 만에 가장 높아진 인플레이션율을 꺼뜨리기 위해 전 세계 중앙은행들은 과감한 긴축을 단행했다.

미국 중앙은행(Fed)은 1년이 조금 넘는 기간 동안 정책금리를 525bp나 인상했다. 이는 1980년 이후 가장 빠른 속도의 긴축이다. 이쯤 되면 시차를 두고 물가가 이미 안정되어 있거나 경기가 후퇴했어야 정상이겠지만, 2023년 미국경제의 성장세는 2022년에 비해 더욱 강해졌다. 사실은 재정 자극이 가세했기 때문이다. 이는 소비자들의 가처분소득을 키우고, 반도체와 2차 전지 기업 중심의 미국 리쇼어링 가속화와 제조업 투자확대를 유발했다. 결국 금리는 더 올랐고, 물가안정은 지연되었다.

언뜻 말이 안돼 보이는 이러한 장면들이 2024년에도 빈번히 관찰될 가능성이 커

세계 GDP 성장률
2023년 3.1% → 2024년 2.9%

한국 GDP 성장률
2023년 1.3% → 2024년 2.3%

보인다. 첫째는 세계 경제 성장률 둔화(2023~2024년 3.1%→2.9%)와 한국 수출의 회복, 둘째는 미국 소비 모멘텀 약화와 투자의 약진, 마지막으로 한국 경기회복(2023~2024년 GDP성장률 1.3%→2.3%)과 한국은행 금리 인하(하반기 75bp) 등 공존하기 어렵다고 생각하는 조합들이 가시화될 것으로 전망한다.

미·중·일보다 한국·유럽

시역별로 보면 미국, 중국, 일본의 2024년 경제성장률이 2023년 대비 둔화되지만 제조업과 수출 기반 경제인 유럽과 한국은 개선된다. 금리인상 초기부터 하강

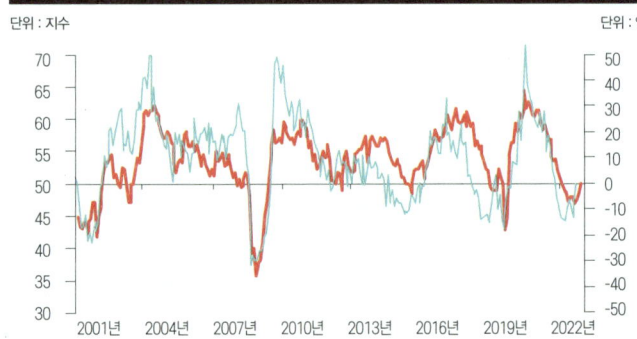

미국 ISM 제조업 지수와 한국 선박 제외 일평균 수출

자료: 미국 공급관리협회, 산업통상자원부 ※전년 대비 증감율

하기 시작한 제조업 사이클이 긴축 마무리와 미국 리쇼어링 투자 영향으로 반등할 것이고, 중국도 부동산 문제를 타개하는 가운데 제조업을 계속 육성해 나갈 것이기 때문이다. 특히 미국 시설투자 확대에 뒤이어 자동화 장비를 위시한 IT수요 회복이 나타나는 한편, 금리 하향 안정화에 따른 AI투자 확대 가능성이 있다. 미국 ISM제조업 지수가 오름세를 이어가면서 Tech와 반도체 중심 교역 회복이 가시화될 전망이다. 한국 수출에는 호재이다.

반면, 그간 미국경제를 지탱해 왔던 민간 소비는 이제부터 모멘텀이 약화될 것으로 예상한다. 취약계층의 고금리 부담이 가중되는 한편, 그간 소비를 지지해 왔던 취업자수의 폭발적 증가세가 완화될 것으로 보기 때문이다. 기업들의 가격 결정에 있어 인건비가 차지하는 비중이 커진 데다가 이들의 이자 부담 역시 가중되기 때문이다. 지난 8개월간 나타난 임시·일용직 고용의 감소가 그 진조일 수 있다. 노동시장의 과열이 완화되면서 임금 상승률이 둔화되면 노동집약적인 서비스 부문의 물가 하향 안정화를 유발할 수 있다. Fed가 인상을 멈추고 2024년 하반기부터 금리를 인하할 것이라 보는 이유이다.

수출 주도로 국내 경기가 회복함에도 한국은행이 금리인하에 나설 이유는 2024년까지도 우리 경제가 잠재 성장 경로에 못 미치는 상태(마이너스 아웃풋 갭)를 이어갈 가능성이 크기 때문이다. PF부실 구조조정 과정에서 주택시장 안정화를 꾀할 필요성도 있다. 따라서 당면한 인플

미국 회사채와 우선주, 모기지 리츠 ETF 배당수익률

단위 : %

		2021년	2022년	2023E	2024E
GDP성장률	World	6.2	3.4	3.1	2.9
	선진국	5.6	2.7	1.6	1.3
	미국	5.8	1.9	2.5	1.5
	유로존	5.5	3.4	0.6	0.9
	일본	2.3	1.0	1.8	1.1
	신흥국	6.9	4.1	4.2	4.1
	중국	8.1	3.0	5.2	4.7
	한국	4.3	2.6	1.3	2.3
CPI상승률	World	4.7	8.7	5.9	4.6
	미국	4.7	8.0	4.1	2.6
	유로존	2.6	8.4	5.6	2.7
	일본	-0.2	2.5	3.1	1.7
	중국	0.9	2.0	0.7	1.9
	한국	2.5	5.1	3.6	2.4
환율(기말)	달러/유로	1.14	1.07	1.07	1
	엔/달러	115	131.1	148	136
	위안/달러	6.36	6.90	7.30	7.15
	원/달러	1,189	1,265	1,320	1,310

미국, 중국, 일본의 2024년 경제성장률이 2023년 대비 둔화되지만 제조업과 수출 기반 경제인 유럽과 한국은 개선된다.

레이션 문제가 해결되는 그림이라면 한국은행이 현재보다 덜 제약적인 스탠스를 견지할 유인이 생긴다. 국내 경제가 전방위적인 물가상승률 둔화를 경험하면서 2024년 하반기 소비자물가 상승률이 2.5%를 밑돌 때가 한국은행이 금리 인하에 착수하게 될 시점이라 본다.

원/달러 환율 1310원 전망

외환시장의 경우, 글로벌 경기둔화 환경 하에서 선진국 내에서 미국경제가 여전히 우위에 있다는 점은 2024년에도 달러화 강세 환경이 전개될 가능성이 높음을 시사한다. 미국 Fed와 유럽 중앙은행의 연내 금리인하 폭도 75bp 내외로 유사하여 통화정책 차별화에 따른 환율 변동 요인은 미미할 것이다. 다만 이 과정에서 일본은행의 수익률 곡선 복표제 폐지, 중국 경기부양에 따른 중국 국채금리 상승 등 아시아 역내 통화 강세 요인들이 존재한다는 점에서 연말 원·달러 환율 전망은 1310원으로 제시한다.

SECTION 3   03 투자 전략

'주가+금리'의 동반하락, 시그널을 보라

파월의 선택, Fed의 피벗

2024년은 '과잉긴축'의 위협으로 혼란 속에서 시작될 것이다. 단기에 미국 Fed는 과잉긴축을 거둬 들이지 않았다. 왜냐하면 제롬 파월 Fed 의장은 '추세 이하의 성장+노동시장 추가 냉각'이 필요하다는 언급을 반복 강조하고 있는데, 단기에 Fed가 원하는 만큼의 경기둔화를 보기 어렵기 때문이다.

게다가 변호사 출신인 파월은 '증거주의(증거에 의해서만 판단해야 한다는 형사소송 대원칙)'를 따르고 있는데, '데이터 디펜던트(data dependent)'라는 정책도 이에 기반한 것이다.

다만 이런 위기는 되려 증시 바닥 형성을 위한 조건이 된다. 왜냐하면 증거주의를 따르는 파월에게 '경기둔화나 금융발작'은 곧 긴축이 '과잉' 수준에 도달했다는 의미이며, '피벗'을 유도할 것이기 때문이다. 이는 Fed가 통화정책의 '버퍼'를 가지고 있기 때문에 가능한 일이다.

Fed의 피벗, 즉 정책 방향 전환은 둔화되던 경기의 하단을 받칠 것이다. 그리고 미국 증시, 나아가 글로벌 증시의 바닥을 만들 것이다.

용어해설
화폐환상

화폐의 가치가 변하지 않을 것이라고 생각하고 실질적인 가치의 증감을 인식하지 못하는 현상을 말한다. 예를 들어 월급이 3% 오르고 물가도 3% 올랐다면 임금의 실질적인 가치 변화가 없는 것인데 임금이 올랐다고 생각하는 것이 이에 해당된다.

시그널 이후 증시 랠리 시작

이를 알 수 있는 지표로 '주가+금리'의 동반하락을 시그널로 제시한다. 시장이 '과잉긴축'에 진짜 겁을 먹는다면, 금리가 상승하는 것이 아니라, 금리가 하락하면서 주가도 동반 하락한다. 그러면 Fed는 피벗으로 대응할 것이다.

2018년 오버킬, 2023년 실리콘밸리은행(SVB) 사태 이후 증시 랠리도 같은 경로를 따랐다. Fed가 피벗하면, 시장은 낮은 밸류에이션을 끌어 올리는 랠리를 만들 것이다.

지금 '화폐환상' 하의 금융시장과 경제 그리고 Fed의 통화정책은 1960년대 후반 '화폐환상' 당시와 매우 유사하다. 당시에도 국채 수급 등의 영향으로 국채금리가 급등하며 증시 조정이 나왔고, 급등세가 진정되면서 단기 반등이 나왔으며, 그 후 '금리+주가 동반하락'이 나온 뒤 본격적인 증시 랠리가 시작됐다.

펀더멘털 측면에서는 매크로 불확실성이 제거되면서 본격화될 'Pent-up demand'를 기대한다. 현재 기업들의 재고는 바닥 수준에 도달한 것으로 보이나, 매크로 불확실성과 중국의 느린 회복, 그리고 전

백악관에서 조 바이든 미국 대통령이 인플레이션 감축 법안 관련 연설 중이다.

년도에 겪었던 과잉재고 사태 때문에 재고확충에 보수적으로 대응하고 있다. 이는 TSMC, 삼성전자 등 주요 반도체 회사의 3분기 컨퍼런스 콜에서도 확인된다. 하지만 Fed의 피벗으로 불확실성이 걷히고 나면, 기업들은 재고 확충에 나설 것으로 판단한다. 이 과정에서 2024년 상반기까지는 반도체를 비롯한 투자 관련 경기민감주의 상대적 강세가 나타날 것으로 전망되며, 업황 개선에 대한 기대감에 외국인들이 몰릴 것으로 예상된다.

피벗 후 경기 반등세, 관건은 인플레

결론적으로 2024년의 시작은 경기 우려에서 시작하겠지만, 미국 Fed의 피벗으로 경기 사이클은 반등세에 다시 복귀할

> 2024년 후반부에 가까워질수록 '인플레'에 촉각을 세워야 한다. 지금의 '과잉긴축'은 조정장을 만들지만, 훗날의 '인플레'는 하락장을 만들 것이다.

것으로 보인다. 현재 투자자들이 당면한 문제는 '경기침체'가 아니라, 오히려 경기가 너무 잘 버텨서 겪게 되는 '인플레'라고 볼 수 있다. '금융위기(2008년)와 팬데믹(2020년)'에 대응하기 위한 정부와 중앙은행의 노력은 인류에게 '침체에 강한 경제'를 갖게 했지만, 동시에 '인플레 취약성'도 함께 증가하는 예기치 못한 결과를 불러왔다.

2024년 후반부에 가까워질수록 '인플레'에 더욱 촉각을 세워야 한다. 지금의 '과잉긴축'은 조정장을 만들지만, 훗날의 '인플레'는 하락장을 만들 것으로 보이기 때문이다. 따라서 2024년 후반부부터는 '단기금리'에 주목하며, 리스크에 대비할 필요가 있다.

SECTION 3 04 계량분석

금리 상승과 리스크 확대에 밸류에이션 하락 압력 높아지다

턴어라운드에도 컨센서스 하향 조정

금리 상승, 지정학적 리스크 확대로 밸류에이션 하락 압력이 높아지는 국면이다. 절대적인 밸류에이션이 싸더라도 기대 수익률은 크지 않아 주식 시장의 매력이 떨어질 위험이 상존한다. 리스크 프리미엄이 낮은 수준이기 때문에 높은 할인율이 유지될 수 있다.

밸류에이션보다 실적 개선 여부에 주목해야 하는 시기다. 그러나 시장 전체적으로 이익에 대한 불확실성이 남아 있다. 국내 기업의 2024년 실적 턴어라운드가 기대되고 있지만 그 강도는 낮아질 것으로 예상된다. 2023년 3분기와 4분기 실적 둔화로 2024년 컨센서스는 하향 조정될 가능성이 높기 때문이다.

최근 3분기 실적 시즌이 진행되면서 2024년 영업이익 컨센서스 하향 조정이 본격화되고 있다. 실적 전망이 높아지는 업종을 찾기 어려운 환경이다. 에너지, 철강, 화학 등 경기민감업종과 2차전지(IT 가전·화학), 소프트웨어 등 업종 전반으로 하향 조정이 진행 중이다.

2024년 영업이익은 256조원으로 55% 증가가 전망되지만 이는 반도체와 유틸리티 업종의 영향이 크다. 반도체와 유틸리티를 제외한 2024년 영업이익 컨센서스는 206조원으로 20% 증가가 예상되고 있다. 운송 업종을 제외한 모든 업종의 실적 성장이 기대되지만 그 수준은 낮아질 수 있다.

기업들의 매출액 증가율은 2023년 1.3%에서 2024년 8.4%로 높아질 전망이다. 다만 매출액 서프라이즈 비율 하락과 함께 컨센서스는 낮아질 가능성이 있다. 과거 2021년 1분기에서 2022년 3분기까지 매출액 서프라이즈가 7개 분기 연속 지속됐는데, 이 기간 2024년 매출액 컨센서스가 높아졌다. 매출액 컨센서스가 충분히 하향 조정되었을 때 실적 장세로의 전환을 기대할 수 있다.

가격 하향 안정화와 비용 구조 개선

기업 재고 부담은 매출이 둔화할 때 커진다. 기업들은 경기에 대한 불확실성이 높아지면 재고를 줄이고, 회복될 때에는 재고를 늘리게 된다. 이 과정에서 실적이 변동한다. 그러나 현재 재고 자산 수준을 감안하면 실적이 크게 개선되기 어렵다. 재고자산 회전율(매출액/재고자산)은

한국 상장 기업 매출액 증가율

2023년 1.3% → 2024년 9.4%

한국 상장 기업 예상 영업이익

2024년 예상 **256조원**

6.7회로 사상 최저 수준이다. 이에 따라 운전자본 부담이 높아져 잉여현금흐름도 둔화 추세가 지속됐다. 향후 재고 축소가 본격화되는 국면에서 실적 변동성이 커질 수 있다.

2024년 상품가격 하향 안정화와 기업들의 비용 구조 개선으로 영업이익률은 개선될 전망이다. 2023년 4.7%에서 7.8%로 3.1%포인트 개선을 예상한다. 과거 영업이익률 트렌드를 감안했을 때 부담스러운 수준은 아니다. 마찬가지로 매출 및 재고 자산 이슈로 하향 조정될 여지가 있다.

2024년 영업이익률 컨센서스는 7.8%다. 이는 적절한 수준으로 추정된다. 과거 영업이익률 고점, 평균 매출원가율을 기준으로 과대 추정 여부를 판단했을 때 현재 컨센서스는 과거 5년 영업이익률 고점 대비 −0.6% 낮은 수준이다.

또한 2023년 2분기 매출원가율은 13년 이후 평균보다 3.1% 높아, 종합적으로 고려했을 때 현재 컨센서스는 적절한 수준이라고 할 수 있다.

컨센서스 분포 활용해 종목 추려야

결론적으로 실적 장세로의 전환은 당분간 지연될 가능성이 높다. 매출 성장 둔화나 재고 자산증가에 따른 현금흐름 악화도 실적 회복을 지연시키는 이유다. 상대적으로 매출액 증가율이 높은 기업이 프리미엄을 받을 수 있다.

또한 재고를 빠르게 줄이는 기업들도 선호된다. 2024년에는 마진 개선 기업보다는 매출액 증가율이 높은 기업들이 희소

업종·종목들의 컨센서스 분포를 추가로 활용해 투자 대상을 압축하는 전략이 유리하다.

하다. 과거 2014년, 2015년, 2018년, 2019년 매출 둔화 국면에서는 매출액 증가율이 높은 기업들이 영업이익 증가율이 높은 기업들보다 성과가 우수했는데, 2024년에도 유사한 국면이 전개될 수 있다.

또한, 3분기 실적을 저점으로 2024년 회복이 기대되지만 이익 모멘텀이 둔화 국면으로 애널리스트 컨센서스에 대한 신뢰 자체가 높지 않기도 하다. 이익 모멘텀이 양호한 기업의 성과를 기대하기 어려운 상황이다.

업종, 종목들의 컨센서스 분포를 추가로 활용해 투자 대상을 압축하는 전략이 유리하다. 이익 모멘텀이 긍정적인 기업 중에서는 가장 낙관적인 컨센서스가 상향 조정되는 기업이, 이익 모멘텀이 부진한 기업 중에서는 컨센서스 표준편차가 하락해 실적 불확실성이 낮아진 기업이 유리한 시기다.

> 2024년 상품가격 하향 안정화와 기업들의 비용 구조 개선으로 영업이익률은 개선될 전망이다. 2023년 4.7%에서 7.8%로 예상한다.

50년 사이클, 위기 속에서 찾는 기회

경험해 보지 못한 사이클

반세기 만에 찾아온 사이클이다. 18세기 후반부터 지금까지의 250년 역사 동안 지금처럼 물가와 금리가 함께 '빠른 속도로' 상승했던 사례는 손에 꼽는다. 1790년대 또는 1810년대, 1860년대, 1910년대, 1960년대와 1970년대, 그리고 지금이다. 약 50년 만의 사이클인 것이다. 이처럼 흔하지 않은 사이클이 도래한 것은 위기일까, 아니면 기회일까.

경험해보지 못한 현상을 경험하게 되면서 우리는 50년 사이클을 위기의 관점에서 접근하는 경향이 강한 듯하다. 하지만 반대로 생각해 보면, 50년 만에 찾아온 기회가 될 수도 있을 것이다. 그 기회를 찾는 투자 아이디어를 제시하고자 한다.

지금의 금융시장에서 가장 위협적인 것은 단연 인플레이션과 금리 상승이다. 그런데 인플레이션과 금리 상승의 원인은 무엇일까. 대략 5가지로 나눠볼 수 있다. 통화정책(팬데믹 시기의 대규모 완화정책), 재정정책(팬데믹 시기의 복지정책), 탈세계화(공급망 붕괴), 국채 수급 문제, 생산성 혁신의 부재 등이다. 기회는 원인을

인플레이션과 금리 상승 원인 5

1. 통화정책
2. 재정정책
3. 탈세계화
4. 국채 수급 문제
5. 생산성 혁신의 부재

해소하려는 노력 또는 원인이 가리키는 또 다른 현상에서 찾을 수 있을 것이다.

인플레이션과 금리 상승의 원인

먼저 통화정책은 때로는 위기의 원인이 될 수도, 때로는 기회의 시작이 될 수도 있다. 미국 중앙은행(Fed)의 긴축이 계속된다면 위기의 원인이 되고, 완화적인 스탠스로 전환할 때는 기회가 될 수도 있는 것이다. 그 타이밍은 때마다 FOMC를 보면서 판단할 수밖에 없다. 다만, 인플레이션의 원인이 여러 가지이지만 그것을 통화정책만으로 통제하려는 Fed의 행동은 과잉긴축으로 연결될 리스크가

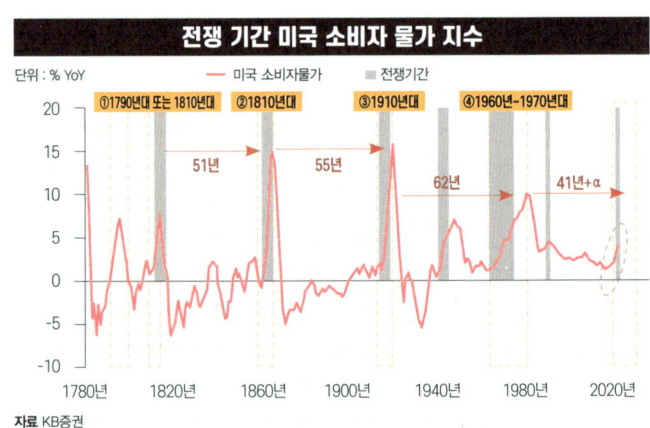

자료: KB증권

있다. 이러한 리스크 관리 측면에서는 배당주가 안전한 선택지가 될 수 있다.

재정정책은 금리의 하방을 지지하게 될 것이다. 지금 미국의 정부지출은 국방비, 복지정책, 이자비용이 88%를 차지하는데, 이러한 지출들은 단기간에 축소될 가능성이 낮다. 그렇다면 재정정책을 지속하기 위한 국채 공급(국채 발행)은 계속될 것이며, 이는 금리의 하방을 지지하는 요인이 된다. 한편 이 재정정책이 향하는 또 다른 분야이자, 공급망 재편의 관점에서 '기술에 대한 투자'에 주목한다.

지금은 탈세계화 시대이며, 공급망 재편과 기술패권 경쟁이 진행 중이다. 2가지 관점을 모두 충족시키는 것은 반도체다. 또한, 우주항공 분야에 대한 미국 정부기관의 예산이 큰 폭으로 증가하고 있는 흐름도 주목할 필요가 있다.

경제 다각화 '사우디' 주목해야

2000년대에는 미국 국채 보유를 확대하면서 미국 국채 금리의 하락 요인이 됐지만, 지금은 오히려 보유 규모를 줄이면서

빅테크 7곳의 주가가 일제히 상승하는 등 급등장 실적 호조를 보인 미 뉴욕 증시.

> 재정정책을 지속하기 위한 국채 공급은 계속될 것이다. 이 재정정책이 향하는 또다른 분야이자, 공급망 재편의 관점에서 '기술에 대한 투자'에 주목한다.

미국 국채 금리의 상승 요인이 되고 있는 국가가 있다. 바로 사우디아라비아다. 원자재 강세의 수혜까지 받고 있는 사우디아라비아는 경제 다각화를 추진하고 있는데, 그 계획의 일환으로 투자하는 분야에 관심 가질 필요가 있다. 지금까지는 첨단제조시설 유치(건설 분야, 친환경)에 관심이 집중됐지만, 2024년에는 관광산업을 육성하기 위한 투자로 관심이 확장될 것이라 예상한다. 그리고 그 대상이 될 분야는 게임이 대표적인데, 최근 사우디아라비아가 2024년 여름부터 매년 e-스포츠 월드컵을 개최할 것이라고 발표했다는 점을 참고할 수 있다.

미지막으로, 생산성의 혁신을 위한 투자에 주목한다. 가장 대표적인 것은 AI와 로봇이다. 2023년을 뜨겁게 달군 분야지만, 지금의 시대 흐름(인플레이션)을 극복하기 위해서는 추가적인 투자와 더불어 적용되는 산업이 확장될 필요가 있다. AI와 로봇은 여전히 장기 성장 트렌드의 초기 단계라는 점을 강조한다.

전쟁 기간 미국·영국 장기 금리

자료: KB증권

SECTION 3 | 06 글로벌 투자 전략-선진국

위험과 기회가 공존하는 '동물농장'

미국, 자금조달 리스크·소비 여력 축소

2023년 미국 증시는 하반기 들어 고금리로 고전했다. S&P500지수는 2023년 상반기 16% 상승했지만 하반기(10월 말 종가 기준) 6% 하락했다. 현재 S&P500지수의 PER은 17배로 고점 대비 하락하긴 했지만, 과거 미국 10년물 국채금리가 5%를 넘어섰던 2006~2007년 당시 PER이 13~14배라는 점을 감안 시 아직은 밸류에이션이 높아 보인다.

다만 11월 FOMC회의를 기점으로 기준금리 인상이 종료됐다는 인식이 확산될 수 있다는 점을 고려 시 시중금리 상단(5%)은 이미 형성됐고, 이로 인해 최근 조정 받았던 지수는 연말까지 안도랠리를 보일 가능성이 높아졌다.

2024년 1분기는 위험과 기회가 공존할 것으로 보인다. 미국 기업들의 회사채 만기가 2024년 3월에 집중되어 있다. 2024년 연간 회사채 만기 도래 금액 중 1분기에만 28%가 집중되어 있다. 이미 회사채 발행 금리가 높아져 있고, 시중은행의 기업 대출이 강화되고 있어 자금 조달이 쉽지 않을 수 있다.

한편 미국 경기는 저축률 하락과 부채 상환 부담률 상승 그리고 임금 증가율 둔화 등으로 인해 소비 여력이 축소될 것으로 판단된다.

미국 GDP 성장률 전망치를 보면, 2023년 4분기~2024년 2분기까지 1%(QoQ 기준, 연율) 이하 수준을 기록할 것으로 예상된다. 기준금리를 동결할 이유이기도 하지만 경기가 부진해 보일 수 있는 이유이기도 하다.

미국 중앙은행(Fed), 피봇 기대감 유효

다만 1분기 초 고금리 후유증으로 인해 기업 자금 경색과 소비경기 정체 우려가

2023년 S&P 500 상승률

상반기
16%

하반기
-6%
(10월 말 종가 기준)

발생한다면, 오히려 이는 Fed의 정책 피봇(Pivot) 기대로 이어질 가능성이 높다. 이는 1분기 초 지수 조정 이후 2분기까지 지수 반등의 모멘텀을 제공할 것으로 판단된다. 2024년 상반기 중 S&P500지수 기대수익률은 13%(영업이익률과 10년물 국채금리 상단 고려 추정) 정도가 될 것으로 예상된다.

2024년 하반기 주식시장은 큰 변화를 경험할 것으로 보인다. Fed가 실제로 기준금리를 인하한다면 주식시장은 변곡점이 형성되기 마련이다. '기준금리 인하 이후 지수가 상승한다'는 결과론적으로 맞는 말이다. 하지만 기준금리를 실제로 단행한 이유인 '경기 둔화'를 고려해야 하기 때문에 기준금리 인하 이후 1~2개월간 지수의 가격 조정이 불가피하다.

과거 Fed의 기준금리 인하 이후 1~2개월간 S&P500지수는 평균 11% 정도 하락했다. 2024년 연중 저점은 기준금리 인하 이후 형성될 가능성이 높고, 그 시기는 대략 3분기 초로 예상된다.

새로운 주도주 중심 지수 상승 변화

Fed가 기준금리를 인하하면 주식시장의 주도주도 바뀐다. 금리 인하 이후 새로운 주도주를 중심으로 지수는 상승한다. 금리를 인하하면 기업 비용 부담이 낮아지기 때문에 이익 개선에 대한 신뢰도가 높아진다. 유동성 장세와 실적 장세가 동반해서 오는 이유가 여기에 있다.

3분기 초 조정 이후 S&P500지수는 4분기까지 이익 증가율에 수렴하는 기대수익률이 형성될 것으로 예상된다. 대략

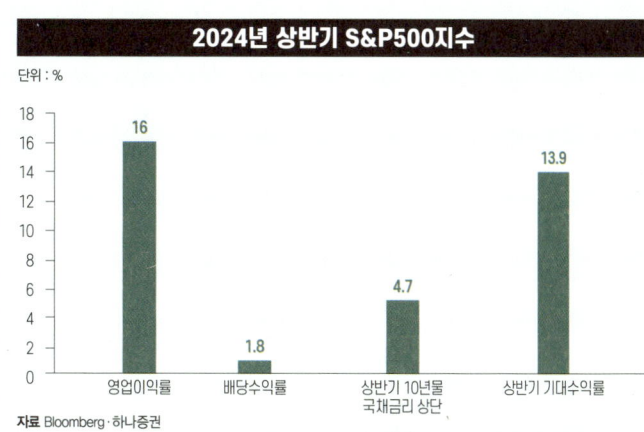

> 2024년 주식시장 연중 저점은 기준금리 인하 이후 형성될 가능성이 높고, 그 시기는 대략 3분기 초로 예상된다.

8% 내외가 될 것으로 예상된다. 종합해 보면, 2024년 S&P500지수 예상 밴드는 4,100~4,700p로 제시할 수 있다.

업종을 선별하는 기준은 부채 비율이 고점 대비 하락했느냐, 영입이익률은 높아질 것이냐, 순이익보다는 FCF(잉여현금흐름) 증가율이 높을 것이냐가 핵심 변수다. 해당 기준을 충족하는 업종은 S&P500지수 내 소프트웨어, 헬스케어, 반도체·장비, 유통, 소비자서비스(여행·레저)다. 해당 업종이나 ETF 투자에 관심을 가질 필요가 있다.

SECTION 3   07 글로벌 투자 전략-신흥국

중국 주식시장, 다르게 보이는 5%

중국의 세 가지 변화 주목

사이클과 정책 측면에서 2023년 중국의 5% 성장률과 2024년의 5%는 다르게 인식될 수 있다. 2024년 중국 경제와 주식시장은 두 가지 2년 차 효과(당20기·리오프닝)가 상반기부터 강화되고 구조적인 위험이 점차 축소되면서 상대적인 강점인 낮은 금리와 가격, 사이클 선행과 안정성이 2023년 대비 부각될 전망이다. 2023년 중국의 문제는 결국 금리보다 더 빠르게 하락한 ROE(투자수익률)로 인한 가계와 기업의 무기력, 탈(脫)부동산 정책의 후유증과 극단적인 산업 양극화(제조업과 비제조업)로 평가된다. 실물경제는 2023년 하반기부터 2차 반등을 시작했지만 주식시장은 몇 가지 변화가 더 필요하다. 첫째, 미국 금리 고공행진과 내부 정책 효과 제고를 위해 중앙정부는 다시 레버리징(부채 확장)을 선택했다. 2023년 관망 기조를 보인 중앙정부는 4/4분기 이례적인 추경(특별국채)을 통해 달라진 2024년을 예고했다. 중앙정부는 2024년 5% 이상 성장목표 제시와 상반기 재정정책의 극대화(정부소비·인프라투자)가 예상된다. 여기에 상반기는 통

상해종합지수 예상 밴드

3050포인트 ~ 3790포인트

항셍H지수 예상 밴드

5960포인트 ~ 7850포인트

자료 메나증권

화완화(지준율·금리 인하), 부동산(공급자 규제 완화), 증시(장기자금·홍콩) 부양책이 동시에 강화될 것이다. 둘째, 2024년 부동산 경기 연착륙이 예상된다. 중국 부동산 경기의 바로미터인 주택거래는 중장기 실수요 추세의 저점에 도달했고, 2024년에는 3년만에 증가세 전환이 예상된다. 2024년 상반기 준공 수요 회복과 가격 안정화가 예상되나, 하반기 공급 절벽(3년전부터 신규착공 둔화)으로 인해 당국의 추가 정책이 필요하다. 상반기에는 공급자 대상 규제도 일부 완화가 예상되며, 디벨로퍼의 신용위험은 1/4분기 실질금리 하락과 함께 정점을 통과,

2024년 경기 역U자형 패턴 예상, 상반기 모멘텀 회복 주목

자료 CEIC, Wind, 하나증권

시스템 리스크 없는 구조조정이 1~2년간 진행될 것이다. 셋째, 미중 정상회담과 소통 채널 복원을 계기로 2024년 미중 관계는 포괄적인 정상화(임시휴전)가 예상된다. 미국의 기술 제재는 더 심화될 수 있으나 양국의 무역, 외교, 군사, 인적교류, 기후 분야 협력은 2023년 대비 개선될 전망이다. 미국은 리쇼어링 전략과 단기 물가 통제 사이에서 중국과의 무역을 현재 수요보다 더 낮게 유지하기 어렵다. 상반기 대만 총통 선거가 변수지만 포괄적인 정상화는 중국 가계와 기업 회복에 긍정적이다.

두 가지 2년 차 효과

중국경제는 당 20기·리오프닝 2년 차 정책과 회복을 바탕으로 연간 4.7%~4.9% 성장이 예상된다. 이는 2022~23년 평균 4.2% 성장 대비 완만한 반등을 의미한다. 과거 당 지도부 2년 차 정책 패턴과 중앙정부의 레버리징을 감안할 때 중장기 목표 하한선(2030년까지 연 평균 성장률 4.7%) 사수를 위해 경제 정책에 더 집중할 것이다. 한편, 리오프닝 2년 차에 돌입하는 중국 가계 소비와 기업 재고 사이클은 팬데믹 후유증을 계속 탈피하고, 부동산 악재 축소와 수출·내수의 바닥 탈출은 기업이익과 ROE 상승을 유도할 수 있다. 글로벌 수요와 고유가 등 불확실성이 상존하나, 중국은 선제적인 자산 버블 축소와 재고조정, 낮은 금리 및 생산 비용이 우호적이다. 2024년 소매 판매는 5~6%, 상반기 인프라 투자 15%대, 수출은 증가세 전환을 예상한다.

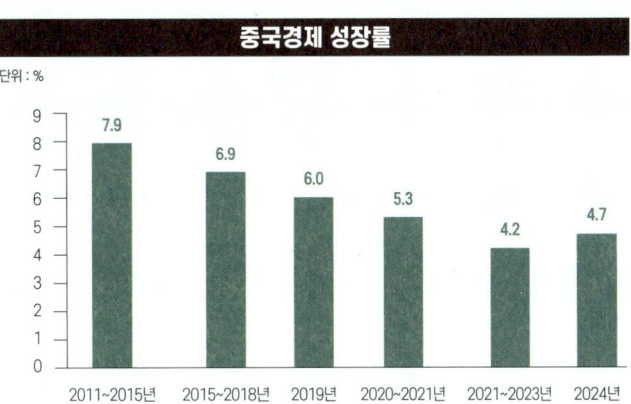

중국의 문제는 빠르게 하락한 ROE로 인한 가계와 기업의 무기력, 탈(脫)부동산 정책의 후유증과 극단적인 산업 양극화로 평가된다.

'상고하저' 모멘텀 주목

전략 측면에서 2024년 중국의 다섯 가지 '상저하고' 모멘텀을 주목한다. 2024년 중국 경기는 역U자형 패턴이 예상되고, 2024년 모멘텀 측면에서 중앙정부의 재정집행, 고정투자(인프라·부동산), 재고 사이클, 수출 회복 탄력, 미중 관계 모두 '상고하저' 패턴이 예상된다.

중화권 증시는 2024년 구조적인 문제와 사이클 회복이 점차 분리될 것이다. 2년 차 효과가 반영되면서 기업이익(ROE)의 완만한 상승 및 정책 모멘텀이 증시 회복을 견인할 전망이다. 2023년 미중 ERP의 극단적인 양극화 역시 계속 축소될 것이다. 상반기 세 가지 변화(중앙정부·부동산·미중관계)를 통해 밸류에이션 하락이 중단되고 기업이익 반등을 주가지수가 점진적으로 반영할 것이다. 중장기 성장성(경제/이익) 우려는 로컬 투자자부터 시각 변화를 반영, 외국인은 2/4분기부터 복귀가 예상된다. 상해종합과 항셍H 지수 예상 밴드를 각각 3050pt~3790pt와 5960pt~7850pt로 제시한다.

Fed 쫓는 한은, 美 추종 장세는 2024년에도 이어갈 듯

연초, 점진적 비중 확대

2023년 하반기 글로벌 금리 급등은 미국발 기간 프리미엄 상승에 기인한다. 재정적자 확대와 장기물 발행 확대 우려가 시장을 지배했기 때문이다.

다만, 2023년 3월 실리콘밸리은행(SVB) 사태 때도 금리를 인상한 미국 중앙은행(Fed)이 11월 회의에서 동결을 결정한 배경에 주목할 필요가 있다. 제롬 파월 Fed 의장은 경기가 아직 반영하지 않은 긴축의 파급효과 중에 '빚이 있다고 언급했다. 실제 2024~2025년 만기도래 물량은 투자등급의 경우 2조달러로 2023년 대비 각각 2배, 3배 증가했다. 하이일드는 4600억달러로 2023년의 4배, 8배 수준에 달한다.

미국 재무부도 2023년 4분기 차입 물량을 직전 8월에 발표한 규모보다 축소했고, 2024년 1분기 이표채 발행 규모도 4분기 대비 줄였다. 즉, 재무부와 Fed의 최근 행보는 장기물 금리 급등에 대한 부담을 방증한다. 이를 통해 채권시장 참여자들은 시장금리 고점에 대한 눈높이를 점진적으로 낮춰갈 전망이다.

물론 물가를 감안해 여전히 금리인하 기대를 일축한 만큼 추가로 금리 하단을 낮추려면 경제지표 둔화가 뒷받침되어야 한다. 따라서 시장금리의 급격한 하락보다 연말연초 점진적 비중 확대가 적절하다는 판단한다.

하반기, 첫 인하 단행…국제유가 변수

향후 주목할 재료로 단기적으로는 셧다운 여부, 중기적으로는 Fed의 대차대조표 상의 역레포 소진과 지급준비금 감소 여부를 꼽을 수 있겠다.

우선 셧다운이 장기화된다면 성장률 하락 영향도 있겠지만 재정적자 확대 장기화에 대한 내러티브가 훼손될 수 있기 때

미국 국채 만기 물량
2024년~2025년
2조달러

미국 하이일드 채권 만기 물량
2024년~2025년
4600억 달러

역레포 잔고 급감으로 지준 하락은 제한적

자료: 블룸버그·하나증권

문이다. 최근 설문조사에 따르면 스윙보트 7개 주에서 트럼프를 바이든보다 선호하는 것으로 나왔다.
다음으로 현 속도라면 4개월 후에 역레포가 소진되어 지급준비금도 줄어들게 된다. 명목가처분 소득 증가율보다 소비지출 증가율이 큰 이유는 고용불안이 없기 때문이라 판단한다.
이는 지준이 아직 충분하기 때문에 기업들의 유동성 환경이 악화되지 않았음을 시사한다. 즉, 지준이 줄어드는 시점에 Fed의 QT 관련 정책 변경 여부가 핵심이 될 것이다.
이를 종합해 Fed는 금리 동결 기조를 이어가다 2024년 하반기에 첫 인하 단행을 전망한다. 단, 확전으로 국제유가가 100달러를 상회할 경우 전망의 기본 시나리오는 변경될 위험이 있다.
또한 1970년대 이후로 미국 채권시장이 베어스팁을 보였던 경우는 19차례 있다. 하지만 금리 인상기 때는 4차례뿐이며, 인상 마무리 국면은 2006년 말~2007년 상반기 딱 한 차례에 불과하다. 당시와 지금 여러 공통점들이 있지만 주택시장지수의 하락세도 눈여겨볼 필요가 있다.

한은도 하반기 첫 인하 예상

앞으로도 미국장 추종 장세를 이어갈 전망이다. 기획재정부가 30년물 발행량을 큰 폭으로 줄인 점은 차입 비용 관련 부담을 시사한다고 판단한다. 이에 한국은행도 금리 동결 기조를 이어갈 공산이 크다. 재정적자와 가계부채 문제는 국채 공급 부담과 통화긴축 재료이기도 하지만

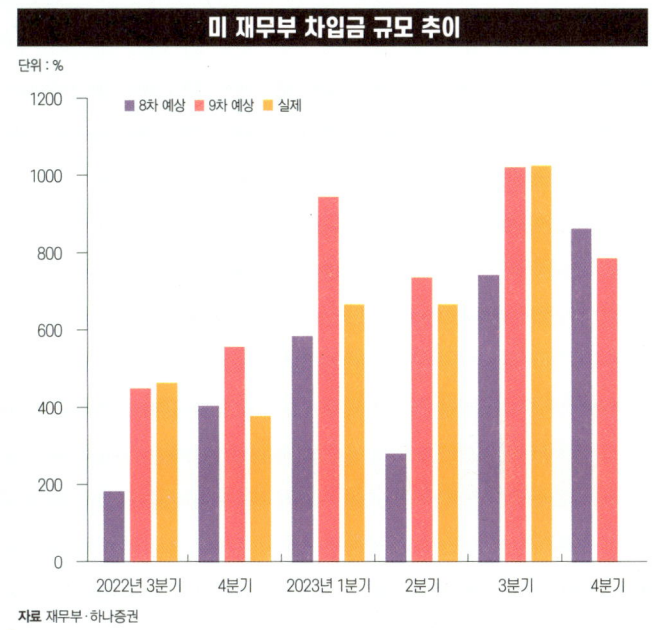

Fed는 금리 동결 기조를 이어가다 2024년 하반기에 첫 인하 단행을 전망한다. 단 국제유가가 100달러를 상회할 경우 전망의 기본 시나리오는 변경될 위험이 있다.

어느 수준을 넘어가면 P(가격)를 낮춰서 PxQ(수량)를 줄여야 하는 양면성을 지니기 때문이다.
중기적으로는 국내도 내수(민간소비)가 중요하다.
과거 한국은행의 H4L(higher for longer) 2차례 시기 모두 전기비 내수기여도가 2개 분기 연속 역성장하자 금리를 인하한 경험이 있기 때문이다.
고금리 여파와 초과저축 소진, 소비자심리지수와 소매 판매 흐름을 고려할 때 한국 역시 2024년 하반기 첫 인하를 예상한다.
그 외 반도체 수출경기 회복에 따른 환율 안정화와 세계국채지수(WGBI) 편입 현실화 시 외국인 자본유출 이탈에 대한 우려가 약화되면서 수급 측면에서도 점진적 시장금리 하락에 도움을 줄 전망이다.

크레딧 시장, 양극화 해소의 시험대

SECTION 3 · 09 신용 분석

동 트기 전 새벽녘이 가장 어둡다

2023년 크레딧 시장은 되풀이되는 위기설에도 불구하고, 크레딧 스프레드(회사채 AA-등급, 3년물 기준)는 급등하지 않고 국채 금리의 영향을 받아 소폭의 등락세를 보이고 있다. 그러나 부동산 PF 위기 및 저성장·고금리·고환율의 불안한 국내 거시경제 환경 속에 국내 기업의 신용도 저하 등 크레딧 시장의 불안 요인은 우량(AA) 등급과 비우량 등급(A등급 이하)의 양극화로 반영되고 있다. 올해 크레딧 시장의 양극화를 반영하는 회사채 3년물 기준 AA-등급과 A+등급 금리 차이(스프레드)는 2012년부터 2017년까지 중견그룹 부도가 연쇄적으로 발생했던 시기의 고점 수준까지 확대됐다.

2024년 상반기에도 양극화 심화는 지속될 전망이다. 국내 경기는 2023년보다는 회복될 전망이나, 그 회복세가 크지 않은 가운데 국내 부동산 PF 불안 요인과 저신용 기업의 신용도 저하는 여전히 시장의 우려를 자극할 전망이다. 수도권을 중심으로 주택가격이 상승세를 보이면서 국내 부동산 시장이 회복세를 보이지만, 여전히 지방 부동산 시장의 침체와 더딘 회복 속도를 감안할 때 국내 PF 불안이 바로 해소되기는 쉽지 않아 보인다. 또한 '동 트기 전 새벽녘이 가장 어둡다'는 말과 같이 경기는 바닥을 찍고 회복 국면에 진입하더라도, 기업 신용도는 경기를 후행적으로 반영해 경기 회복 국면에서 기업 부도율이 상승하면서 악화되는 경우가 일반적이다.

PF 지원 정책 지속 확대

2024년에도 이러한 크레딧 시장의 불안 요인은 지속될 전망이다. 이러한 불안요인에도 불구하고 크레딧 시장은 크레딧 스프레드 급등 등 경색국면을 보이기보다는 우량 등급과 비우량 등급의 차별화로 반응할 전망이다.

> **용어해설**
> ### 크레딧 시장
> 주로 기업이 발행한 채권이 거래되는 시장을 말한다. 채권은 정부와 기업이 투자자들로부터 자금을 조달하기 위해 발행하는 차용증서다. 통상 채권 가격과 시장금리는 반대로 움직이기 때문에 금리가 오를수록 채권 가격은 낮아진다. 또 신용등급이 낮은 기업이 발행하는 채권은 높은 이자를 주지만 부도 가능성이 높다

2024년 하반기 이후 기준금리 인하는 수급 부담과 양극화 해소의 시험대가 될 전망이다. 2022년 이후 한전채와 은행채의 발행 확대로 인한 수급 부담 우려가 컸다. 그러나 이러한 수급 부담의 본질은 발행 증가보다는 금리 급등에 따른 채권의 투자 수요 부진에 있다. 기준금리 인상에 따른 금리 급등과 레고랜드 사태와 같은 크레딧 시장 경색으로 인해 발행이 조금만 늘어도 크레딧 시장에서는 수급 부담으로 이어질 수 밖에 없다. 2024년 하반기 이후 기준금리 인하 사이클로 진입하게 되면서 금리가 하락하게 된다면 크레딧 채권의 투자 수요가 확대돼 발행 증가에 따른 수급 부담은 사라질 수 밖에 없다. 또한 낮아진 금리로 인해 우량 등급 회사채의 투자 매력이 떨어지고, 상대적으로 높은 금리 수준을 유지하고 있는 비우량 회사채에 대한 투자 수요가 확대되면서 양극화 해소가 나타날 전망이다. 물론 비우량 등급의 경우 개별 기업의 신용도 차이가 크기 때문에 개별 기업의 신용도에 따른 차별화는 나타날 수밖에 없다.

양극화 장기화는 리스크 확대 및 전환

2024년 양극화 해소는 향후 크레딧 시장이 중요한 갈림길이 될 전망이다. 양극화의 장기화는 또 다른 리스크 요인으로 작용할 가능성이 높기 때문이다. 양극화는 시장 경색 국면에서 정상화로 가는 자연스런 과정 중 하나이다. 레고랜드 사태로 인한 크레딧 시장 경색 국면에서 대규모의 회사채 시장 안정화 방안 등 정책적 지원에 힘입어 우량 등급 위주로 서서히 시

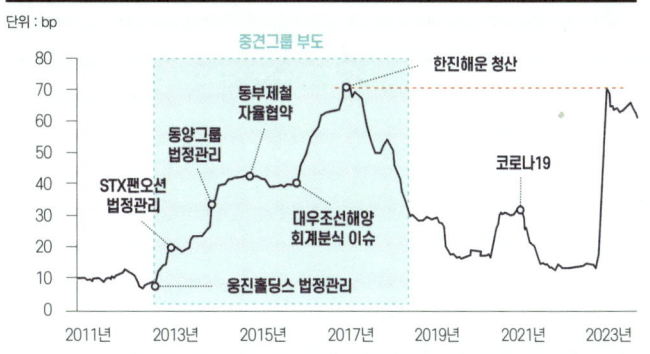

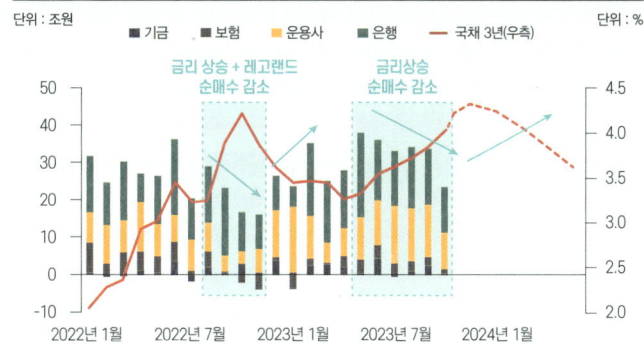

> 2024년 하반기 이후 기준금리 인하 사이클로 진입하게 된다면 크레딧 채권의 투자 수요가 확대되면서 발행 증가에 따른 수급 부담은 사라질 수 밖에 없다.

장 경색이 풀려 나가기 때문이다. 그러나 시장 정상화 과정의 하나인 양극화가 장기화된다면, 우량 등급 거래에서 비우량 등급으로 낙수 효과가 나타나지 않는다는 의미로 결국 비우량 채권의 경색이 우량 채권 투자 수요에 부정적인 영향을 미칠 수밖에 없어 또 다른 리스크로 전환될 수 있다. 이러한 양극화의 장기화를 막기 위해서는 정부의 지원 정책의 변화도 필요하다. 기존과 같이 포괄적인 지원 정책에서 비우량 회사채를 집중적으로 지원하는 핀셋 지원책이 필요하다.

SECTION 3 10 글로벌 자산배분

확실한 수익 보다 확실한 위험 회피가 필요하다

디스인플레와 성장 저점 확인할 시기

2024년 베이스 시나리오는 '높은 금리를 오래 유지하겠다'(Higher for longer)는 미국 중앙은행(Fed) 기조와 미국경제 연착륙 기대에서 시작한다.

소비 둔화가 불가피하나 견조한 고용과 제조업 회복으로 침체 진입 가능성은 높지 않다. 파고는 예상되나 디스인플레이션 추세도 이어질 전망이다. 연내 세 차례 이상 금리 인하까지 예상하고 있다. 하지만 실타래처럼 얽힌 잠재불안 요인들로 경기, 물가, 금리 경로 모두가 변화될 가능성도 존재한다. 이는 지정학 위험과 공급망 불안, 긴축 후반기의 금융시장 불안에 있다.

예상 경로를 따른다면 2024년은 디스인플레와 성장 저점을 확인하는 국면이다. 주식-채권 동반 강세를 기대하는 최적의 조합이다. 하지만 시장 기대에 도달하기에 험난한 과정이 예상된다. 자산배분에서 세 가지 전략을 제시한다.

첫째, 전통자산배분에 고집보다 동적 대응 중요성을 강조한다. 고금리 경로 수용과정에서 불확실성 반복은 불가피하기에 견조한 이익에 주식 상대우위와

2024년 자산 배분 전략

주식
상고하저, 미국과 한국 주식 유망. 대형주와 가치주의 조합

채권
상반기 단기물 캐리 확보, 하반기 분할매수 대응 필요.

대체
고금리 위험 이후 내제투사의 새로운 역할론과 차별화

단기물 캐리 중요성이 부각된다. 불확실성을 소화하는 주식→채권 선호도 교차 흐름을 예상한다.

둘째, 보다 확실한 성장 확보와 위험 회피가 필요하다. 보다 확실한 성장은 미국경제의 상대 우위, 투자 확대와 첨단산업 침투율 확대, 제조업 경기 회복, 확정적 캐리의 확보다. 보다 확실한 위험은 지정학적 위험이 야기한 인플레이션, 긴축 후반기 반복되는 신용 경색이다.

마지막으로 고물가·고금리를 뉴노멀로 인식한다. 이는 자산배분 전략의 구조적 변화를 이끌고 순환적 관점에서는 피벗의 베팅에 기회비용을 높인다.

2024년 예상 경로 및 주요 변수 우려

이보다 더 복잡한 변수들로 조합된 시장을 경험한 적이 없다. 앞서 강조한 베이스 시나리오를 단정할 수 없는 이유는 예단할 수 없는 외부요인에 물가, 통화정책, 시장금리, 환율, 경기 경로 모두가 변화될 가능성이 존재하기 때문이다.

실타래처럼 얽혀 있는 잠재적 불안 요인들은 크게 두 가지로 첫째, 1980년대 지정학 위험이 야기한 인플레이션과 급진

적 긴축, 둘째, 1990년대 중반 강한 미국이 야기한 신흥국의 금융 위험으로 압축해 설명할 수 있다.

가장 큰 위험은 정책·지정학 위험이다. 미국의 확장적 재정은 예산안 집행 과정에서의 셧다운 우려로 확산될 수 있다. 이는 통제 가능한 위험으로 판단하나 확장적 재정이 이끈 강한 미국경제와 채권 발행 확대의 수급 부담은 경기·물가·금리 모두에 영향을 미칠 가능성이 있다. 2024년 11월 예정된 미국 대선도 금융시장의 판도를 결정할 변수다. 트럼프가 그간 강조했던 정책의 중점은 산업구도 및 금융시장 전반의 위험을 자극할 수 있다. 무엇보다 재정적자 축소 방법으로는 증세 혹은 국방비 축소가 예상되는데, 이는 지정학 위험 확산과 원자재 가격 상승 위험으로 이어진다.

마지막으로 금융시장 위험이다. 과거 금융 불안이 가중된 시기는 긴축 후반기이고, 강한 미국은 신흥국 금융시장에 큰 위험으로 작용했다. 미국 금리 상승으로 지역은행 부실 및 상업용 부동산 위험이 가중됐고 중국 기업부채와 한국을 비롯한 동아시아국가 가계 부채 위험은 반드시 경계할 필요가 있다. 과거 미국의 강한 경제와 강도 높은 긴축은 주변국의 금융 불안으로 멈춘 바 있다.

> 가장 큰 위험은 정책-지정학 위험이다.
> 미국의 확장적 재정은 예산안 집행 과정에서의 셧다운 우려로 확산될 수 있다.

자산배분 국면, 네 가지 고려사항

자산배분 국면 판단은 경기·물가·통화정책을 근간으로 판단된다. 2024년 자산배분 국면은 성장과 물가의 동반 둔화를 거쳐 경기 회복, 통화정책 전환의 궤적을 예상하고 있다. 아래는 자산배분 국면 결정의 네 가지 고려사항이다.

고금리·고물가·강달러의 제약적 환경에서도 경기침체를 비켜 가는 점진적 경기 둔화를 예상한다. 미국 경기의 확장은 이어지나 상대 우위는 약해질 수 있다.

물가는 목표 도달의 파고에도 디스인플레이션 경로는 유지될 전망이다. 다만, 인플레이션의 구조적 압력으로 고물가·고금리 장기화에 대한 준비가 필요하다.

2024년 자산별 투자 의견

주식		분류	UW	NT	OW
SA	TA	미국			●
60	65→55	유럽		●	
		일본			●
		한국			●
		중국		●	
		인도			●
		자원부국		●	
		성장		●	
		가치	●		
		방어		●	
		배당			●

채권		분류	UW	NT	OW
SA	TA	미국	●		
30	25→35	유럽		●	
		한국			●
		신흥			●
		미국 IG			●
		미국 HY	●		
		한국 크레딧		●	

대체		분류	UW	NT	OW
SA	TA	리츠		●	
10	10	인프라			●
		귀금속			●
		에너지/산업금속		●	

자료: 신한투자증권

SECTION 3　10　글로벌 자산배분

서울 중구 한국은행에서 열린 통화정책방향 기자간담회.

통화정책은 최종금리 레벨과 경로 모두의 불확실성에도 제약적 수준의 긴축장기화가 예상된다. 금리 인하를 염두에 두나 이는 2024년 상반기까지 여전한 불확실성으로 잔존할 전망이다. 금융위험 확대 시 빠른 정책 전환도 예상된다.

주식시장은 경기 국면상 역실적 장세이나 기업실적과의 괴리가 존재한다. 상반기 이익 모멘텀이 되려 높아 보인다. 국가·업종 간 차별화에도 주목해야 한다.

구조적 변화에 대응

2024년 자산배분전략에서는 구조적(=장기), 순환적(=국면) 변화 모두에 적극적 대응의 필요성을 강조한다. 구조적 변화란 전통사산 배분 모형에 갖는 의심이다. 전통적 자산 배분(주식60, 채권40)을 통한 변동성 제어와 기대수익률 확보 전략이 좀처럼 작동하지 않는다. 이는 좁아지는 경기 파동, 국가 간 차별화 심화, 주식-채권 동조화 현상으로 인한 변동성 진폭 확대, 높아진 일드에 채권의 역할론 변화와 대체자산의 상대 매력 감소 때문이다.

2024년에도 이러한 추세는 이어질 가능성이 높다. 과거 '고성장·저물가·저금리·신용창출' 환경에서 '저성장·고물가·고금리-신용축소' 세상으로의 전환을 받아들여야 한다. 특히, 한국 금융시장은 내수부진 장기화, 수출 회복 제한, 가계부채 등의 구조적 문제에 직면해 금융자산의 중요성이 부각될 수 있다.

당사가 지난해부터 자산배분 장기 전략 변화를 강조한 이유는 달러의 장기 강세 사이클 진입, 금리 상승에 따른 캐리 매력 확보, 자산시장 변동성 확대에 따른 투자자산 이동의 기회비용을 낮출 수 있기 때문이다. 특히, 한국 가계금융시장은 저성장·고령화·가계부채 문제가 장기화될 가능성이 높아 금융자산과 실물자산의 적절한 비중 조정과 달러 중심의 외화 자산, 쿠폰(채권)형 자산 편입이 무엇보다 시급하다.

주식에서 채권 우위로의 전환
2024년 디스인플레이션 국면을 가정하지만 동적 대응에 대한 필요성은 되려 높아졌다.

채권보다 주식 우위가 선행되고 이후 고금리 불확실성을 소화하며 채권 우위로의 전환을 예상한다. 주식, 채권, 대체 6:3:1를 근간에 두고 상반기 주식 우위와 단기물 국채 중심의 보수적 대응, 하반기 주식에서 채권 우위로의 전환이 필요하다.

① **주식: 상반기 상대 우위, 미국-한국 선호, 대형-퀄리티-가치 조합**
2024년 주식시장은 고금리 장기화, 지정학적 위험, 대선 시즌에 맞물린 불확실성 모두를 소화해야 한다. 국면 대응에서는 상반기 견조한 이익에 신뢰를 높여야 하고 국가, 산업별 펀더멘털 우위의 옥석가리기가 예상된다. 2024년 최선호 국가는 미국과 한국이다. 미국 빅테크의 주도적 위치는 이어질 전망이며 제조업·자본재·B2B의 catch-up에 주목한다. 한국은 제조업 경기 회복 국면에 민감도가 높으며 반도체 경기 개선 기대에 맞물려 IT와 소재 중심 이익 턴 어라운드가 기대된다. 중국은 제조업 개선 국면에서 중요한 역할을 하겠지만 순환적 흐름에 그치겠다. 우리는 일본, 인도에서 기회를 모색하고 있다. 스타일 전략에서는 성장 열위, 방어 우위를 단정하기보다 대형-퀄리티-가치의 조합 포트폴리오를 제시한다.

② **채권: 상반기 단기물 캐리 확보, 하반기 분할매수 대응 필요**
금리 레벨이 높아지면서 채권 투자 매력은 캐리 중심으로 높아졌다. 다만 트레이딩 관점에서의 난이도는 높아 보인다. 금리 민감도 낮은 단기물은 상반기 높은 변동성 환경에서 매력을 높인다. 장기물 금리는 탈동조화에 유의해야겠다. 미국의 확장 재정은 견조한 경기를 뒷받침한다. 경기 둔화가 진행되더라도 기대 가능한 금리 하락 폭은 높지 않다. 미국 크레딧도 경착륙을 회피할 경우 하반기 강세 기대가 유효하다. 한국의 고금리 부담은 이미 확산됐다. Fed와 연동된 시장금리 하락세가 예상된다. WGBI 편입 이슈, 리테일 매수세까지 하락 모멘텀을 강화할 재료이다. 국내 크레딧은 기업들의 고금리 부담이 누적되고 있기에 유의미한 스프레드 축소를 기대하기 어렵다. 고금리에도 버틸수 있는 기업 선별이 중요하다.

③ **대체: 고금리 위험 이후 대체투자의 새로운 역할론과 차별화**
대체는 고금리에 가장 취약한 자산으로 위험에 노출됐다. 상업용 부동산 부실 우려가 가중됐고 자금조달 우려는 인프라, PE 모두에 해당된다. 다만 PD 및 인프라 펀드 출자 선호는 지속되고 있고 구조화 금융 수요도 확대됐다. 인플레 압력 잔존에도 원자재는 변동성 제어 자산으로 역할까지 수행한다. 고금리 고착화는 부담임이 분명하나 높아진 수익성은 자산별 차별화로 또 다른 기회를 제공한다.

SECTION 3 11 글로벌 ETF

고금리 시대, ETF 필승 투자법

고금리 단기채권 ETF 투자 매력 높아

2023년에도 글로벌 상장지수펀드(ETF) 시장 성장세는 지속되었다. 특히, 금리 상승에 따라 채권, 배당 ETF로 꾸준히 자금이 유입되고 있다.

국내 ETF 시장 역시 성장세를 지속하고 있다. 국내 ETF 순자산총액은 2022년 말 75조원에서 110조원 규모로 커졌다. 2차전지 등 고수익 테마 ETF로 많은 자금이 몰렸으나 CD금리, 만기채권형 ETF 등 채권 및 단기자금 ETF의 규모도 크게 증가했다. 특히, 연금계좌에서 투자 가능한 국내 상장 ETF 수요가 빠르게 늘어나고 있다.

액티브 펀드에 대한 인기가 점차 떨어지며 최근에는 지수를 그대로 추종하지 않고 초과성과를 추종하는 다양한 액티브 ETF들이 출시되고 있다. 이러한 상품의 등장으로 투자자들의 선택권은 넓어지고 있다.

2024년에도 고금리 환경이 지속될 가능성이 높아짐에 따라 채권 ETF의 높은 인기가 이어질 전망이다. 통상 채권의 수익은 이자수익과 채권 금리가 하락할 경우 발생하는 가격 상승으로 구분할 수 있다.

한국 ETF 시장 규모
2022년 말
75조원

2023년 말
110조원

현재 주요 선진국 가운데 미국 금리가 가장 높아 미국 채권에 투자하는 ETF의 투자 매력이 큰 상황이다. 미국의 견조한 경기 확장세를 감안할 때 만기가 길어 금리 변화에 민감한 장기채권 ETF보다는 이자수익에 초점을 맞춘 고금리 단기채권 ETF가 더 나은 선택이 될 수 있다. 단기 미국 투자등급 회사채 ETF가 대표적이다. 더디지만 물가상승률이 하락하고 있음을 고려하면 물가 대비 초과성과를 의미하는 실질수익률은 더욱 높아질 수 있다.

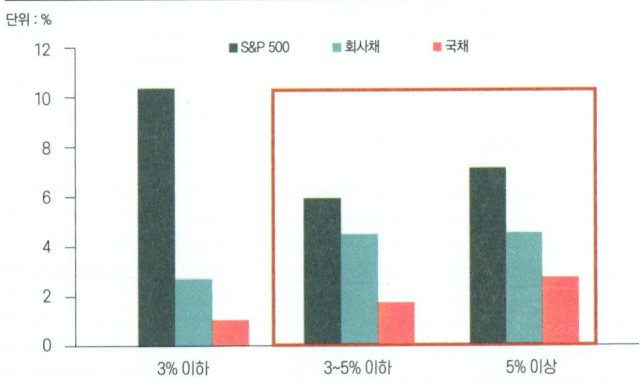

미국채 10년물 금리가 높을수록 채권의 실질수익률이 상승

※주1 1929~2022년 연초 미국채 10년물 금리 레벨에 따른 연평균 실질성과. 주2 회사채는 Baa 이상 회사채, 국채는 미국채 10년물 성과.
자료: Damodaran, NH투자증권 리서치본부

자산 가치와 배당금 하락 리스크 고려

채권 ETF 외에도 자산 가격 변동성이 낮은 가운데 고정적으로 고금리를 제공하는 배당 ETF들도 유망하다. 다만, 현재 기준 배당수익률보다는 향후 해당 자산 가치 하락과 배당금 감소 리스크가 있는지를 고려해야 한다. 2024년에도 여타 지역 대비 펀더멘털이 가장 양호할 것으로 예상되는 미국 우선주 ETF와 모기지 리츠 ETF는 각각 7%, 10%대의 배당수익률이 예상되며, 가격 변동성도 크지 않을 것으로 보인다.

고금리는 주식시장의 요구수익률을 높여 밸류에이션에 하락 압력을 높인다. 다만, 주식시장의 밸류에이션이 급격히 하락할 가능성은 낮다고 판단된다. 여기에 2024년에도 AI를 바탕으로 미국 빅테크 기업들의 실적은 성장세를 이어갈 전망이다. 따라서 주가 조정시 미국 빅테크 기업 중심의 ETF 투자는 유효하다.

미국 빅테크와 일본 고배당주 ETF 유망

미국 외 국가 중에서는 일본의 고배당 주식 ETF에 주목해 볼 만하다. 주요 국가 중 유일하게 완화적인 통화정책을 유지하고 있는 일본은 주식시장의 배당수익률이 높은 편이 아니다. 다만, 일본외 내수 경기 회복이 이어지고 있는 가운데 기업들은 적극적인 주주환원 정책을 통해 기업 가치를 높일 것으로 예상된다. 이에 배당수익률 외에 주가 상승 차익이 기대된다.

앞서 언급한 ETF들은 모두 해외 자산에 투자하는 ETF다. 이에 환율에 대한 리스크도 고려해야 한다. 2024년에도 미국의 경기가 여타 지역 대비 견조할 것으로 예상되는 만큼 달러 약세 가능성은 높지 않을 것이다. 일본 엔화 가치도 현재 크게 하락해 있다는 점에서 엔화의 추가 약세 여력도 크지 않다.

2024년은 고금리와 전쟁 등 지정학적 리스크로 투자의 난이도가 높은 환경이다. 단기적인 모멘텀보다는 장기적인 관점에서 물가 대비 금리가 높아진 자산과 매크로 불확실성에도 성장성이 유지되는 자산을 선별해 투자하는 지혜가 필요하다.

국내 ETF 순자산총액은 2022년 말 75조원에서 110조원 규모로 커졌다.

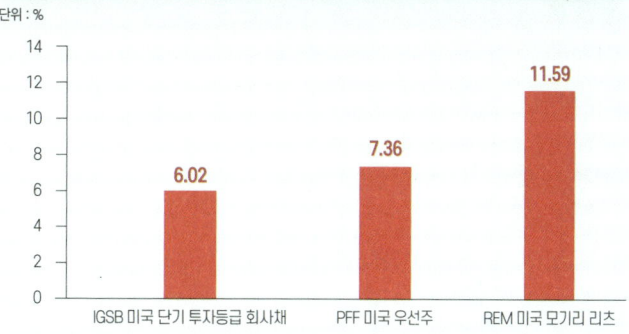

미국 회사채와 우선주, 모기지 리츠 ETF 배당수익률
단위 : %

- IGSB 미국 단기 투자등급 회사채: 6.02
- PFF 미국 우선주: 7.36
- REM 미국 모기지 리츠: 11.59

※주1 2023년 11월 2일 기준. 주2 IGSB는 30일 SEC Yield, 이 외는 최근 12개월 기준 배당수익률.
자료 BlackRock, Morningstar, NH투자증권 리서치본부

> 2024년에도 고금리 환경이 지속될 가능성이 높아짐에 따라 채권 ETF의 높은 인기가 이어질 전망이다.

SECTION 3 | 12 원자재

불확실성 속 '귀금속'을 주목하라

숨 고르기 장세 예상

코로나19 대유행 이후 원자재 시장(S&P GSCI 기준)은 3년 연속 상승률을 기록 중이다. 2023년에는 미국 지역은행 파산, 중국 성장 부진 등 경기 경착륙(Hard Landing) 우려에 상반기 동안 하락한 반면 하반기에는 연착륙(Soft Landing) 기대 확산으로 다시 상승 반전했다.

2024년 원자재 시장은 단기 기대와 장기 불확실성 공존 속에서 한 템포 쉬는 숨 고르기 장세가 예상된다.

미국 Fed 주도의 2년 연속 고강도 긴축이 고(高)금리 부담을 낳은 탓에 수요 전망이 약화되었다.

반대로 Fed 점도표(Dot Plot)상 2024년 기준 금리 50bp 인하 전망은 단기 부담을 완화하는 기대 요인으로 자리를 잡아 왔다.

하지만 고(高)금리 부담 완화 속에서 다시 강화되는 위험자산 선호 심리는 자칫 Fed의 기준 금리 인하 시기 지연으로 나타나 글로벌 경기를 위협하는 역풍(Headwind)이 될 수 있다고 생각된다.

이에 2024년 원자재 투자는 중립(Neutral)적인 시각과 트레이딩 관점으로의 접근을 권고한다. 또한 불확실성(Uncertainty) 속에서는 매크로 위험을 헤지할 수 있는 귀금속(금, 은 등) 섹터에서 양호한 성과를 기대할 수 있을 것으로 판단된다.

용어해설
점도표
점도표는 미국 연방준비제도이사회(Fed)가 매 분기 발표하는 도표.

완만한 상승세, '귀금속' 안정 투자

세부적으로 종합 원자재 지수 구성에서는 50% 이상을 차지하는 에너지 섹터에 대한 2024년 투자자들의 의견은 '중립(Neutral)'이나.

배럴당 70달러선 락바텀을 확인한 국제 유가가 하반기 동안 100달러 가까이 상승한 데다 온화한 겨울 날씨 전망으로 난

원자재 지수 추이

자료: 블룸버그·NH투자증권 리서치본부

방 수요 기대가 낮아져 2024년 1분기까지는 상승 모멘텀이 부재하다.

다만 연평균 85달러를 하회하는 유가 레벨에서는 석유 시장의 공급 주도권을 쥔 OPEC+의 감산 기조가 불가피하다. 이에 2024년에도 유가는 상대적으로 높은 70~100달러 구간에서 등락을 거듭할 것으로 예상된다.

한편 귀금속(금, 은 등) 섹터는 2024년 상반기와 하반기에 걸쳐 완만한 상승세를 전개할 것으로 예상된다.

Fed의 긴축 종료에 따른 미국 국채 10년물 중심의 명목 금리 상방경직성 강화는 곧 귀금속 섹터의 가격 하방경직성을 의미한다.

대표 안전자산이자 인플레이션 헤지 자산인 귀금속 섹터에서 명목 금리와 실질 금리의 하향 안정화 전망이 그 동안 가격 상승을 막아온 장애물 해소로 인식될 것이기 때문이다.

우선 경기 연착륙 전망 속 기준 금리 인하 기대는 실질 금리를 하향 안정화시키고 동 기간 귀금속 섹터에서 인플레이션

매크로 위험을 헤지할 수 있는 귀금속 섹터에서 양호한 성과를 기대할 수 있다.

> 불확실성 속에서는 매크로 위험을 헤지할 수 있는 귀금속(금, 은 등) 섹터에서 양호한 성과를 기대할 수 있을 것으로 판단된다.

헤지 수요를 확대할 수 있다. 반면 Fed의 기준 금리 인하 지연에 따른 경기 경착륙 우려는 귀금속 섹터로 안전자산 선호에 따른 투자자 매수세를 유입할 수 있다. 주요국 경기의 온도 차가 심화될 것으로 예상되는 2024년에는 예상치 않은 매크로 불확실성을 헤지 가능한 귀금속 투자가 가장 안정적일 전망이다.

산업 금속 및 농산물, 추가 상승 제한적

마지막으로 2024년 산업금속과 농산물 섹터 투자는 '중립(Neutral)' 의견을 제시한다. Fed 긴축 종료 기대에 따른 단기 위험자산 선호 속에서는 일부 저가 매수세 유입이 가능하다.

다만 산업금속 섹터에서는 장기 수요 낙관론을 이끌어온 전 세계적인 에너지 전환 모멘텀(EV, 신재생 인프라 투자 등) 회복이 과제로 남아 있다. 농산물 섹터도 전쟁과 기상 이변 여파로 누적된 가격 프리미엄이 여전해 추가 상승은 제한될 수밖에 없다고 판단된다.

2024년 원자재 지수와 원자재 섹터별 투자 의견

		상반기					하반기			
		UW		N		OW	UW		N	OW
종합 원자재	중립	1	2	3	4	5	1	2	3	4	5
에너지	중립	1	2	3	4	5	1	2	3	4	5
산업금속	중립	1	2	3	4	5	1	2	3	4	5
귀금속	비중확대	1	2	3	4	5	1	2	3	4	5
농산물	중립	1	2	3	4	5	1	2	3	4	5

자료: NH투자증권 리서치본부

SECTION 3 | 13 ESG

NDC 골든 타임, 문제는 현실이다

선진국 ESG 공시에 주목

세계기상기구와 유엔환경계획이 1988년 공동 설립한 국제기구인 '기후변화에 관한 정부간 협의체(IPCC)'는 6차 보고서에서 2030년까지가 골든 타임이라고 제시했다. 하지만 현실적으로 이상적인 온실가스 감축 목표(NDC) 달성이 어려울 전망이다. NDC 달성이 어려운 이유는 국가간 협의가 원활하지 않다는 점과 신흥국의 ESG 인식 부족 때문이다.

국가별로는 중국, 미국, 유럽 순으로 배출량이 많으며 ESG를 명분으로 회계 전쟁이 가시화되고 있다. 무엇보다 시급한 것은 ESG 공시다. 따라서 2024년에는 ESG 공시에 대한 관심도가 더욱 높아질 것으로 예상한다.

국제회계기준위원회(IASB)는 지난 6월 미래에 써야 할 ESG 비용을 미리 부채에 반영할 수 있도록 공시 기준 정비에 나섰다. 넷제로에 수반되는 그린 비용을 온실가스 충당부채 혹은 배출부채로 계상하는 것이 핵심 내용이다. 앞으로 탄소를 배출하는 기업들은 추가적인 재무 부담 가중에 노출된다. 우리나라는 공시 의무화 시점이 2026년으로 연기돼 선진국 보다 ESG 공시를 준비할 시간이 길다. 선진국의 사례를 모니터링하고 어떻게 우리 기업들이 그린 회계에 익숙해질 것인가를 대응하는 것이 중요하다.

그 다음 중요한 부분은 대통령 선거다. 현재 트럼프와 바이든의 대결구도에서 트럼프가 대통령이 된다면 공화당 위주의 정책으로 노선 변경이 일어난다. 기존 바이든 정부(Blue wave)에서 트럼프 정부(Red Redux)로 정권이 바뀌면 기존 바이든 정부의 인플레이션 감축법(IRA)이나 친환경 보조금 정책이 축소될 가능이 존재한다. 현재 바이든은 미국 내통령 취임 2년만에 처음으로 연금 투자 시

용어해설
탄소포집기술 (CCUS)

화석연료 사용 과정에서 배출되는 탄소를 포집해 저장하거나 활용하는 기술. 화석연료로부터 나오는 탄소를 모아 저장하는 CCS(Carbon Capture & Storage)와 포집한 탄소를 유용하게 활용하는 CCU(Carbon Capture & Utilization)을 모두 포함하는 개념이다.

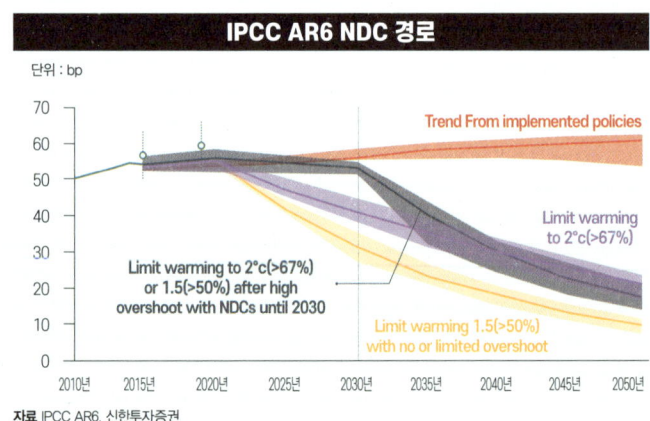

IPCC AR6 NDC 경로

자료: IPCC AR6, 신한투자증권

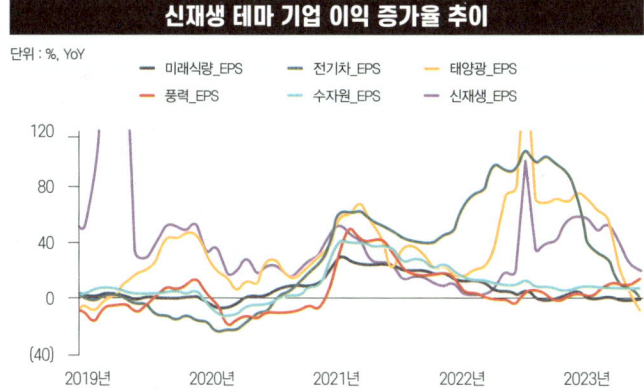

신재생 테마 기업 이익 증가율 추이

자료: Refinitiv, 신한투자증권 ※각 신재생 테마 ETF 내 편입 기업 EPS 추정치 변화율

ESG를 고려하지 못하도록 한 결의안에 거부권을 행사했다. 2024년에 대선 이슈는 ESG에 있어서 정말 중요하다. 글로벌 초 강대국인 미국의 정책 판도가 결정되는 한 해가 될 것이기 때문이다.

최근 ESG에 대한 관심이 줄어들고 있는 이유는 태양광, 풍력, 전기차, 미래 식량 등 탄소저감기술 관련 기업들의 주가 부진이 심화되고 있기 때문이다.

정치 불확실성으로 보조금을 기대하기 어려운 것이 부담으로 다가오는 이유는 기업 스스로 자생적 이익을 창출하지 못하고 있기 때문이다. 예를 들어 탄소포집기술(CCUS)을 활용해서 탄소를 포집해 저장하는 비용이 탄소를 배출하는 것보다 여전히 5배 이상 비싸다는 평가. 일조량이나 풍량 등 간헐적인 에너지원에 의존하기 위해서는 에너지 저장 기술(ESS)의 발전이 핵심이 될 것이다.

무엇을 청정 수소로 정의할 수 있을지에 대한 논쟁도 계속될 것이다. 대표적으로는 그레이 수소와 비슷한 공정을 거친 후 탄소포집기술로 배출량을 줄인 블루 수소, 그리고 원전에서 생산된 전기와 열을 통해 생산한 핑크 수소가 있다. 탄소포집이 정말로 친환경적인지에 대해서 여전히 학계와 여러 환경단체들은 의구심을 표명하고 있는 상황이다.

하지만 그린 수소에만 의존하기에는 낮은 에너지 효율과 높은 단가 때문에 현실적인 문제가 많다. 이에 **대안으로 주목받고 있는 원전은 탄소배출량이 없는 대표적인 고효율 에너지원으로** 저탄소 이행 과정에서 필요하다는 **평가를 받지만 이것을 친환경으로 부를 수 있을지에 대한 논란은 계속될 전망이다.**

한편 IPCC는 기후변화에 관련된 과학·기술적 사실에 대한 평가를 제공하고 국제적인 대책을 마련하기 위해 설립된 유엔 산하 정부 간 협의체이다. IPCC는 비정기적으로 발표하는 보고서를 통해 인간이 만든 공해물질에 의해 발생하는 기후변화와 관련된 과학적, 기술적, 사회경제학적 정보를 제공한다. 구체적으로 IPCC의 목적은 각국의 과학자 및 기술·경제·정책론자들이 모여 기후변화에 관한 유용한 과학 정보를 평가하고 기후변화로 인한 환경 측면 및 사회·경제적 측면의 영향을 평가하며 이에 내한 내응·전략을 수립하기 위한 것이다.

특히 전 세계 과학자와 전문가들이 모여 5~6년에 한 번씩 지구온난화가 기후변화가 미치는 영향 등을 연구·평가한 '기후변화평가보고서'를 발표하고 있는데, 이는 1990년부터 현재까지 5차례 발표돼 왔으며 2022년 6번째 보고서를 발표했다.

<2024 산업대전망>을 만든 한경 베스트 애널리스트

김동원
KB증권

- **부문** 반도체·디스플레이
- **학력** 연세대 경제학
- **경력** 굿모닝신한증권, 현대증권

김현수
하나증권

- **부문** 2차전지
- **학력** 한양대 경영학
- **경력** 골든브릿지증권, 토러스투자증권, 애널리스트 8년

정지수
메리츠증권

- **부문** 통신
- **학력** UCLA 수리경제학
- **경력** 메리츠증권 애널리스트 9년

김록호
하나증권

- **부문** 스마트폰·통신장비
- **학력** 한국외대 국제통상학
- **경력** 대신증권, 애널리스트 16년

강석오
신한투자증권

- **부문** 인터넷·소프트웨어
- **학력** 부산대 경영학
- **경력** 흥국증권, 애널리스트 4년

이기훈
하나증권

- **부문** 엔터테인먼트·레저
- **학력** 멜버른대 회계, 금융학
- **경력** 애널리스트 12년

주영훈
NH투자증권

- **부문** 유통
- **학력** 연세대 경영학
- **경력** 유진투자증권, 애널리스트 8년

최고운
한국투자증권

- **부문** 운송
- **학력** 연세대 경영학
- **경력** 애널리스트 8년

강승건
KB증권

- 부문: 증권·보험
- 학력: 중앙대 경영학
- 경력: 대신증권, 하이투자증권

최정욱
하나증권

- 부문: 은행·신용카드
- 학력: 고려대 경영학 석사
- 경력: 한국투자증권, 대신증권, 애널리스트 19년

유재선
하나증권

- 부문: 유틸리티
- 학력: 고려대 통계학
- 경력: 하나증권, 애널리스트 9년

김준성
메리츠증권

- 부문: 자동차·타이어
- 학력: 고려대 일문학, 경제학
- 경력: 삼성증권, Macquarie, 애널리스트 15년

최광식
다올투자증권

- 부문: 조선·중공업·기계
- 학력: 서울대 산업공학 석사
- 경력: 삼성SDS, 교보증권, LIG투자증권, 하이투자증권, 한국투자증권

박병국
NH투자증권

- 부문: 제약·바이오
- 학력: 중앙대 약학부
- 경력: 대웅제약, 현대차증권, 애널리스트 4년

윤재성
하나증권

- 부문: 석유화학
- 학력: 연세대 경영학
- 경력: 토러스투자증권, 대신증권, 애널리스트 13년

김정욱
메리츠증권

- 부문: 음식료·담배
- 학력: 중앙대 경영학
- 경력: KTB투자증권, BS투자증권, NH농협증권 애널리스트 11년

HANKYUNG Best Analyst

하누리
메리츠증권

- **부문** 생활소비재
- **학력** Cass Business School 금융학
- **경력** 대우증권, KB증권 애널리스트 10년

박성봉
하나증권

- **부문** 2철강·금속
- **학력** 카스 경영대 해운금융 석사
- **경력** SK해운, 삼선글로벌, 애널리스트 12년

김승준
하나증권

- **부문** 건설·건자재
- **학력** 연세대 경영학 학사
- **경력** 유진투자증권, 흥국증권, 현대차증권, 애널리스트 8년

김두현
하나증권

- **부문** 스몰캡
- **학력** 서울시립대 경영학부
- **경력** 키움증권, 하나증권, 애널리스트 10년

이승훈
메리츠증권

- **부문** 거시경제
- **학력** 연세대 경제학 석사
- **경력** 삼성증권, 유진투자증권, 애널리스트 19년

이은택
KB증권

- **부문** 투자 전략
- **학력** 건국대 중어중문·경영학, 연세대 대학원 경제학
- **경력** 삼성테크윈, DB투자증권, SK증권

유명간
미래에셋증권

- **부문** 계량 분석
- **학력** 카이스트 수리과학
- **경력** 현대중공업, 우리투자증권, 애널리스트 10년

하인환
KB증권

- **부문** 시황
- **학력** 성균관대 글로벌 경영학
- **경력** SK증권, 메리츠증권

이재만
하나증권

- **부문** 글로벌 투자 전략 −선진국
- **학력** 인하대 경제통상학
- **경력** 동양증권, 애널리스트 17년

김경환
하나증권

- **부문** 글로벌 투자 전략 −신흥국
- **학력** 북경대 경제학
- **경력** 현대증권, 애널리스트 16년

김상훈
하나증권

- **부문** 채권
- **학력** 북경 수도사범대 중국어경제무역
- **경력** KB증권, 하이투자증권, 애널리스트 11년

김은기
삼성증권

- **부문** 신용 분석
- **학력** 서강대 경제학 학사, 석사
- **경력** 유안타증권, 우리자산운용, 한화투자증권, 애널리스트 12년

박석중
신한투자증권

- **부문** 글로벌 자산 배분
- **학력** 푸단대 세계경제학
- **경력** 하이투자증권, 미래자산운용, 애널리스트 11년

하재석
NH투자증권

- **부문** 글로벌 ETF
- **학력** 카이스트 산업공학과 학사·석사
- **경력** 한국투자증권, 애널리스트 12년

황병진
NH투자증권

- **부문** 원자재
- **학력** 시드니과기대 금융학, 연세대 경영학 석사
- **경력** 우리선물, 이베스트투자증권, 애널리스트 11년

이정빈
신한투자증권

- **부문** ESG
- **학력** 연세대 금융공학 석사
- **경력** Fn가이드, IBK투자증권, 애널리스트 5년

2024 산업대전망

펴낸 날	초판 1쇄 2023년 11월 29일
발행인	김정호
편집인	하영춘
펴낸 곳	한국경제신문
편집 총괄	김용준
기획 총괄	이홍표
제작 총괄	이선정
편집	김은란·강은영
글	한상춘·한경비즈니스·한경 베스트 애널리스트
디자인	박명규·송영·표자연·김민준·정다운
판매·유통	정갑철·선상헌·조종현
인쇄	제이엠프린팅
등록	제 2006-000008호
주소	서울시 중구 청파로 463 한국경제신문
구입문의	02-360-4859
홈페이지	www.hankyung.com

값 25,000원
ISBN | 978-89-475-0045-6(93320)

〈2024 산업대전망〉은 현장에서 전하는 최신 산업 이슈와 업종별 투자 포인트를 일목요연하게 정리해 산업의 흐름을 한눈에 파악할 수 있도록 구성했습니다. 한상춘 한국경제신문 논설위원 겸 한경미디어 국제금융대기자, 한경비즈니스, 한경 베스트 애널리스트가 참여해 전문성을 강화했습니다.

● 잘못 만들어진 책은 구입하신 곳에서 교환해드립니다.
● 이 책은 저작권법에 따라 보호받는 저작물이므로 무단 전재와 복제를 금합니다.